MODERN
SPANISH
PROSE

MODERN SPANISH PROSE

With a Selection of Poetry

4th Edition

Gustave W. Andrian

Trinity College

PRENTICE HALL, Englewood Cliffs, New Jersey 07632

Library of Congress Cataloging-in-Publication Data
Modern Spanish prose.

 1. Spanish language-Readers. I.Andrian, Gustave W.
PC4117.M53   1987   468.6'421   86-16406

Printed in the United States of America
10 9 8 7 6 5 4 3 2 1

ISBN 0-13-597865-3

Prentice-Hall International (UK) Limited, *London*
Prentice-Hall of Australia Pty. Limited, *Sydney*
Prentice-Hall Canada Inc., *Toronto*
Prentice-Hall Hispanoamericana, S. A., *Mexico*
Prentice-Hall of India Private Limited, *New Delhi*
Prentice-Hall of Japan, Inc., *Tokyo*
Simon & Schuster Asia Pte. Ltd., *Singapore*
Editora Prentice-Hall do Brasil, Ltda., *Rio de Janeiro*

ACKNOWLEDGMENTS

The editor gratefully acknowledges permission to reprint material appearing in
this volume:

PIO BAROJA, "La sombra" from *Vidas sombrías* as reprinted in *Obras completas*,
vol. IV. Madrid: Editorial Biblioteca Nueva, 1948. Reprinted by permission of
Ruiz-Castillo Y Cia. S.C.
MARCO DENEVI, "No hay que complicar la felicidad" and "Los fracasados" both
from *Falsificaciones*. Buenos Aires, Argentina: Editorial Universitaria de Buenos
Aires, 1966. Reprinted by permission of Marco Denevi.
LUISA VALENZUELA, "Pavada de suicidio" from *Aquí pasan cosas raras*. Buenos
Aires, Argentina: Ediciones de la Flor, 1975. Reprinted by permission of
Ediciones de la Flor.
PEDRO ESPINOSA BRAVO, "El limpiabotas" from *El viejo de las naranjas* (1960).
Reprinted by permission of Pedro Espinosa Bravo.
MERCEDES SALISACHS, "El niño del Café de la Paix" from *Pasos conocidos*.
Barcelona, Spain: Editorial Pareja y Borrás, 1957. Reprinted by permission of
Ute Körner de Moya, Literary Agent, Barcelona.
ENRIQUE JARDIEL PONCELA, "El amor que no podía ocultarse" from *Obras
completas*, 5th ed., Vol. III. Barcelona, Spain, Editorial AHR, 1969. Reprinted by
permission of Dña. Eva Jardiel Poncela and Editorial AHR.

CAMILO JOSÉ CELA, "Don Elías Neftalí Sánchez, mecanógrafo" from *Mesa revuelta*. Madrid: Editorial Taurus, 1957. Reprinted by permission of Taurus Ediciones, S.A.

IGNACIO ALDECOA, "Un cuento de Reyes" from *Cuentos completos* Madrid: Editorial Alianza, 1973. Reprinted by permission of Dña. Josefina R. de Aldecoa.

ALFONSO SASTRE, "Estrépito y resplandor" reprinted from *Antología de cuentistas españoles contemporáneos (1937–1966)* by permission of Alfonso Sastre.

ANA MARÍA MATUTE, "El Arrepentido" from *El arrepentido*. Barcelona, Spain: Editorial Juventud, 1967. Reprinted by permission of Ana María Matute. "El árbol de oro" from *Historias de la Artámila*. Barcelona, Spain: Ediciones Destino, 1961. Reprinted by permission of Ediciones Destino S.L.

GREGORIO LÓPEZ Y FUENTES, "Una carta a Dios" from *Cuentos campesinos de México*. Mexico City: Editorial Cima, 1940. Reprinted by permission of Lic. Angel López Oropeza.

MIGUEL DE UNAMUNO, "La venda" reprinted from *Teatro completo*. Madrid: Editorial Aguilar, 1959. Reprinted by permission of Fernando de Unamuno.

CARMEN RIERA, "El reportaje" reprinted from *Doce relatos de mujeres* (Barcelona, Spain: Editorial Alianza, 1983) by permission of Carmen Riera.

GABRIEL GARCÍA MÁRQUEZ, "La siesta del martes" from *Todos los cuentos. Los funerales de Mamá Grande* by Gabriel García Márquez. Barcelona, Spain: Editorial Plaza y Janés, 1962. Reprinted by permission of Carmen Balcells Literary Agency, Barcelona.

JUAN RAMÓN JIMÉNEZ, "Platero," "Mariposas blancas," "La púa," "La tísica," "Alegría," "La muerte," and "Melancolía," from *Platero y yo*, reprinted in *Platero y yo—Trescientos poemas (1903–1953)*. México, D.F.: Editorial Porrúa, 1967. Reprinted by permission of D. Francisco Hernández-Pinzón Jiménez.

JORGE LUIS BORGES, "El Evangelio según Marcos" from *El informe de Brodie*. Buenos Aires, Argentina: Emecé Editores, 1970. Copyright © 1970 by Emecé Editores. Reprinted by permission of Emecé Editores.

MIGUEL DELIBES, "En una noche así" from *La partida* as reprinted in *Cuentistas contemporáneos*. Barcelona: Ediciones Rumbo, 1958. Reprinted by permission of Miguel Delibes.

RUBÉN DARÍO, "Rima VII" from *Otoñales*; "Para una cubana" and "Mía" both from *Prosas profanas*. All reprinted from Rubén Darío, *Poesías completas*. Madrid: Editorial Aguilar, S.A., 1954.

ANTONIO MACHADO Y RUIZ, Selections from *Galerías, Campos de Soria, Los grandes inventos*. Reprinted by permission of Don Manuel Alvarez de Lama and Matea Monedero vda. de Machado.

FEDERICO GARCÍA LORCA. "Canción de jinete" from *Primeras canciones*. Buenos Aires, Argentina: Editorial Losada, 1951. "Sorpresa," "Malagueña," and "Clamor" all from *Poema del cante jondo*, 1933. Reprinted from Federico García Lorca, *Obras Completas*. Madrid, Spain: Editorial Aguilar, 1957. Reprinted by permission of the Estate of Federico García Lorca and New Directions, Publishers.

PABLO NERUDA, "Explico algunas cosas" from *Residencia en la Tierra*, Vol. III: *Tercera residencia*, 1947. Reprinted from *Obras completas*, 3rd ed., augmented, 1967, by permission of the Executors of the Estate of Matilda Neruda.

Preface

Encouraged by the continued acceptance of the aims of this anthology by many colleagues from schools and colleges, and by students, the editor has prepared an expanded fourth edition, which is designed for use in the third semester of college courses (or the second semester after an intensive introductory course), and in the third or fourth years of secondary school study. The basic purpose of the book remains the same: to provide the student as early as is practicable with intellectually mature and appealing works of varied genres whose brevity and simplicity of style do not require abridgment (except for a few lines in rare instances), adaptation, or simplification. Many facets of the temperament and the complexity of life of Spanish-speaking peoples will be revealed in these literary selections, in which humor and farce combine with irony and satire, tradition with innovation, the real with the unreal, happiness with loneliness, and in which the concern for human dignity is patent. A study of the works of the famous authors included here should enhance language learning at any level. The inclusion of more than one genre provides variety of language and style, sustained interest, and flexibility of use.

A substantial amount of new material by such internationally great figures as Jorge Luis Borges, Pablo Neruda, Gabriel García Márquez, and Alfonso Sastre has been introduced into this edition. In addition, three more women writers from Spain and Argentina have been added, as well as new material by Marco Denevi. Further changes have been the deletion of a number of selections, particularly by those authors who had been represented by more than one story, and changes in the exercises and footnotes.

To facilitate and accelerate the student's comprehension of the readings, words and idioms are supplied at the foot of the page, as well as in the end vocabulary. The exercises, which include **cuestionarios** and varied drill on grammar, idioms, word-building, and comprehension are designed to have the student review as frequently as possible the authors' language and style. In this new edition, an attempt has been made to present the material in order of increasing difficulty rather than in chronological order. The individual teacher will of course use his or her own judgment.

The editor wishes to thank the many people, teachers and students, who have made helpful suggestions, and to express his appreciation to his wife for her invaluable assistance in the preparation of the manuscript.

G.W.A.

Contents

A Selection of Poetry   *195*

A Selection of Prose

Pío Baroja
1872–1956

Just before the turn of the century, a small group of young writers and intellectuals began to make their voices heard as they protested vigorously against the sad state of their country, **"la dolorosa realidad española,"** as Azorín put it. The distinguished writers who probed the country's national weaknesses are referred to as *"the Generation of '98,"* and the most forcefully individualistic among them was the famous novelist and essayist Pío Baroja. Nothing escaped his pessimistic, skeptical, and often bitter observation. His frank appraisals are literally strewn with adjectives like **absurdo, estúpido, imbécil.**

A Basque, Pío Baroja was born in San Sebastián. More than a hundred volumes of novels and essays attest to his amazing literary productivity. In many of these novels Baroja's reaction to the reality of Spain, which he viewed as an absurd chaos, is expressed through the desire for action. Other novels of his are characterized by a good deal of intellectual reflection, such as *Camino de perfección* (1902) and *El árbol de la ciencia* (1911); these are typical of the Generation of '98 in their pessimism and their severe criticism of Spanish society. And yet, as we read **"La sombra,*"** we find it hard to believe that its spiritual and lyrical expression is the work of the same man. He is brusque but sincere, this **pajarraco** del individualismo,** as he defined himself.

---

* From Pío Baroja, *Vidas sombrías*. Reprinted from Pío Baroja, *Obras completas*, Vol. VI (Madrid: Editorial Biblioteca Nueva, 1948).
** big, ugly bird

La sombra

Porque el que se ensalzare será humillado, y el que se humillare
será ensalzado.[1]

San Mateo, v. XII, c. XXIII

Había salido del hospital el día de Corpus Christi,[2] y volvía,
envejecida y macilenta,[3] pero ya curada, a casa de su ama,[4] a
seguir nuevamente su vida miserable, su vida miserable de
prostituta. En su rostro, todas las miserias; en su corazón, todas
las ignominias.   5

Ni una idea cruzaba su cerebro; tenía solamente un deseo de
acabar, de descansar para siempre sus huesos enfermos. Quizá
hubiera preferido morir en aquel hospital inmundo,[5] en donde se
concrecionaban los detritus del vicio,[6] que[7] volver a la vida.

Llevaba en la mano un fardelillo[8] con sus pobres ropas, unos   10
cuantos harapos[9] para adornarse. Sus ojos, acostumbrados a la
semioscuridad, estaban turbados por la luz del día.

El sol amargo brillaba inexorable en el cielo azul.

De pronto, la mujer se encontró rodeada de gente, y se detuvo
a ver la procesión[10] que pasaba por la calle. ¡Hacía tanto tiempo   15
que no la había visto! ¡Allá en el pueblo, cuando era joven y tenía
alegría y no era despreciada! ¡Pero aquello estaba tan lejos!...

Veía la procesión que pasaba por la calle, cuando un hombre,
a quien no molestaba, la insultó y le dio un codazo;[11] otros, que
estaban cerca, la llenaron también de improperios[12] y de burlas.   20

---

[1] Whoever exalts himself will be
humbled, and whoever humbles
himself will be exalted. (The verbs
ensalzare and **humillare** are in the
future subjunctive, rarely used today.)
[2] Roman Catholic festival in honor of
the Eucharist, observed sixty days
after Easter.
[3] **envejecida y macilenta** aged
and emaciated
[4] **ama** mistress, lady of the house

[5] **inmundo** dirty
[6] **en donde ... del vicio** in which
was collected all the decay of vice
[7] **que** than
[8] **fardelillo** little bundle
[9] **harapos** rags
[10] **procesión** religious procession in
honor of the Eucharist at the
Corpus Christi festival
[11] **codazo** blow with the elbow
[12] **improperios** insults

Ella trató de buscar, para responder a los insultos, su antigua sonrisa, y no pudo más que crispar[13] sus labios con una dolorosa mueca,[14] y echó a andar con la cabeza baja y los ojos llenos de lágrimas.

En su rostro, todas las miserias; en su corazón, todas las ignominias. `25`

Y el sol amargo brillaba inexorable en el cielo azul.

En la procesión, bajo el sol brillante, lanzaban destellos[15] los mantos de las vírgenes bordados en oro, las cruces de plata,[16] las piedras preciosas de los estandartes de terciopelo.[17] Y luego `30` venían los sacerdotes con sus casullas,[18] los magnates, los guerreros de uniformes brillantes, todos los grandes de la tierra, y venían andando al compás de[19] una música majestuosa, rodeados y vigilados[20] por bayonetas y espadas y sables.[21]

Y la mujer trataba de huir; los chicos la seguían, gritando, `35` acosándola,[22] y tropezaba y sentía desmayarse;[23] y, herida y destrozada por todos, seguía andando con la cabeza baja y los ojos llenos de lágrimas.

En su rostro, todas las miserias; en su corazón, todas las ignominias. `40`

De repente, la mujer sintió en su alma una dulzura infinita, y se volvió y quedó deslumbrada,[24] y vio luego una sombra blanca y majestuosa que la seguía y que llevaba fuera del pecho el corazón herido y traspasado por espinas.[25]

Y la sombra blanca y majestuosa, con la mirada brillante y la `45` sonrisa llena de ironía, contempló a los sacerdotes, a los guerreros, a los magnates, a todos los grandes de la tierra, y, desviando de ellos la vista,[26] y acercándose a la mujer triste, la besó, con un beso purísimo, en la frente.

[13] **crispar**   to twitch, to tighten
[14] **dolorosa mueca**   pitiful grimace
[15] **lanzaban destellos**   sparkled
[16] **cruces de plata**   silver (processional) crosses
[17] **estandartes de terciopelo**   velvet banners
[18] **casullas**   chasubles (the outer vestment of the priest who celebrates the Eucharist)
[19] **al compás de**   in time with
[20] **vigilados**   watched over
[21] **sables**   sabers
[22] **acosar**   to harass
[23] **desmayarse**   to faint
[24] **deslumbrada**   dazzled, bewildered
[25] **traspasado por espinas**   pierced with thorns (The reference is to the traditional Roman Catholic image of the Sacred Heart of Jesus.)
[26] **desviando de ellos la vista**   turning its eyes from them

EXERCISES

I. Cuestionario

1. ¿De dónde había salido la mujer?
2. ¿Cómo era?
3. ¿Qué revela su rostro?
4. ¿Qué pasaba por la calle?
5. ¿Qué le hizo un hombre? ¿Por qué?
6. ¿Cómo respondió ella a los insultos?
7. ¿Tenían los chicos piedad de ella?
8. ¿Qué vio de repente?
9. ¿Por qué contempló la sombra con ironía a los de la procesión?
10. ¿Qué le hizo la sombra a la pobre mujer?
11. ¿Quién es esta sombra?
12. ¿Le parece a Vd. que hay una cualidad poética en el estilo de este cuento? ¿Dónde?
13. ¿Por qué es el sol "amargo"?
14. ¿Cuál es la significación de la cita bíblica a la cabeza de este cuento?

II. Hacer *in time expressions*

Recall that to express time begun in the past and still continuing in the present, Spanish uses the present tense of **hacer** and of the main verb. If the time begun in the past ceased at a later point in the past, use the imperfect tense of both verbs.

Hace dos años que vive en España.	*He has been living in Spain for two years.*
Hacía dos años que vivía en España.	*He had been living in Spain for two years.*

When the sentence in present time is negative, the verb in the dependent clause may be in either the present or the present perfect tense. In past time, the past perfect (pluperfect) tense is used.

**Hace tanto tiempo que ella
no lo ve.** *She hasn't seen it for such a long*
Hace tanto tiempo que no *time.*
lo ha visto.
Hacía tanto tiempo que no *She hadn't seen it for such a long*
lo había visto. *time.*

A. Supply an answer for the following questions:

1. ¿Cuánto tiempo hace que usted estudia el español?
2. ¿Cuánto tiempo hacía que usted no le había escrito?
3. ¿Cuánto tiempo hace que usted no lo ha visto?
4. ¿Cuánto tiempo hacía que usted estudiaba esta lección?
5. ¿Cuánto tiempo hace que están casados sus padres?

B. Translate:

1. The woman had been in the hospital for two years.
2. She had not seen her town for a long time.
3. I have not seen her for two years.
4. My father has been a doctor for twenty years.
5. He had been living in this country for ten years.

III. Word substitution

Substitute an appropriate equivalent from the following list for
the boldface words in the sentences below:

cara	ir	viejo	hallarse
cura	ponerse	afrenta	soldado

1. La mujer volvía **envejecida** a casa de su ama.
2. En su **rostro,** todas las miserias.
3. De pronto **se encontró** rodeada de gente.
4. Ella **echó** a andar con la cabeza baja.
5. Luego venían **los sacerdotes** en la procesión.
6. Los **guerreros** llevan uniformes brillantes.
7. **Seguía** andando con la cabeza baja.
8. En su corazón todas las **ignominias.**

IV. Text review

Correct the statements below that are false:

1. La mujer volvía a seguir su vida miserable.
2. Llevaba en la mano un ejemplar de la Biblia.
3. De pronto la mujer se encontró en la iglesia.
4. Un hombre le dio un ramo de flores.
5. La mujer andaba con la cabeza baja y los ojos llenos de lágrimas.
6. Casi todo el pueblo participaba en la procesión.
7. Sólo los chicos la encontraban simpática.
8. La sombra vino porque hacía demasiado sol.

Marco Denevi

1922–

One of the most original Spanish American writers of today is the Argentine Marco Denevi. He first became known in 1955 with his first prize-winning novel, *Rosaura a las diez*, and five years later gained international recognition when his short novel, *Ceremonia secreta*, won an international prize and was made into a motion picture.

Novelist, dramatist, and short story writer, Denevi is best known for what he calls **falsificaciones,** very short sketches, anecdotes, plays, and stories (from one line to several pages in length), based on historical, mythological, and literary events and people. These miniature stories, or **minicuentos,** are now a widely cultivated genre in Argentina and elsewhere. They reveal Denevi's rich and powerful imagination; their originality lies in the ironical and often whimsical twist that makes these sketches turn out to be the opposite (**"falsification"**) of their historical models. Thus, for example, Sleeping Beauty feigns a deep sleep because she knows that **"ningún príncipe pasa junto a una mujer que tenga los ojos abiertos."** Don Quijote and his idealized Dulcinea are transposed, so that it is he who exists in her imagination. Denevi's ability to portray man's complex nature and behavior dramatically in these tightly structured literary miniatures is the mark of a brilliant writer.

Typical of his work are the two selections that follow, both from his collection *Falsificaciones*.* The first is a sketch that has a startling, ambiguous ending, and the second is an ironic, modernized version of a famous biblical betrayal.

---

* Buenos Aires, Argentina: Editorial Universitaria de Buenos Aires, 1966.

No hay que[1] complicar la felicidad

Un parque. Sentados en un banco de piedra, bajo los árboles, ÉL y ELLA se besan.

ÉL: —Te amo.
ELLA: —Te amo.

Vuelven a besarse.

ÉL: —Te amo.
ELLA: —Te amo.   5

Vuelven a besarse.

ÉL: —Te amo.
ELLA: —Te amo.

ÉL *se pone violentamente de pie.*

ÉL: —¡Basta! ¡Siempre lo mismo! ¿Por qué, cuando te digo que   10
   te amo, no contestas, por ejemplo, que amas a otro?
ELLA: —¿A qué otro?
ÉL: —A nadie. Pero lo dices[2] para que yo tenga celos. Los celos
   alimentan al amor. Nuestra felicidad es demasiado simple.
   Hay que complicarlo un poco. ¿Comprendes?   15
ELLA: —No quería confesártelo porque pensé que sufrirías. Pero
   lo has adivinado.[3]
ÉL: ¿Qué es lo que adiviné?

---

[1] **hay que** (+ *inf.*)   one must, it is
   necessary
[2] **lo dices = dilo**   (The present and
   future tenses are often used as
   commands.)

[3] **adivinar**   to guess

ELLA *se levanta, se aleja[4] unos pasos.*

ELLA; —Que amo a otro.   20

ÉL *la sigue.*

ÉL: —Lo dices para complacerme. Porque yo te lo pedí.
ELLA: —No. Amo a otro.
ÉL: —¿A qué otro?
ELLA: —A otro.   25

Un silencio.

ÉL: —Entonces, ¿es verdad?
ELLA: (*vuelve a sentarse. Dulcemente.*) ——Sí. Es verdad.

ÉL *se pasea. Aparenta un gran furor.[5]*

ÉL: —Siento celos. No finjo.[6] Siento celos. Estoy muerto de   30
    celos. Quisiera matar a ese otro.
ELLA: —(*Dulcemente.*) Está allí.
ÉL: —¿Dónde?
ELLA: —Allí, entre los árboles.
ÉL: —Iré en su busca.[7]   35
ELLA: —Cuidado. Tiene un revólver.
ÉL: —Soy valiente.

ÉL *sale. Al quedarse sola,* ELLA *ríe. Se escucha el disparo de un arma de
fuego.* ELLA *deja de reír.*

ELLA: —Juan.   40

Silencio. ELLA *se pone de pie.*

ELLA: —Juan.

---

[4] **se aleja**   moves away
[5] **aparenta un gran furor**   he
   pretends to be very angry

[6] **fingir**   to feign, to pretend
[7] **Iré en su busca**   I'll go after him.

Silencio. ELLA *corre hacia los árboles.*

ELLA: —Juan.

Silencio. ELLA *desaparece entre los árboles.*   45

ELLA: —Juan.

Silencio. La escena permanece vacía. Se oye, lejos, el grito desgarrador[8] de
ELLA.

ELLA: —¡Juan!

Después de unos instantes, desciende silenciosamente el Telón.   50

EXERCISES

I. Cuestionario

1. ¿Dónde están Él y Ella?
2. ¿Qué hacen?
3. ¿Por qué se enfada el hombre?
4. ¿Para qué quiere que Ella mienta?
5. Entonces, ¿qué le confiesa Ella al hombre?
6. ¿La cree éste, o no?
7. ¿Cuál es la reacción del hombre?
8. ¿A dónde va? ¿Por qué?
9. ¿Por qué deja de reír Ella?
10. Describa con qué tono ella pronuncia progresivamente el nombre "Juan" al final.
11. ¿Qué interpretación da Ud. al desenlace (*ending*)? ¿Hay posiblemente otra?
12. ¿En qué consiste la ironía de este "sketch"?

---

[8] **grito desgarrador**   heart-rending scream

II. Idiom review

Complete the sentences below with one of the following words or expressions used in the selection. Make any necessary changes of grammar or syntax.

ponerse de pie	**fingir**	**haber que** + *inf.*
volver a + *inf.*	**en busca**	**dejar de** + *inf.*
quedarse		**tener celos**

1. Ella dice que ama a otro para que su novio _____.
2. Sentados en un banco siguen besándose, pero de repente él _____.
3. Es difícil saber si el hombre _____ sentir celos.
4. Ella ya sabe que a veces no _____ turbar el statu quo.
5. Los disparos del revólver _____ oírse.
6. Si él no vuelve pronto, ella irá en busca de él.
7. Cuando él se fue y ella _____ sola, empezó a tener miedo.
8. Estoy seguro de que ella no _____ ver a Juan.

III. Translation

1. If they love each other, they will meet again many times.
2. A cry can be heard among the trees.
3. She stopped laughing when she heard the shot.
4. He pretends to be jealous, but he would like to kill the other man.
5. She swears (**jurar**) that she doesn't love anybody.
6. Do you think that one must complicate one's life in order to be happy?
7. He stood up violently and it was obvious (**obvio**) that he was dying of jealousy.

no complicarlo la amor.

esta feliz dejalo

Los fracasados[1]

Una casa pobre. La mujer barre[2] enérgicamente el piso con una escoba medio calva.[3] Entra el hombre. Parece muy abatido.[4] Se sienta sin pronunciar palabra. Ella ha dejado de barrer y lo mira. Pregunta:

—¿Y bien? ¿No dices nada?　　　　　　　　　　　　　　　　5

—¿Qué tengo que decir?

—Miren la contestación.[5] ¿Tres días que faltas de casa y no tienes nada que decir? Marido, te previne[6] que no volvieras con las manos vacías.

—Ya lo sé. Si he vuelto es porque cumplí[7] tus órdenes.　　10

—Mis órdenes. Mis consejos, diría yo. Y entonces ¿por qué estás así, hecho un trapo[8]?

—¿Acaso debería estar alegre?

—Me parece a mí.

—Pues ya ves. No estoy alegre. Estoy arrepentido.　　　15

—Vaya. Te duró poco el valor.

—¿Qué valor? Lo hice porque tú me obligaste.

—Porque yo lo obligué. Oigan el tono. Cualquiera pensaría que lo obligué a cometer un crimen. ¿Y a qué te obligué, veamos? A darte tu lugar. A demostrar que eres un hombre, no un títere.[9]　20 Pero estás arrepentido. Preferirías seguir como hasta ahora. El último de la fila.[10] El que recoge los huesos[11] que arrojan los demás. Aquel a quien se llama para que, cuando todos ya se han ido, limpie la mesa y apague las luces. Siempre serás el mismo mediocre. Ignoras lo que es tener ideales, alguna noble ambición.　25 El fracaso es tu atmósfera. Y yo, tu víctima. Mira a las mujeres

---

[1] Those who have failed
[2] **barrer** to sweep
[3] **escoba medio calva** a broom half worn our (*lit.*, bald)
[4] **abatido** downcast
[5] **miren la contestación** that's some answer!
[6] **previne (prevenir)** I warned

[7] **cumplir** to carry out
[8] **hecho un trapo** looking like a wet rag
[9] **títere** puppet
[10] **de la fila** in line
[11] **recoge los huesos** picks up the bones

de tus amigos: cubiertas de joyas, con sirvienta, con automóvil y un palco[12] en el teatro. Ahora mírame a mí: una fregona[13] dedicada día y noche a los quehaceres domésticos.[14] En lugar de alhajas, callos.[15] No voy al teatro, voy al mercado. Y porque 30 pretendo[16] que mi marido levante cabeza y le doy buenos consejos, óiganlo, me lo echa en cara.

—Siempre tuve mala suerte.

—¿Ahora también, mala suerte?

—Un presentimiento[17] me dice que sí. 35

—Un presentimiento. Llamas presentimientos a los pujos de vientre de tu cobardía.[18]

—Nada bueno saldrá de todo esto.

—Eso es. Regodéate[19] en tu pesimismo. Serías capaz de verme embarazada[20] y creer que estoy hidrópica.[21] Encontrar 40 una moneda de oro en la calle y confundirla con el escupitajo de un tísico.[22] Oír la voz de Dios que te llama y ponerte a correr por miedo de que sea la voz de un acreedor.[23] ¿Cómo que nada bueno saldrá de todo esto? ¿Y la recompensa? Me lo imagino: la rechazaste.[24] Y, como siempre, el premio[25] se lo llevó otro. 45

—No. Me pagaron.

—¿Cuánto?

El le entrega unas pocas monedas.

—¿Esta miseria?

—¿Qué esperabas? ¿Millones? 50

—Un cargo.[26] Eso es lo que ambiciono para ti. Un cargo en el gobierno, bien remunerado y que nos permita asistir desde el palco oficial a los desfiles[27] militares. Te lo deben. Al fin y al cabo les prestaste un buen servicio. Más de uno habría querido

---

[12] **palco**   box
[13] **fregona**   scrubwoman
[14] **quehaceres domésticos**   household chores
[15] **alhajas, callos**   jewels, (I have) corns, calluses
[16] **pretender**   to want
[17] **presentimiento**   premonition
[18] **los pujos . . . cobardía**   your chicken-heartedness
[19] **Regodéate**   Take pleasure

[20] **embarazada**   pregnant
[21] **hidrópica**   retaining water, dropsical
[22] **escupitajo de un tísico**   spit of a tubercular person
[23] **acreedor**   creditor
[24] **rechazar**   to refuse, reject
[25] **premio**   reward
[26] **cargo**   position (job)
[27] **desfiles**   parades

hacerlo, pero lo hiciste tú. Y a ellos tu pequeña acción les   55
reportará[28] enormes beneficios. Volverás y les exigirás que te den
un empleo. Un empleo en el que no tengas que matarte
trabajando pero que te haga ganar un buen sueldo, cierto
prestigio social y algunas ventajas adicionales. No hablo de
coimas.[29] Hablo de un automóvil oficial. Si fuese con chofer   60
incluido, mejor todavía. Siempre quise pasearme en uno de esos
inmensos automóviles negros conducidos por un chofer de
uniforme azul y gorra.[30]

—No me darán ni el puesto de ordenanza.[31]

—¿Por qué? ¿No saben que fuiste tú quien les hizo ese favor?   65

—¿Cómo no van a saberlo? Ya ves que me pagaron.

—Los grandes, digo. Los que firman los nombramientos y
manejan los teléfonos secretos. No lo saben. Trataste el negocio
con algún subalterno que te quitó del medio[32] con estas monedi-
tas para hacerse pasar él por el autor y conseguir que lo   70
asciendan de categoría.[33]

—Todos lo saben. Del primero al último.

—¿Qué más quieres? Y entonces ¿por qué dices que no te
nombrarán ni siquiera ordenanza?

—Nada les gusta menos que mostrarse agradecidos.[34]   75

—Son envidiosos.

—Además, no quieren aparecer como mis instigadores.
Quieren que se crea que lo hice por mi propia iniciativa.

—Envidiosos y cobardes.

—Pero todo el mundo ya está enterado.[35] En la calle me   80
señalaban con el dedo.

—No me digas. ¿Te señalaban con el dedo? ¿En la calle? ¿La
gente? Qué bien. Eso significa que no te debe importar la
ingratitud de los de arriba. El pueblo reconoce tus méritos.
¿Creen que lo hiciste por tu propia iniciativa? Mejor. Serás   85
famoso, llegarás lejos.

---

[28] **reportar**   to bring; to get
[29] **coimas**   bribes
[30] **gorra**   cap
[31] **puesto de ordenanza**   a clerk's job
[32] **te quitó del medio**   got rid of you

[33] **lo asciendan de categoría**   that they promote him
[34] **Nada les gusta . . . agredecidos**   The last thing they like to do is show that they are grateful.
[35] **enterado**   informed

—No me asustes.[36]

—¿Asustarte, tonto? Ya veo: la gloria te produce terror. Acostumbrado a la oscuridad, la luz te hace arder los ojos. Felizmente yo estoy a tu lado. Yo te sostendré, te guiaré. Apóyate 90 en mí y avanza.

Se oye, afuera, el rumor de una muchedumbre.[37] El hombre tiembla.

—¿Qué son esos gritos?

—Te lo dije: el pueblo. Viene a felicitarte, a traerte regalos. 95 Querrán que seas su caudillo.[38] Pero por ahora tú no salgas. Los grandes hombres no deben dejarse ver por la multitud. Envueltos[39] en el misterio, siempre lejanos, siempre inaccesibles, parecen dioses. Vistos de cerca defraudan mucho.[40] Tú, ni qué hablar.[41] Además te falta experiencia. Todavía no dominas tu 100 papel[42] de personaje célebre. Tengo miedo de que, si los recibes, los trates de igual a igual. Déjame a mí. Yo hace rato[43] que me preparo para estas cosas. Saldré yo. Yo sé cómo manejarlos.

—¿Oyes? Gritan ¡viva nuestro rey!

—¿Rey? ¿Y yo reina? Francamente, es más de lo que yo 105 esperaba. ¿Más? ¿Por qué más? No permitiré que me contagies tu modestia.[44] Lo que ocurre es que cuando la justicia tarda en llegar la confundimos con la buena suerte. Reina. Bien, acepto. Otra que un empleo de morondanga[45] y un automóvil usado. Tendremos palacios, carruajes, un ejército de sirvientes. La 110 primera medida[46] que tomarás: aumentar los impuestos.[47]

—¡Gritan cada vez más alto! ¡Se impacientan!

—Está previsto.[48]

—¡Apúrate![49]

---

[36] **asustar** to frighten
[37] **muchedumbre** crowd
[38] **caudillo** leader
[39] **Envueltos (envolver)** Wrapped up
[40] **defraudan mucho** they are very disappointing
[41] **ni qué hablar** not a word (from you)
[42] **Todavía . . . papel** You haven't yet mastered your role

[43] **hace rato** for some time (I . . .)
[44] **que me . . . modestia** that you infect me with your modesty
[45] **Otra que . . . morondanga** It beats a worthless job.
[46] **medida** step, measure
[47] **aumentar los impuestos** raise the taxes
[48] **Está previsto** that's to be expected
[49] **¡Apúrate!** Hurry!

—¿Te parezco que estoy presentable? ¿No debería ponerme 115
otro vestido?

—¡Derribarán la puerta!

—¡Y yo sin maquillarme!⁵⁰

—No les digas que estoy aquí.

—Les diré que estás con los embajadores extranjeros. Y si 120
desean una audiencia, que la supliquen⁵¹ por escrito con diez
días de anticipación. Pensar que todo esto me lo debes a mí.

La mujer sale. El hombre, inmóvil y aterrado, espera. Al cabo
de unos minutos ella reaparece, se sienta. Él la mira. Afuera se ha
hecho el silencio. Él pregunta: 125

—¿Qué querían?

—Cállate. Eres un fracasado. Los dos somos unos fracasados.

—¿Por qué? ¿Qué pasó?

La mujer se pone de pie de un salto, empieza a gritar:

—¿Y todavía lo preguntas? ¿Qué pasó? Pasó que otra vez te 130
dejaste ganar.⁵²

—Hice lo que tú me pediste.

—Y qué es lo que yo te pedí, imbécil. Que hicieras algo como
la gente. Algo que nos salvara de la pobreza. Y has elegido bien,
tú. Te has lucido.⁵³ Pero se terminó. Basta. ¡Fuera de aquí! 135
¡Quítate de mi vista! ¡No quiero verte más!

El hombre empieza a salir. Al llegar a la puerta se vuelve y
mira a la mujer. La mujer llora. Él pregunta:

—¿Me dirás por lo menos qué sucedió?

Ella deja de llorar. Levanta la cabeza. Y por fin, después de 140
un silencio, dice secamente:

—Resucitó.⁵⁴

Entonces Judas Iscariote sale de su casa y va a colgarse de la
higuera.⁵⁵

---

⁵⁰ **¡sin maquillarme!**　without
makeup!

⁵¹ **que la supliquen**　let them
request it

⁵² **te dejaste ganar**　you ruined it,
"you blew it"

⁵³ **Te has lucido**　You've really done
quite a job!

⁵⁴ **Resucitó**　He was resurrected

⁵⁵ **colgarse de la higuera**　hang
himself on a fig tree

EXERCISES

I. Cuestionario

1. ¿Cómo se ve desde el principio que la mujer domina a su marido?
2. ¿Cuánto tiempo falta él de casa? ¿Vuelve alegre? Explique Ud.
3. Según ella, ¿por qué obligó a su marido que hiciera lo que hizo?
4. ¿Cómo caracteriza ella a su marido?
5. ¿Por qué envidia ella a las esposas de los amigos de su esposo?
6. ¿Por qué no está ella satisfecha de la recompensa que él ha recibido?
7. La mujer le manda volver y exigir otra recompensa. ¿En qué debe consistir?
8. ¿Por qué no la conseguirá él?
9. ¿Por qué no deja la mujer que su marido salga a recibir al pueblo?
10. ¿Son para el esposo los gritos de "viva nuestro rey"? Explique.
11. ¿Cómo parece a la mujer la idea de ser reina?
12. ¿Qué había pedido la mujer que hiciera él?
13. Explique Ud. cómo fracasó él y cómo fue un fracaso para ella.
14. ¿Es el final totalmente inesperado (*unexpected*)? ¿Había adivinado Ud. la identidad del esposo? Explique.

II. Ser *and* estar

Estar is used to express position or location, and with an adjective or past participle to describe the state or condition of a thing or person. **Ser** with an adjective expresses what a person or thing is normally or essentially like, and it is always used with nouns and pronouns.

Examples from the text:

No estoy alegre.   **Todo el mundo ya está enterado.**
Son envidiosos.   **Yo estoy a tu lado.**

Supply the correct form of **ser** or **estar** in the following:

1. Me alegro de que mi esposa _esté_ embarazada (*pregnant*).
2. Marido, tú _eres_ un imbécil; el negocio todavía no _está_ terminado.
3. ¿Llamas recompensa eso? _es_ una miseria.
4. Tu cargo en el gobierno no _es_ de los mejores pero _está_ bien remunerado.
5. Yo _estoy_ cerca de ti; ¿por qué _está_ tan triste?
6. La mujer _está_ enojada porque su marido _es_ un fracasado.
7. La versión de la traición de Jesucristo _está_ muy cambiada aquí.
8. Marco Denevi _es_ muy célebre por sus "falsificaciones" pero no _está_ obsesionado por la fama.

III. *Text review*

Fill the blank spaces in the sentences below with an appropriate word or phrase from the following list, making any necessary changes in spelling:

cumplir	**barrer**	**arrepentido**
moneda	**mala suerte**	**faltar de casa**
fracasar	**regalos**	**un cargo en el gobierno**
faltar		

1. Ella _____ con la escoba cuando entra su marido.
2. Aunque él _____ tres días, no tiene nada que decir.
3. Sin embargo, él la asegura que _____ sus órdenes.
4. En vez de alegre, él está _____.
5. Como dice ella, los otros triunfan pero su marido _____.
6. Él echa la culpa a su _____.
7. Ella está enfadada porque la recompensa consiste en _____ y no en _____.

8. Ella cree que el pueblo viene a traer _____ e insiste a salir ella misma porque a él le _____ experiencia.

IV. *Idiom review*

Before translating the sentences below, review the following idioms and expressions from the text:

dejar de + *inf.*   *to stop doing something*
tardar en + *inf.*   *to be slow or late in*
haber de + *inf.*   *to be (supposed) to, to have to*

Lo + adjective to form a noun:

lo bueno es que...   *The good thing is...*

hacer in idiomatic time expressions:

Hace rato que me preparo   *I have been preparing for these things*
  para estas cosas.   *for quite a while.*

1. You are supposed to be happy but you have nothing to say.
2. Why is the crowd slow in shouting, "Long live our king"?
3. I was afraid that you would return empty-handed.
4. The sad thing is that you have been an imbecile for many years.
5. I want you to get (**conseguir**) a government job so that I can live like a queen.
6. She stopped screaming and crying and told him to leave the house *for ever* (**para siempre**).
7. The bad thing is that I am the victim of your failure.

❖C❖C❖C❖C❖C❖C❖C❖C❖C❖C❖C❖C❖C❖C❖C❖C❖C❖C❖C❖C❖C❖C❖C❖C❖C❖C❖C

Luisa Valenzuela

1938–

Born in Buenos Aires, Luisa Valenzuela had already
published in a number of Argentine journals and news-
papers before the age of twenty. From 1958 to 1961 she
lived in Paris, where she published short stories and
contributed to the literary supplement of *La Nación*. It was
here that she developed a strong interest in feminist themes;
in her first novel, *Hay que sonreír* (1966), begun in Paris, the
protagonist is a prostitute portrayed with compassion and
understanding. The translation of this novel was published
in this country in 1976, together with some of her short
stories, under the title *Clara: Thirteen Short Stories and a Novel*.

In 1969 Luisa Valenzuela came to the United States for a
year under a Fulbright grant, and ten years later she settled
in New York, where she was writer-in-residence at Columbia University. She has also lectured on Latin American
literature at other universities here and in Canada and
Mexico.

Luisa Valenzuela has thus far written three more novels,
with two more under way, and three collections of short
stories. She has received several awards, and critics in recent years have been devoting ever more attention to this
very talented and forceful writer. The short selection that
follows, **"Pavada de suicidio,"** is reprinted from *Aquí pasan
cosas raras* (1975),* translated and published in the United
States in 1980. Strange things do indeed happen in the
stories of this book, typical of the irony and sardonic humor with which Luisa Valenzuela presents her chaotic,
violent, and absurd vision of reality. In **"Pavada de
suicidio,"** she plays with the reader in this "game of
suicide."

* Buenos Aires: Ediciones de la Flor.

Pavada de suicidio[1] clue/key of the story

clave del cuento

Ismael agarró[2] el revólver y se lo pasó por la cara despacito. Después oprimió el gatillo[3] y se oyó el disparo. Pam. Un muerto más en la ciudad, la cosa ya es un vicio. Primero agarró el revólver que estaba en un cajón del escritorio,[4] después se lo pasó suavemente por la cara, después se lo 5 plantó sobre la sien[5] y disparó. Sin decir palabra. Pam. Muerto.

Recapitulemos: el escritorio es bien solemne, de veras ministerial (nos referimos a la estancia-escritorio).[6] El mueble escritorio[7] también, muy ministerial y cubierto con un vidrio[8] 10 que debe de haber reflejado la escena y el asombro.[9] Ismael sabía dónde se encontraba el revólver, él mismo lo había escondido allí. Así que no perdió tiempo en eso, le bastó con abrir el cajón correspondiente y meter la mano hasta el fondo. Después lo sujetó bien, se lo pasó por la cara con una cierta 15 voluptuosidad antes de apoyárselo[10] contra la sien y oprimir el gatillo. Fue algo casi sensual y bastante inesperado. Hasta para él mismo pero ni tuvo tiempo de pensarlo. Un gesto sin importancia y la bala ya había sido disparada.

Falta algo: Ismael en el bar con un vaso en la mano 20 reflexionando sobre su futura acción y las posibles consecuencias.

Hay que retroceder más aún si se quiere llegar a la verdad: Ismael en la cuna[11] llorando porque está sucio y no lo cambian.[12] 25
No tanto. → freudiana explicación

---

[1] **Pavada de suicidio**   A game of suicide
[2] **agarrar**   to grasp
[3] **oprimió el gatillo**   he squeezed the trigger
[4] **cajón del escritorio**   desk drawer
[5] **la sien**   his temple
[6] **estancia-escritorio**   work desk

[7] **el mueble escritorio**   the desk as a piece of furniture
[8] **un vidrio**   glass (top)
[9] **el asombro**   surprise, alarm
[10] **apoyárselo**   to rest (place) it
[11] **la cuna**   the cradle
[12] A tongue-in-cheek "dig" at the typical probings of a psychoanalyst

Ismael en la primaria[13] peleándose con un compañerito que mucho más tarde llegaría a ser ministro, sería su amigo, sería traidor.

No. Ismael en el ministerio sin poder denunciar lo que 30 sabía, amordazado.[14] Ismael en el bar con el vaso en la mano (el tercer vaso) y la decisión irrevocable: mejor la muerte.

Ismael empujando la puerta giratoria[15] de entrada al edificio, empujando la puerta vaivén[16] de entrada al cuerpo de oficinas, saludando a la guardia, empujando la puerta de en- 35 trada a su despacho. Una vez en su despacho, siete pasos hasta su escritorio. Asombro, la acción de abrir el cajón, retirar el revólver y pasárselo por la cara, casi única y muy rápida. La acción de apoyárselo contra la sien y oprimir el gatillo, otra acción pero inmediata a la anterior.[17] Pam. Muer- 40 to. E Ismael saliendo casi aliviado[18] de su despacho (el despacho del otro, del ministro) aun previendo[19] lo que le esperaría fuera.

EXERCISES

I. Cuestionario

1. ¿Qué acción se describe en el primer párrafo: la de un suicidio o un asesinato?
2. Si usted cree que se trata de un suicidio, diga por qué.
3. Recapitulando lo que pasó, la autora se refiere al asombro de alguien. ¿Quién es?
4. ¿Qué otras claves (*clues*) hay que nos ayuden a ver que la víctima no fue Ismael?
5. ¿Por qué se pasó Ismael el revólver por la cara "con una cierta voluptuosidad"? ¿**Preveía** su propia muerte? (**prever** = *to anticipate*)

[13] **la primaria**   elementary school
[14] **amordazado**   silenced
[15] **giratoria**   revolving
[16] **vaivén**   swinging

[17] **inmediata a la anterior**   quickly following the previous one
[18] **aliviado**   relieved
[19] **prever**   to foresee, anticipate

6. ¿Fue el asesinato un acto premeditado o súbito? Explique Ud.
7. ¿Qué motivo o motivos hay para explicar el crimen?
8. ¿Le parece a Ud. que no cambiar al niño Ismael en la cuna es un motivo?
9. ¿A qué se debe la frustración de Ismael?
10. ¿Cómo utiliza la autora la ambigüedad del adjetivo posesivo **su** para despistarnos (*throw us off the track*)?

II. Word substitution

Substitute a word of equivalent meaning from the following list for the boldface words in the sentences below. Make any necessary changes in grammar.

asombro	sensual	retirar	oficina	luchar
plantar	ocultar	declarar	agarrar	retroceder

1. La acción de **sacar** el revólver fue muy rápida.
2. Ismael lo sujetó bien antes de **apoyárselo** contra la sien.
3. Una vez en su **despacho,** siete pasos a su escritorio.
4. Hay que **volver atrás** para llegar a la verdad.
5. El vidrio debe de haber reflejado su **gran sorpresa.**
6. Ismael en la primaria **peleándose** con un compañerito.
7. Ismael acarició el revólver **con voluptuosidad.**
8. Él mismo lo **había escondido** en el cajón del escritorio.
9. Ismael quiso **denunciar** lo que sabía, pero no pudo.
10. Él **asió** el revólver pero no lo disparó inmediatamente.

III. Diminutives

The ending **-ito** (and its variants **-cito, -ecito**) is the most frequently seen and heard. In addition to indicating smallness of size, it is used to express endearment or affection (*pretty, sweet, dear, nice,* etc.) without necessarily connoting size. Examples from the text:

compañerito   **despacito**

Other examples (observe the spelling):

casa	casita	*a nice little house*
voz	vocecita	*small (thin) voice*
nuevo	nuevecito	*nice and new*
chico	chiquito	*a small boy*
cabeza	cabecita	*a small head*
salón	saloncito	*a small room*

-illo (-cillo, -ecillo) also indicate smallness of size. This ending is often interchangeable with **-ito.**

casa	casilla	
chico	chiquillo	
campana	campanilla	*little bell, handbell*
pie	piecillo	*a tiny foot*

Give the diminutive of the boldface words below:

1. Encontré a un **viejo** en el parque. viejito
2. Tuve que cambiar el título de este **trabajo.** trabajito
3. Quiero que vuelvas a casa **ahora.** ahorita
4. Tu maleta es tan **pequeña** que no vale nada. pequeñita
5. Me siento un **poco** mejor. poquito
6. ¡Pero hija, tu **abuela** te ama tanto como yo! abuelita
7. Hay dos **jóvenes** jugando en la calle.
8. Dame un beso, **Juan.** Juanito

IV. Translation

Keep in mind the following very common usages:

hay que + *inf.*	*one must, it is necessary*
él (yo, tú, etc.) mismo	*he (I, you, etc.) himself (myself, yourself, etc.)*
deber de + *inf.*	*to express probability or conjecture*

1. It is necessary to go back to his early years to understand his actions.
2. I passed the gun over my face slowly, voluptuously.

3. Then I pressed the trigger, but I was aiming **(apuntar)** at the minister.
4. I myself had hidden it at the back of the *little desk drawer*. (Use diminutive.)
5. Ismael must feel relieved (*aliviado*) on (*al*) leaving the minister's office.

Pedro Espinosa Bravo

1934–

In addition to being a novelist and short story writer, Espinosa Bravo is also editor of a periodical and director of Radio Miramar in Barcelona, where he was born and still lives. He attended the University of Barcelona, pursuing the course of study in law, like so many others in Spain who eventually decided to devote themselves to a career in writing.

By the time he was seventeen years old, he was beginning to publish short stories in literary journals. Two of his books, *Vosotros desde cerca* and *Todos somos accionistas*, received honorable mention for the first Premio Leopoldo Alas and the Premio Libros Plaza, respectively. *La fábrica*, part of a trilogy of short novels, was published in 1959.

Well acquainted with modern novelistic techniques and with the work of such American writers as Hemingway, Steinbeck, Faulkner, Dos Passos, and others, Espinosa Bravo has assumed a respectable position among the vanguard novelists of Spain, and his reputation continues to increase steadily throughout the land. From his collection of short stories, *El viejo de las naranjas* (1960), we have chosen **"El limpiabotas,"** a story with a delicate, poetic and mysterious tinge to its realistic setting, written in neat and expressive sentences.

El limpiabotas[1]

—¿Limpio,[2] señor?

El hombre ha mirado con un poco de curiosidad al limpiabotas.

El limpiabotas no es ni alto, ni bajo, ni joven, ni viejo. Es flaco y rugoso al sol.[3] Lleva una boina[4] sucia y un pitillo[5] —a lo 5 chulo[6]—en la oreja.

El hombre se mira ahora los zapatos. Unos zapatos corrientes[7] y negros, algo polvorientos y cansados. Por fin, va hacia el limpiabotas. Y apoya un pie sobre la banqueta.[8]

El limpiabotas se ha dado por aludido.[9] En seguida, esgrime 10 el cepillo[10] en el aire, con una exacta voltereta.[11] Y comienza a tantear el terreno.[12]

—¿Le pongo tinte?[13]

—Bueno ...

El sol revienta[14] contra la pared que sirve de fondo. Se 15 enrojece en sus ladrillos.[15] Y cae, al fin, suciamente en la acera,[16] cerca del limpiabotas. Es esa hora de la tarde en la que el sol empieza a tener importancia.

El limpiabotas sigue arrodillado frente al cliente.

Le ha mirado de manera furtiva. Y: 20

—Bonito sol, ¿eh?

—Bonito ...

---

[1] **limpiabotas** shoeshine boy or man
[2] **limpio** shine
[3] **rugoso al sol** wrinkled by the sun
[4] **boina** beret
[5] **pitillo** cigarette
[6] **a lo chulo** like a **chulo** (flashy, affected fellow in the lower classes of Madrid)
[7] **corriente** common, ordinary
[8] **banqueta** stool

[9] **se ha dado por aludido** saw that he had a customer
[10] **esgrimir el cepillo** to wield or brandish the brush
[11] **voltereta** circular motion
[12] **tantear el terreno** to size up the terrain (i.e., the shoe)
[13] **tinte** polish
[14] **reventar** to smash, to burst
[15] **ladrillo** brick
[16] **acera** sidewalk

—Aquí, en esta esquina, siempre da[17] el sol. Es una suerte. Hay mucha luz ...

—Sí.   25

El limpiabotas se ha dado cuenta de que molestaba. Y no continúa. Se limita a cepillar con más fuerza y rapidez. Se cala[18] otro poco la boina. Oscura, gastada,[19] irónica. Y aplasta[20] los labios con desprecio.

Ha pasado una mujer. Alta y provocativa como el vino.   30 Contonea[21] ligeramente. El limpiabotas:

—¡Anda!,[22] ya ...

(Aquí una retahila[23] de palabras inconfundibles e inescuchables.[24])

—¡Anda, qué mujer!   35

El hombre parece más alto desde el suelo. No es joven, desde luego.[25] Pero tiene el pelo negro y profundo. Aún sigue sin hablarle, sin inmutarse.[26] Mira hacia lo lejos, hacia el final de la calle, hacia el final de alguna parte, con una seriedad respetable. Quizá, por eso, el limpiabotas ha decidido callar de nuevo. Y   40 continúa sacando brillo[27] a la piel arrugada del zapato.

Por cierto, ya ha terminado. Lo mira satisfecho. Con orgullo de artista. Y solicita el otro pie al cliente.

—Estos zapatos ... Estos zapatos han andado ya mucho ... ¡Buenos zapatos!, ¿eh? ...   45

—Desde luego.

—Van a quedar como charol.[28]

—Eso espero.

De repente, el limpiabotas observa fijo el zapato, con un gesto contrariado,[29] firme.   50

—¿Oiga? ...

---

[17] **dar**   (here) to shine
[18] **calar**   to pull down
[19] **gastada**   worn
[20] **aplastar**   to flatten
[21] **contonear**   to strut
[22] **¡Anda!**   Wow!
[23] **retahila**   string, stream
[24] **inconfundibles e inescuchables**   unmistakable and unmentionable

[25] **desde luego**   evidently
[26] **inmutarse**   to change (countenance)
[27] **sacar brillo a**   to shine, to get a shine our of
[28] **charol**   patent leather
[29] **contrariado**   vexed, upset

El hombre sigue sin hacerle caso. Sigue mirando lejos, indiferente. Tiene los ojos despreocupados[30] y grises y una extraña sonrisa involuntaria.

—Perdone, señor ... Sus zapatos están manchados. 55

—¿De veras?

—Sí.

El limpiabotas los tiñe afanosamente.[31] Hay una mancha de un rojo pardo[32] cerca de los cordones. Parece sangre. El limpiabotas ha asombrado[33] los ojos con mucha intriga.[34] 60

—No se va.... Parece sangre. ¡Es raro que no se vaya!...

—¿A ver?

—¡Qué extraño!...

—Déjeme ver.

El hombre se ha mirado el zapato. Para hacerlo, tiene que 65
levantar cómicamente la rodilla. Al fin, con sorpresa:

—¿Dónde?

—Cerca del cordón.

—No veo nada.... ¡Oiga! ¿me está tomando el pelo?[35]

—Señor, yo ... 70

Ahora, el limpiabotas ha reprimido una exclamación. La mancha ha desaparecido, casi tan misteriosamente como llegó.

—¡Le aseguro!...

—¡Limpie y déjese de cuentos![36]

—Sí, sí ... 75

Otra vez, el limpiabotas se inclina reverente hacia el zapato. Lo cepilla con fruición.[37] Parece como si estuviese rezando. En sus ojos hay un poco de sorpresa, de incomprensión.

El zapato tiene personalidad propia. Con arrugas simétricas y afiladas, parece algo vivo, caliente. Sin embargo, el limpiabotas 80
no se fija en eso. Está muy azorado.[38] Cepilla sin rechistar.[39]

---

[30] **despreocupado**   distinterested
[31] **los tiñe afanosamente**   polishes them painstakingly
[32] **rojo pardo**   reddish brown
[33] **asombrar**   to shade
[34] **con mucha intriga**   in amazement
[35] **tomar el pelo**   to make fun of, to kid
[36] **déjese de cuentos**   enough of this nonsense (*lit.*, stop telling stories)
[37] **fruición**   enjoyment
[38] **azorar**   to excite
[39] **rechistar**   to speak, to say a word

Descuelga el pitillo de la oreja. Aplastado, vulgar. Lo en-
ciende con preocupación.

Mientras, el hombre ha vuelto a alejar la mirada. Sigue
tranquilo. Sonríe aún involuntariamente.   85

El limpiabotas aseguraría que la calle ha quedado vacía y
solemne. Casi silenciosa. Con un silencio extraño y terrible. Pero
no se atreve a comentarlo.

Por fin, ha concluido. Ha tardado más con este zapato. Le ha
nacido, de repente, un cariño inexplicable por él. Es una mezcla   90
de compasión y miedo. No sabe a ciencia cierta[40] por qué, ni
cómo.

Con indiferencia, el hombre busca la cartera. Le paga.

—¡Gracias, señor!

El hombre mira a un lado y a otro, con cierta indecisión. Al   95
fin, va hacia el bordillo.[41]

Antes de que baje a la calzada,[42] el limpiabotas ha visto de
nuevo la mancha. Parduzca, desparramada.[43] Y, ahora, brillante
como los mismos zapatos. Va a decir algo. Levanta el brazo y
señala. Pero, de súbito, un coche dobla a gran velocidad la   100
esquina, y embiste[44] rabiosamente a aquel hombre.

Se ha oído un frenazo,[45] un golpe tremendo ...

El coche desaparece a la misma velocidad.

Todo ha sucedido en un momento. La calzada se está
manchando de sangre. Es un rojo intensísimo y vivo, como el de   105
los ladrillos al sol. El hombre yace de bruces[46] contra el suelo.

El limpiabotas no ha dicho nada. No puede decir nada. Sólo
se ha sentado anárquicamente[47] sobre la banqueta.

Pronto, un grupo de gente rodea a la víctima.

—¡Estos coches, Dios mío, estos coches! ...   110

—¿Qué sucede?

—¡Pobre hombre!

—¡Un atropello![48]

---

[40] **a ciencia cierta**   with certainty, for sure
[41] **bordillo**   curb
[42] **calzada**   road, street
[43] **parduzca, desparramada**   light brown, spreading
[44] **embestir**   to hit, to strike

[45] **frenazo**   squealing of brakes
[46] **yace de bruces**   is lying face down
[47] **anárquicamente**   numbly
[48] **atropello** collision *Cf.* **atropellar** to knock down, to run over

—¿Quién es?
—¡Desgraciado!   115

El limpiabotas ha quedado sentado en la banqueta. Sin
fuerza, sin voluntad para evitarlo. Se descubre lenta y respetuosamente. Estrecha la boina con un gesto desconcertado entre
sus manos. Y piensa. Tiene la mirada lejana. Hacia el final de la
calle. Hacia el final de alguna parte.   120
     Y el sol continúa reventando contra la pared. Se enrojece en
los ladrillos, como sangre. Es esa hora de la tarde en la que el sol
empieza a tener importancia.

EXERCISES

I. Cuestionario

1. Describa usted al limpiabotas.
2. ¿Son nuevos los zapatos del hombre?
3. ¿Dónde tiene lugar esta escena?
4. ¿Está nublado el día?
5. ¿Por qué deja de hablar el limpiabotas con el hombre?
6. ¿Qué le sorprende al limpiabotas?
7. ¿Por qué se enfada el hombre?
8. Describa la calle antes del accidente. Descríbala después del
   accidente.
9. ¿Dónde tiene ahora el limpiabotas la mirada, como antes el
   hombre?
10. ¿En qué pensará?
11. ¿Cuál es la significación de la palabra "sangre" en el cuento?
12. ¿En qué consiste la irrealidad del cuento?

II. Word substitution

Substitute a word or an expression of similar meaning, to be
selected from the following list, for the boldface parts of the
sentences below. Two of the words do not apply.

a ciencia cierta	**de súbito**	**descubrirse**
pitillo	**fijarse en**	**por cierto**
de nuevo	**solicitar**	**embestir**
mirar hacia lo lejos	**lápiz**	**preguntar**

1. **Se quita la boina** respetuosamente.
2. Le ha nacido, **de repente,** un cariño por el zapato.
3. No sabe **de seguro** por qué, ni cómo.
4. Tiene un **cigarrillo** en la oreja.
5. El hombre no **puso atención** en la mancha.
6. El hombre no es joven, **desde luego.**
7. El limpiabotas ha decidido callar **otra vez.**
8. Al terminar un zapato, el limpiabotas **pide** el otro pie al cliente.
9. El coche dobla la esquina y **choca con** aquel hombre.
10. Mientras, el hombre ha vuelto a **alejar la mirada.**

III. Adverbs

Most adverbs of manner are formed by adding **-mente** to the feminine singular form of the adjective. The adverb retains the original stress (**rápido, rápidamente**).

When two or more of these adverbs in **-mente** modify the same word, **-mente** is omitted from all but the last; the preceding adverbs remain in the feminine singular (see the third example below).

Examples from the text:

suciamente (sucio)
misteriosamente (misterioso)
Se descubre lenta y respetuosamente

Supply the adverbs of the adjectives in parentheses in the following sentences:

1. (cómico) Tiene que levantar _____ la rodilla.
2. (tranquilo, involuntario) Sigue sonriendo _____ y aun _____.
3. (loco) Mi hermana está _____ enamorada de un torero.
4. (rabioso) Un coche embiste _____ a aquel hombre.

5. (cortés, frío) Su padre me trata ———— pero ————.
6. (anárquico) Sólo se ha sentado ———— sobre la banqueta.
7. (triste, profundo) Ha sido ———— y ———— afectado por la muerte del hombre.

IV. Common meanings of mismo and propio

A. Mismo means: (1) (*the*) same (preceding the noun), (2) *himself, herself,* etc., with the noun (placed after, but also frequently before, the noun), (3) emphatic *-self* with subject and object pronouns, and (4) *very.*
Example from the text:

brillante como los mismos zapatos   *gleaming like the shoes themselves*

Other examples:

Leemos la misma novela.	*We are reading the same novel.*
Me lo dio el rey mismo.	*The king himself gave it to me.*
Ellos mismos lo hicieron.	*They did it themselves.*
Se lo mandé a ella misma.	*I sent it to her (herself).*
Viven en el mismo centro de Madrid.	*They live in the very center of Madrid.*

B. Propio means 1) *one's own,* 2) *characteristic, typical, peculiar to,* 3) *appropriate, suitable,* 4) *very, exact, precise,* 5) *himself,* etc.
Example from text:

El zapato tiene personalidad propia.   *The shoe has a personality of its own.*

Other examples:

mi propia casa	*my own house*
Es su propio pelo.	*It's her own hair.*
Eso es muy propio de ella.	*That is very typical of her.*
Esas fueron sus propias palabras.	*Those were his very words.*
Me lo dijo el propio rey.	*The king himself told me.*

C. Translate the following: (Some of the sentences may have more than one possible translation.)

1. Es muy propio de él marcharse sin despedirse.
2. El autor mismo ha firmado esta carta.
3. Fue muerto por mis propias manos.
4. El autobús para en su misma calle.
5. Ese traje no es propio para ir al teatro.
6. Lo haré yo mismo.
7. El ministro fue asesinado por el propio dictador.
8. Entiendo este poema porque el mismo poeta me lo ha explicado.
9. El ladrón fue condenado por su propia confesión.
10. Murió en casa propia.

❖《

Mercedes Salisachs

1916–

Among the women writers who figure so prominently in the
revival of the Spanish novel in the post-Civil War period, such
as Ana María Matute (in this anthology), Mercedes Salisachs
is one of the most prolific and well known. Born in Barcelona,
she attended a religious school, and later took courses in
commerce and mercantilism before marrying at the age of
eighteen. After an early novel in 1940, she did not publish
another until 1955. Her output of some twenty novels and
several collections of short stories since then is truly
remarkable.

In her work, Mercedes Salisachs follows the prevailing
novelistic tendencies of the past thirty years, from social
realism (*Una mujer llega al pueblo* (1956), translated into seven
languages), to the religious theme, and to introspective
analysis in, for example, *La gangrena* (1975), her best known
novel. This long work was awarded the prestigious Premio
Planeta and has become a best seller, having gone through
twenty-six printings as of 1984. Through the device of the
protagonist's self-analysis while in prison, the author presents
a devastating picture of society—the bourgeois class of the
preceding forty years—corrupted by the gangrene of power
and money.

Mercedes Salisachs has also traveled widely and lectured
throughout Spain, as well as in France, England, Russia, and
in many universities of this country. The story that follows is
from the collection *Pasos conocidos* (1957).* This time the
author shows what can happen when three gossipy friends
forget about the young son of one of them.

---

* Barcelona, Spain: Editorial Pareja y Borrás.

El niño del Café de la Paix

Entraron en el local tres francesas (sombrero obligatorio, pelo cano, nariz sin empolvar, peto de encaje[1]) y un niño.

Era rubio, ojos rasgados y cara pecosa.[2]

Se sentaron los cuatro a una mesa. El niño de espaldas a[3] la entrada. Frente a él sólo había tres o cuatro mesas de señoras 5 tomando el té.

Era la hora del encuentro femenino, de las discusiones domésticas, de las quejas contra el sexo contrario.

A las mujeres les gusta mucho tener una hora fija para cumplir su tarea de chismosas,[4] y amenizar[5] esa tarea con 10 pastelillos, té, o chocolate.

En aquella mesa cumplían fielmente su misión: Hablaban de lo caras que[6] se habían puesto las cosas, de lo importante que resulta mantener la estabilidad de un hogar para la sociedad civilizada, de las sirvientas españolas y de lo mucho que había 15 crecido Pierre.

Pierre las escuchaba con aire musaráñico[7] entre dormido y fastidiado. Se notaba que sus diez o doce años soportaban mal el entusiasmo verbal de aquellas tres mujeres. Poco a poco un aburrimiento plúmbeo[8] iba acumulándose en él. De vez en 20 cuando miraba al techo, bostezaba[9] y volvía a hundirse en su aburrimiento.

Era extraño verlo tan resignado a aquel aburrimiento suyo, acariciante, viscoso e ineludible.[10] Podría decirse que se dejaba acoger por él[11] como si lo hinoptizase. 25

---

[1] **pelo cano...encaje**   gray hair, unpowdered nose, lace jabot (pleated cloth decorating the front of a blouse or dress)
[2] **ojos...pecosa**   wide eyes and freckled face
[3] **de espaldas a**   with his back to
[4] **cumplir...chismosas**   to carry out their routine of gossiping
[5] **amenizar**   to make pleasant

[6] **de lo caras que**   how expensive
[7] **musaráñico**   indifferent, vacant
[8] **aburrimiento plúmbeo**   a leaden boredom
[9] **bostezar**   to yawn
[10] **acariciante...ineludible**   caressing, sticky, and inescapable
[11] **acoger por él**   to be absorbed in it (the boredom)

Pasó un cuarto de hora; trajeron el servicio: teteras,[12] chocolateras, tazas, pasteles, tostadas, mermeladas ... y el niño seguía dócilmente asido a su aburrimiento.

Comía silenciosamente mientras las tres mujeres hablaban, hablaban. ... 30

La sala entera se fundía ahora en[13] un murmullo vago, cálido y cordial de voces femeninas mezcladas al tintineo[14] de las cucharillas, a los pasos de las sirvientas y al rastrear[15] de objetos.

Era un murmullo internacional, común a todos los salones de té alfombrados y de buena reputación. 35

En aquella mesa, a medida que[16] las tazas y los platos se vaciaban, el murmullo iba creciendo. También el aburrimiento de Pierre. Nunca un aburrimiento ha sido más visible que aquel. Nunca un aburrimiento ha tenido mayor cuerpo ni ha podido superar su aspecto arrollador.[17] 40

Tan grande se hizo, que empezó a emanciparse del niño. Se colocaba aquí, allí, en cualquier objeto. Era ya como si toda la sala se hubiese invadido de aburrimiento. Y las tres mujeres, hablaban, hablaban. ...

La mirada de Pierre cambió de expresión. Sus ojos de niño 45 "cansado" se convirtieron en ojos de niño furioso.

Empezó a observar minuciosamente a las tres mujeres. Se fijó en todos los detalles: Vio las partículas de espuma[18] que se acumulaban en las comisuras[19] de sus labios, vio el gesto de una de ellas cuando pronunciaba la palabra "indecente," vio las 50 pecas[20] de las manos, sus venas y sus tendones. Vio los meñiques[21] levantados cuando sostenían las tazas. Y las sonrisas falsas cuando se alababan[22] mutuamente. Y los ceños cuando censuraban.[23] Y la displicencia[24] de los ojos cuando hablaban de arte moderno ... 55

---

[12] **teteras**   teapots
[13] **se fundía ... en**   now melted into
[14] **tintineo**   tinkling
[15] **el rastrear**   the moving
[16] **a medida que**   as
[17] **superar ... arrollador**   surpass its devastating aspect
[18] **partículas de espuma**   particles of foam

[19] **las comisuras**   the edges
[20] **pecas**   freckles
[21] **los meñiques**   their little fingers
[22] **alabar**   to praise
[23] **los ceños ... censuraban**   their frowns when they criticized
[24] **la displicencia**   the disapproval

El desastre se avecinaba.[25] Sin darse cuenta, aquellas tres mujeres iban elaborándolo minuciosamente. Hubiera sido inútil advertirles: "Cuidadito: la paciencia de Pierre está llegando a su límite." La mayoría de las gentes no cree en los límites y menos en los de la paciencia. Hubieran contestado sin duda: "Los niños 60 no tienen derecho a protestar. Los niños tienen la obligación de resignarse a su aburrimiento. Para algo son niños. Para algo son ágiles y alegres, y tienen una vida por delante."

La lluvia empezaba a aliarse al aburrimiento. Caía más allá de los ventanales, insistente, monótona, siseante.[26] Aburrimiento 65 y lluvia compaginaban[27] ya a la perfección.

Las mujeres, tras la merienda,[28] se habían vuelto más eufóricas. Ninguna de las tres escuchaba lo que decía la otra. Hablaba cada una de "sus" problemas, de "sus" teorías, de "sus" gustos.... Reían "sus" propias ocurrencias[29] y se 70 argumentaban a sí mismas.

El silencio no llegaba. El silencio era algo legendario en total desacuerdo con el aburrimiento.

El niño ya no era niño: Se le habían puesto facciones de viejo.[30] Sus pecas parecían surcos,[31] sus ojillos tenían cercos,[32] su 75 pelo rubio parecía blanco.

Tenía las manos crispadas sobre el mantel.[33] Eran peligrosas. Parecía extraño que ninguna de aquellas tres mujeres comprendiese el peligro que encerraban aquellas manos.

Y el desastre estaba ya cerca, muy cerca. Nadie hubiese 80 podido evitarlo.

Ocurrió a la velocidad de un parpadeo.[34]

Hubo un estruendo.[35] Las mujeres se pusieron rápidamente en pie. Sin discusiones, sin comentarios de ninguna especie. Los labios abiertos. 85

---

[25] **se avecinaba**   was about to happen (*lit.*, drew near)
[26] **siseante**   hissing
[27] **compaginaban**   came together
[28] **merienda**   snack
[29] **ocurrencias**   witticisms
[30] **Se le habían ... viejo**   He had taken on the look of an old man.

[31] **surcos**   wrinkles
[32] **cercos**   circles
[33] **crispadas sobre el mantel**   twitching on the tablecloth
[34] **parpadeo**   blink of an eye
[35] **estruendo**   crash

La mesa desnuda.

En todos los ojos, estupor. Las mejillas, blancas. Los sombreros, ladeados.[36]

En la alfombra un revoltijo de loza hecha añicos:[37] Terrones[38] de azúcar simulaban barricadas. Las faldas chorreaban[39] té y 90 chocolate. La mermelada de fresa[40] parecía un río de sangre.

Cuando las mujeres gritaron, el niño todavía ondeaba[41] el mantel con aire triunfante.

Acudió un enjambre[42] de camareras. Se oyeron exclamaciones incongruentes, impropias[43] de los salones de té, se oyeron 95 risas. . . .

Las mujeres amenazaron, increparon,[44] insultaron. . . . El niño fué zarandeado, zurrado, sacudido[45]. . . . Le vaticinaron[46] castigos. Le pusieron rápidamente el abrigo y lo sacaron de allí.

A pesar de todo, iba sonriendo, como sonríen los niños.   100

EXERCISES   Dr Jeckell and mr. Hyde

I. Cuestionario

1. ¿En qué tipo de local entraron las tres mujeres?
2. ¿Para qué fueron allí? ¿De qué suelen (**soler**) hablar cuando van?
3. ¿Cómo se manifiesta primero el aburrimiento del niño?
4. ¿Le hacen caso las mujeres? ¿Por qué?
5. ¿Cómo indica la autora que el aburrimiento va creciendo rápidamente?

---

[36] **ladeados**   tilted
[37] **un revoltijo . . . añicos**   china (**loza**) smashed to smithereens
[38] **Terrones**   Lumps
[39] **chorreaban**   dripped
[40] **fresa**   strawberry
[41] **ondear**   to wave
[42] **Acudió un enjambre**   A swarm (of waitresses) rushed up

[43] **impropias de**   unsuitable for
[44] **increparon**   they rebuked
[45] **zarandeado, zurrado, sacudido**   shoved, spanked, shaken
[46] **Le vaticinaron**   They promised him

6. ¿Qué empieza Pierre a observar minuciosamente?
7. El niño se transforma, algo como el Dr. Jeckyll en Mr. Hyde. ¿Cómo y por qué?
8. ¿Qué desastre ocurrió "a la velocidad de un parpadeo"?
9. Al fin, las mujeres sí que hacen caso al niño. ¿Que hacen?
10. ¿Tiene miedo Pierre de ser castigado?
11. La exageración se utiliza por el efecto cómico. Señale Ud. algunos ejemplos.
12. ¿Cómo caracterizaría usted a estas mujeres?
13. ¿Le parece a Ud. que la escena en el café es realista o pura ficción?
14. ¿Está Ud. de acuerdo que "los niños no tienen derecho a protestar"?

II. *Text review*

From the three choices in parentheses, select the appropriate word according to the story:

1. Había tres o cuatro mesas de señoras tomando el té y _____. (riñendo, riendo, chismorreando).
2. Poco a poco un _____ iba acumulándose en el niño. (dolor, aburrimiento, odio)
3. Pierre las escuchaba con aire _____. (fastidiado, curioso, satisfecho)
4. La sala entera se fundía ahora en _____ internacional. (un murmullo, una melancolía, un incidente)
5. Los ojos del niño "cansado" ahora se convirtieron en ojos de niño _____. (obediente, alegre, furioso)
6. El desastre se acercaba. La _____ de Pierre llegaba a su límite. (paciencia, energía, distracción)
7. _____ empezaba a aliarse al aburrimiento. (La rebelión, la lluvia, la camarera)
8. Las mujeres no _____ ni por un momento. (se quejaban, se callaban, se reñían)
9. En la alfombra _____ parecía un río de sangre. (la sangría, la mermelada de fresa, el vino)
10. Las mujeres _____ al niño. (amenazaron, acariciaron, besaron).

III. Lo _____ que

The neuter article **lo** is used with an adjective or an adverb and **que** to indicate extent or degree. It corresponds to the English *how*, but not in an exclamation or a *direct* question. The adjective agrees in gender and number with the noun it refers to. Examples from the text:

Hablaban de lo caras que se había puesto las cosas.   *They spoke of how expensive things had become.*

(Note the agreement of **caras** with **cosas.**)

Hablaban de lo mucho que había crecido Pierre.   *They spoke of how much Pierre had grown.*

Translate the words in parentheses in the sentences below:

1. No te das cuenta de (*how easy*) lo fácil que es.
2. ¿(*How do you know*) Cómo sabe que yo soy americano?
3. ¿Ves (*how obedient*) lo obedientes que están mis hijos?
4. No sabe usted (*how delicious*) lo deliciosas que son estas peras.
5. ¡(*How bored*) Qué aburrido está Pierre!
6. Me dice (*how happy we would be*) lo alegre que estaríamos si nos casáramos.
7. ¿(*How did he learn*) Cómo sabía que ellas son francesas?
8. Nunca deja de hablar de (*how good*) lo bien que está mi sopa.

IV. Idiom review

Before translating the sentences below, review the following common expressions and grammatical constructions that occur in the story:

de vez en cuando	*from time to time*
volver a + *inf.*	*to (do something) again*
convertirse en	*to become*
darse cuenta de	*to realize*
a pesar de	*in spite of*
como si + *past subjunctive*	*as if*
(**es extraño que**) + *subjunctive*	*Impersonal expressions*

1. Do you realize how boring those women are?
2. From time to time the child looked at the people and sank **(hundirse)** again into his boredom.
3. It was inevitable that he would become a monster for a moment.
4. In spite of what he did, Pierre left the café as if nothing happened.
5. Parents should know how important it is to think of **(en)** their children now and then.

Enrique Jardiel Poncela

1901–1952

Like several other celebrated writers of his time who became controversial figures because of their innovations and vanguardism, this well-known humorist faced a barrage of criticism during his lifetime; and yet, his work has now won the admiration of younger writers. Although he began his career as a novelist—his first novel, *Amor se escribe sin hache,* enjoyed an immediate and huge success—it is as a writer of comic theater that Jardiel Poncela is best known. His main goal, as he often said, was to break away from the traditional forms of comedy in the theater—with their ties to verisimilitude, to everyday reality—in favor of a theater of **lo inverosímil** (the implausible), of the unreal, the absurd, the fantastic. He would renovate the comic theater and reeducate the theater-going public. These ideas naturally aroused the opposition of tradition-bound critics, public, producers, and actors. Nevertheless, plays like *Eloísa está debajo de un almendro* and *Un marido de ida y vuelta* brought fame and fortune to Jardiel Poncela. He even enjoyed a brief triumph in Hollywood.

Reading some of his very funny farces and parodies, and the often hilarious short stories, one would never suspect that the life of this humorist was far from happy. He suffered physically and spiritually, and was so depressed during the last four years of his life that he wrote virtually nothing. This was all concealed, however, behind his comic mask, as you will see in the story that follows.* If Jardiel Poncela had not died somewhat prematurely, the international theater of the absurd would claim him as one of its prominent exponents.

---

* Reprinted from Enrique Jardiel Poncela, *Obras completes*, 5th ed., Vol. III (Barcelona, Spain: Editorial AHR, 1969).

El amor que no podía ocultarse

Durante tres horas largas hice todas aquellas operaciones que denotan la impaciencia en que se sumerge un alma: consulté el reloj, le di cuerda,[1] volví a consultarlo, le di cuerda nuevamente, y, por fin, le salté la cuerda;[2] sacudí unas motitas[3] que aparecían en mi traje; sacudí otras del fieltro de mi sombrero; revisé[4]   5 dieciocho veces todos los papeles de mi cartera; tararé quince cuplés y dos romanzas;[5] leí tres periódicos sin enterarme de nada[6] de lo que decían; medité; alejé las meditaciones; volví a meditar; rectifiqué[7] las arrugas de mi pantalón; hice caricias a un perro, propiedad del parroquiano[8] que estaba a la derecha; di   10 vueltas al botoncito[9] de la cuerda de mi reloj hasta darme cuenta de que se había roto antes y que no tendría inconveniente[10] en dejarse dar vueltas un año entero.

¡Oh! Había una razón que justificaba todo aquello. Mi amada desconocida iba a llegar de un momento a otro.   15

Nos adorábamos por carta desde la primavera anterior. ¡Excepcional Gelda! Su amor había colmado la copa de mis ensueños,[11] como dicen los autores de libretos para zarzuelas.[12]

Sí. Estaba muy enamorado de Gelda. Sus cartas, llenas de una gracia tierna y elegante, habían sido el lugar geométrico de mis   20 besos.

---

[1] **dar cuerda a**   to wind (a watch)
[2] **le salté la cuerda**   I broke the spring
[3] **motitas**   specks
[4] **revisar**   to check
[5] **tararé ... romanzas**   I hummed fifteen tunes and two arias
[6] **sin enterarme de nada**   without being at all aware
[7] **rectificar**   to straighten, to smooth

[8] **parroquiano**   customer
[9] **botoncito**   stem (of watch)
[10] **no tendría inconveniente ... vueltas**   it wouldn't object to being wound
[11] **había colmado ... ensueños**   (Her love) was the fulfilment of all my dreams.
[12] **zarzuela**   type of traditional musical comedy

A fuerza de entenderme con ella sólo por correo había llegado a temer que nunca podría hablarla.[13] Sabía por varios retratos que era hermosa y distinguida como la protagonista de un cuento.   25

Pero en el Libro de Caja del Destino[14] estaba escrito con letra redondilla que Gelda y yo nos veríamos al fin frente a frente; y su última carta, anunciando su llegada y dándome cita en aquel café moderno—donde era imprescindible aguantar[15] a los cinco pelmazos[16] de la orquesta—me había colocado en el Empíreo,[17]   30 primer sillón de la izquierda.

Un taxi se detuvo a la puerta del café. Ágilmente bajó de él Gelda.

Entró, llegó junto a mí, me tendió sus dos manos a un tiempo[18] con una sonrisa celestial y se dejó caer[19] en el diván con   35 un "chic" indiscutible.[20]

Pidió no recuerdo qué cosa y me habló de nuestros amores epistolares, de lo feliz que[21] pensaba ser ahora, de lo que[22] me amaba...

—También yo te quiero con toda mi alma.   40

—¿Qué dices?—me preguntó.

—Que yo te quiero también con toda mi alma.

—¿Qué?

Vi la horrible verdad. Gelda era sorda.[23]

—¿Qué?—me apremiaba.[24]   45

—¡Que también yo te quiero con toda mi alma!—repetí gritando.

Y me arrepentí en seguida, porque diez parroquianos se volvieron para mirarme, evidentemente molestos.

---

[13] **hablarla la**   is often used for the indirect object **le.**

[14] **Libro ... Destino**   Fate's registry book

[15] **imprescindible aguantar a** necessary to put up with

[16] **pelmazos**   (here) dead-beat musicians

[17] **Empíreo**   Paradise

[18] **a un tiempo**   at the same time

[19] **se dejó caer**   she sat down

[20] **con un "chic" indiscutible** smartly, stylishly

[21] **de lo feliz que**   of how happy

[22] **lo que**   how much

[23] **sorda**   deaf

[24] **apremiar**   to press, to urge

—¿De verdad que me quieres?—preguntó ella con esa 50
pesadez[25] propia de los enamorados y de los agentes de seguros
de vida[26] —¿Júramelo!

—¡¡Lo juro!!

—¿Qué?

—¡Lo juro! 55

—Pero dime que juras que me quieres—insistió mimosamente.[27]

—¡¡Juro que te quiero!!—vociferé.

Veinte parroquianos me miraron con odio.

—¡Qué idiota!—susurró[28] uno de ellos—. Eso se llama amar 60
de viva voz.[29]

—Entonces—siguió mi amada, ajena a[30] aquella tormenta—, ¿no te arrepientes de que haya venido a verte?

—¡De ninguna manera!—grité decidido a arrostrarlo[31] todo,
porque me pareció estúpido sacrificar mi amor a la opinión de 65
unos señores que hablaban del Gobierno.

¿Y... te gusto?

—¡¡Mucho!!

—En tus cartas decías que mis ojos parecían muy melancólicos. ¿Sigues creyéndolo así? 70

—¡¡Sí!!—grité valerosamente—.[32] ¡¡Tus ojos son muy
melancólicos!!

—¿Y mis pestañas?[33]

—¡¡Tus pestañas, largas y rizadísimas!![34]

Todo el café nos miraba. Habían callado las conversaciones y 75
la orquesta y sólo se me oía a mí.[35] En las cristaleras[36] empezaron
a pararse los transeúntes.[37]

—¿Mi amor te hace dichoso?

—¡¡Dichosísimo!!

—Y cuando puedas abrazarme... 80

---

[25] **pesadez** awkwardness
[26] **agentes...vida** life insurance salesmen
[27] **mimosamente** coyly
[28] **susurrar** to whisper
[29] **de viva voz** out loud
[30] **ajena a** unaware of
[31] **arrostrar** to face, to resist

[32] **valerosamente** forcefully
[33] **pestañas** eyelashes
[34] **rizadísimas** very curly
[35] **sólo se me oía a mí** only I could be heard
[36] **En las cristaleras** At the glass doors
[37] **transeúntes** passersby

—¡¡Cuando pueda abrazarte—chillé,[38] como si estuviera pronunciando un discurso en una Plaza de Toros—creeré que estrecho[39] contra mi corazón todas las rosas de todos los rosales del mundo!!

No sé el tiempo que seguí afrontando[40] los rigores de la 85 opinión ajena.[41] Sé que, al fin, se me acercó un guardia.

—Haga el favor de no escandalizar—dijo—. Le ruego a usted y a la señorita que se vayan del local.

—¿Qué ocurre?—indagó[42] Gelda.

—¡¡Nos echan por escándalo!!

—¡Por escándalo!—habló ella estupefacta—. Pero si estábamos[43] en un rinconcito del café, ocultando nuestro amor a[44] todo el mundo y contándonos en voz baja nuestros secretos... 90

Le dije que sí para no meterme[45] en explicaciones y nos fuimos.

Ahora vivimos en una "villa" perdida en el campo, pero cuando nos amamos, acuden[46] siempre los campesinos de las cercanías[47] preguntando si ocurre algo grave.

EXERCISES

I. Cuestionario

1. ¿Cuáles son algunas de las acciones que denotan la impaciencia del narrador?
2. ¿Cuál es la razón de su impaciencia?
3. ¿Cómo se habían conocido él y Gelda?
4. ¿Qué sabía él de ella antes de verla por primera vez?
5. ¿Dónde le dio ella cita?
6. Describa usted la entrada de Gelda en el café.
7. ¿Por qué se ponen molestos los parroquianos?

---

[38] **chillar**   to shriek
[39] **estrecho**   I am pressing
[40] **afrontar**   to face, to confront
[41] **opinión ajena**   the opinion of the other people
[42] **indagar**   (here) to inquire

[43] **si estábamos**   we were only
[44] **a**   from
[45] **meterme**   to get involved
[46] **acudir**   to come up, to gather around
[47] **de las cercanías**   from nearby

8. ¿Cómo es "amar de viva voz"?
9. Según él, ¿cómo son los ojos y las pestañas de Gelda?
10. ¿Cómo será abrazarla?
11. ¿Por qué se le acercó un guardia?
12. ¿Por qué está ella estupefacta cuando les echan del café?
13. ¿Dónde viven ahora?
14. ¿Por qué acuden los campesinos?
15. ¿Qué recurso (*device*) o recursos utiliza el autor para crear el humor en este cuento?

II. *The subjunctive in temporal clauses*

The subjunctive is required in temporal clauses in which the time is future with reference to the main verb.
Example from text:

—y cuando puedas abrazarme, creeré que...   *And when you are (will be) able to embrace me, I'll think that...*

Other examples:

En cuanto venga, déle el dinero.   *As soon as he comes, give him the money.*

Te amaré hasta que me muera.   *I will love you until I die.*

If there is no suggestion of an incompleted future action, the indicative follows the conjunction of time.
Example from text:

Cuando (*every time that*) **nos amamos, acuden siempre los campesinos...**

Supply the proper form of the verb in parentheses, being careful to distinguish between the subjunctive and indicative:

1. En cuanto (he leaves), abre las ventanas.
2. Viviremos en una casa grande cuando (we get married).
3. Cuando (it rains), me quedo en casa.
4. Mis padres me esperaban cuando (I returned) a casa.
5. En cuanto (you have finished it), vámonos.
6. Bailaremos hasta que el café (closes).

7. Estaba leyendo cuando (<u>he called me</u>) por teléfono.
8. Podemos hablar hasta que el autobús (<u>arrives</u>).

III. Idiom review

Observe the following idioms and expressions taken from the text, and translate the sentences below:

volver a + *inf.*	*to do (something) again*
dar cuerda a	*to wind (a watch)*
no tener inconveniente (en) + *inf.*	*not to mind, not to object (to)*
estar enamorado de	*to be in love with*
darse cuenta de	*to realize*

1. I wound my watch and five minutes later I wound it again.
2. Do you realize how impatient he is to **(por)** meet her?
3. What will he do when he sees that she is deaf?
4. He is in love with a girl whom he knows only through correspondence **(correo).**
5. As soon as the policeman approached, they left the café.
6. He doesn't object to shrieking **(chillar)** that he loves her.
7. How can love be concealed when the woman is deaf?
8. The customers continued looking at them with hatred.

Camilo José Cela

1916–

In 1942, post-Civil War Spanish letters received a badly needed shot in the arm with the appearance of a "tremendous" novel, *La familia de Pascual Duarte*, by a young writer named Camilo José Cela, born in Galicia in 1916. Today he is generally acknowledged to be Spain's foremost novelist. The harshly realistic story of Pascual Duarte, narrated in the first person, established the controversial reputation of its author as well as the vogue of the **tremendista** novel: realism characterized by physical and spirtual violence, directness of style, and such common themes as anguish, despair, pessimism, loneliness.

Since then, Cela has written excellent books of short stories, lyrical accounts of his many travels throughout Spain, and many other novels, the most prominent of which still is *La colmena* (*The Hive*), 1951. Imitating a technique used by others (e.g., John Dos Passos), Cela presents his bitter "slice of life" in a series of short but powerfully precise vignettes, or candid-camera shots. In spite of the fact that both of these novels were originally censored in Spain and created enemies as well as admirers for him, Cela was elected to the Spanish Academy of Letters in 1957.

A kind of *enfant terrible* of contemporary Spanish literature, Cela is aggressive, egotistic, experimental, independent. His individualism and the boldness and vigor of his style remind us very much of Pío Baroja, whom he greatly admired. Cela's language and characters are not restricted by convention; indeed, he does not hesitate to bend reality to caricature and the grotesque. His humor is ironic. His tone is often mocking, sometimes bitter, but not without compassion, as you will see in the story that follows.*

---

* Reprinted from Camilo Jose Cela, *Mesa revuelta* (Madrid: Editorial Taurus, 1957).

Don Elías Neftalí Sánchez, mecanógrafo[1]

Don Elías Neftalí Sánchez, en realidad no tan sólo mecanógrafo, sino Jefe de Negociado de tercera[2] del Ministerio de Finanzas[3] de no recuerdo cuál república, estuvo[4] otro día a verme en casa.

—¿Está[5] el señor?   5

—¿De parte de quién?[6]

—Del señor Elías Neftalí Sánchez, escritor y mecanógrafo.

—Pase, tenga la bondad.

A don Elías lo pasaron al despacho. Yo estaba en la cama copiando a máquina[7] una novela. La máquina estaba colocada 10 sobre una mesa de cama, en equilibrio inestable;[8] las cuartillas extendidas sobre la colcha,[9] y los últimos libros consultados, abiertos sobre las sillas o sobre la alfombra.

Dos golpecitos sobre la puerta.

—Pase.   15

La criada, con el delantal a la espalda[10]—quizá no estuviera demasiado limpio—, asomó medio cuerpo.[11]

—El señor Elías, señorito; ese que es escritor.

En sus palabras se adivinaba[12] un desprecio absoluto hacia la profesión.   20

—Que pase.

Al poco tiempo, don Elías Neftalí Sánchez, moreno, bigotudo,[13] del orden y de los postulados de la revolución

---

[1] **mecanógrafo** typist
[2] **Jefe de Negociado de tercera** third-class bureau chief
[3] **Ministerio de Finanzas** Treasury Department
[4] **estuvo** (here) came
[5] **Está** i.e., at home
[6] **¿De parte de quién?** Who shall I say is calling?
[7] **copiando a máquina** typing
[8] **en equilibrio inestable** unsteady
[9] **colcha** quilt, cover
[10] **espalda** back
[11] **asomó medio cuerpo** leaned into the room
[12] **se adivinaba** one could detect
[13] **bigotudo** having a mustache (**bigote**)

francesa, poeta simbolista—tan simbolista como si fuera duque—, quizá judío,[14] semioriginal[15] y melífluo, se sentaba a los   25
pies de mi cama.
—Con que[16] escribiendo, ¿eh?
—Pues, sí; eso parece.
—Algún selecto y exquisito artículo, ¿eh?
—Psch... Regular...   30
—Alguna deliciosa y alada[17] narración, ¿eh?
—Ya ve...
—Algún encantador poemita, ¿eh?
—Sí..., no...
—Algún dulce y emotivo trozo,[18] ¿eh?   35
—Oiga, don Elías, ¿quiere usted mirar para otro lado,[19] que
me voy a levantar?
Me levanté, me vestí, cogí al señor Sánchez de un brazo y nos
marchamos a la calle.
—¡Hombre, amigazo![20] ¿Nos[21] tomamos dos copas?[22]   40
—Bueno.
Nos las tomamos.
—¿Otras dos?
—Bueno.
Nos las volvimos a tomar. Pagué y salimos a la calle, a dar   45
vueltas por el pueblo como canes[23] abandonados, como meditativos niños errabundos.
—¿Y usted sigue escribiendo a máquina con un solo dedo?
—Sí señor. ¿Para qué voy a usar los otros?
Don Elías me informó—¡cuántas veces llevamos ya,[24] Dios   50
mío!—de las ventajas de un método que él había inventado
para escribir a máquina; me pintó con las más claras luces y los
más vivos colores las dichas del progreso y de la civilización;

---

[14] **judío**   Jew, Jewish
[15] **semioriginal**   not very original
[16] **Conque...**   So (you are writing)
[17] **alada**   winged
[18] **trozo**   piece (here, literary)
[19] **mirar para otro lado**   turn away
[20] **amigazo**   old pal (said ironically)

[21] **Nos**   (indirect object) for ourselves
(omit in translation)
[22] **copas**   drinks
[23] **canes**   dogs
[24] **llevamos ya**   (Translate) have I
heard all this before

aprovechó la ocasión para echar su cuarto[25] a espadas en pro de
los eternos postulados de Libertad, Igualdad, Fraternidad (bien 55
entendidas,[26] claro, porque don Elías—nadie sabe por qué
lejano e ignoto escarmiento[27]—tenía la virtud de curarse en
sano[28]; siguió hablándome de las virtudes de la alimentación
exclusivamente vegetal, de las propiedades de los rayos solares y
de la gimnasia sueca[29] para la curación de las enfermedades; de 60
las ganancias que a la Humanidad reportaría[30] el empleo del
idioma común...

Yo entré en una farmacia a comprar un tubo de pastillas
contra[31] el dolor de cabeza.

—¿Tiene usted jaqueca,[32] mi buen amigo? 65

—Regular...

—Luego yo le dejo, amigo, que no quiero serle molesto.

Cuando don Elías Neftalí Sánchez, en realidad, no tan sólo
mecanógrafo, sino Jefe de Negociado de tercera del Ministerio de
Finanzas de no recuerdo cuál república, me abandonó a mis 70
fuerzas,[33] un mundo de esperanzas se abrió ante mis ojos.

Sus últimas palabras, ya mano sobre mano,[34] fueron dignas
del bronce.[35]

—¿Ve usted todos mis títulos? Pues todos los desprecio.
Como siempre al despedirme: Elías Neftalí Sánchez, escritor y 75
mecanógrafo para servirle. Es mi mayor timbre[36] de gloria.

Cuando volví a mi casa aquella noche, abatido y
desazonado,[37] me tiré sobre una butaca y llamé a la criada.

---

[25] **echar ... en pro de**   to intervene, to speak out in favor of

[26] **bien entendidas**   very understandable, comprehensible

[27] **ignoto escarmiento**   unknown caution

[28] **tenía ...**   had the good sense to talk in down-to-earth terms

[29] **gimnasia sueca**   Swedish gymnastics; i.e., without any apparatus such as parallel bars, etc.

[30] **reportaría**   would bring (subject is **el empleo**)

[31] **tubo de pastillas contra**   box of tablets for

[32] **jaqueca**   migraine headache

[33] **a mis fuerzas**   on my own, alone

[34] **ya mano sobre mano**   as we were parting

[35] **dignas del bronce**   worthy of being preserved

[36] **timbre**   seal

[37] **desazonado**   cross, ill-humored

—Si viene don Elías Neftalí Sánchez le dice[38] que me he muerto. ¿Entendido? 80

—Sí, señorito.

—A ver: repita.

—Si viene don Elías Neftalí Sánchez le digo que se ha muerto Ud.

—Eso. No lo olvide, por lo que más quiera.[39] 85

Pasaron algunos días, y una mañana vi en el periódico la siguiente esquela:[40]

Don Elías Neftalí Sánchez
Ha muerto
Descanse en paz. 90

Así lo quiere el Señor. Descanse en paz don Elías ahora que los que le sobrevivimos[41] tan en paz hemos quedado.[42]

La vida es una paradoja, como decía don Elías. Una inexplicable paradoja.

EXERCISES

I. *Cuestionario*

1. ¿Dónde está el narrador al principio de esta historia? ¿Qué hace?
2. ¿A dónde van los dos hombres?
3. ¿Qué tipo de hombre es don Elías?
4. ¿Cuáles son algunas de sus ideas sobre la salud?
5. ¿Qué efecto tiene la palabrería (*chatter*) de don Elías en el narrador?
6. ¿Cómo logra el narrador librarse de don Elías?
7. Cuando el narrador vuelve a su casa, ¿qué orden le da a su criada?

---

[38] **le dice**   tell him

[39] **por lo que más quiera**   on your life

[40] **esquela**   obituary notice

[41] **sobrevivir**   to survive

[42] **tan . . . quedado**   are now so peaceful

8. ¿Por qué no vuelve don Elías otra vez?
9. ¿Cuál es el tono de esta historia? ¿Es trágica la muerte de don Elías? ¿Por qué?
10. Escoja Ud. ejemplos de la ironía y del sarcasmo en el cuento.

II. The subjunctive alone

The use of the subjunctive alone in a subordinate clause (with the main verb being understood) is frequent in this story. This is called the indirect command and is generally, but not always, introduced by **que,** which is translated by *let, may, have* . . .

Examples from the text:

Que pase. *Have him come in. (I want that he come in.)*
Descanse en paz. *May he rest in peace.*

Translate:

1. Que ellos lo hagan.
2. ¡Viva el rey!
3. Así lo quiera el Señor.
4. Sea la luz.
5. Let George do it.
6. Have her read the first page.
7. Blessed **(Bendito)** be your name.
8. May you always think of **(en)** me.

III. Verb review

In the following sentences taken from the story, give the appropriate form of the verbs in parentheses:

1. Yo **(levantarse)** y **(coger)** al señor Sánchez de un brazo.
2. En las palabras de la criada **(adivinarse)** un desprecio absoluto hacia la profesión.
3. Yo **(estar)** en la cama copiando a máquina una novela.
4. —El señor Elías, señorito.
   —Que **(pasar).**
5. Cuando don Elías se despidió de mí, un mundo de esperanzas **(abrirse)** ante mis ojos.

6. —Luego, yo le **(dejar),** amigo, que no quiero serle molesto.
7. Don Elías siguió **(hablar)** de varias cosas.
8. Cuando volví a mi casa aquella noche, **(tirarse)** sobre una butaca.

IV. Translation

Translate the following sentences into Spanish:

1. When someone has died, one says: May he rest in peace.
2. He took leave of me, and I continued typing my novel.
3. How can I find peace if he never stops talking?
4. After having a drink, we strolled around the town.
5. He is not a writer but a typist.
6. Have him leave immediately.
7. He went in a drugstore to buy something for his headache.
8. If that man comes again, tell him I have died.

Ignacio Aldecoa
1925–1969

The career of this promising novelist and outstanding short story writer was cut short by an early death. Educated at the universities of Salamanca and Madrid, Aldecoa began to establish a reputation with his first novel in 1954, and became well known in 1958 with the publication of his award-winning novel *Gran Sol*. This was the first of a trilogy that deals with the life of fishermen. In it the author tries to provide an objective, intimate study of the characters through their own "testimony," as if he had recorded their thoughts and conversations. The tragic, paradoxical destiny of man, a common theme in Aldecoa's work, reaches its most human evocation in this novel. Another outstanding characteristic of his work is the richness and effectiveness of his style, with its precision, economy of language, and a lyricism spiced with bold poetic images and metaphors.

The major part of Aldecoa's literary career, however, has been devoted to the short story, which incorporates many of the stylistic and thematic features of the novels. In most of his vast production of stories we find Aldecoa's concern for social justice, particularly with regard to the lower classes: the beggars, the gypsies, the prostitutes, and many others. They are all very moving and human stories. Thus, in the one that follows, "Un cuento de Reyes,"* we find Aldecoa's concern for human dignity and his love for the humble and unfortunate expressed with great tenderness.

* Reprinted from Ignacio Aldecoa, *Cuentos completos* (Madrid: Editorial Alianza, 1973).

Un cuento de Reyes[1]

El ojo del negro es el objeto de una máquina fotográfica.[2] El
hambre del negro es un escorpioncito[3] negro con los pedipalpos[4]
mutilados. El negro Omicrón Rodríguez silba por la calle, hace el
visaje[5] de retratar a una pareja, sienta un pinchazo[6] doloroso en
el estómago. Veintisiete horas y media lleva sin comer; doce y   5
tres cuartos, no contando la noche, sin retratar; la mayoría de
las[7] de su vida, silbando.

Omicrón vivía en Almería[8] y subió, con el calor del verano
pasado, hasta Madrid. Subió con el termómetro. Omicrón toma,
cuando tiene dinero, café con leche muy oscuro en los bares de   10
la Puerta del Sol,[9] y copas de anís,[10] vertidas en vasos mediados
de agua, en las tabernas de Vallecas,[11] donde todos le conocen.
Duerme, huésped,[12] en una casita de Vallecas, porque a Vallecas
llega antes que a cualquier otro barrio la noche. Y por la
mañana, muy temprano, cuando el sol sale, da en su ventana un   15
rayo tibio que rebota[13] y penetra hasta su cama, hasta su
almohada. Omicrón saca una mano de entre las sábanas y la
calienta en el rayo de sol, junto a su nariz de boxeador
principiante, chata,[14] pero no muy deforme.

Omicrón Rodríguez no tiene abrigo, no tiene gabardina, no   20
tiene otra cosa que un traje claro y una bufanda[15] verde como un

---

[1] **Reyes**   the Three Wise Men
(**Magi**)
[2] **objeto...fotográfica.**   the view
finder of a camera. (The idea is that
he holds his camera up to his eyes to
suggest taking a picture, as
indicated also in footnote 5, below.)
[3] **escorpioncito**   little scorpion
[4] **pedipalpos**   legs (of an insect)
[5] **hace...retratar**   makes a
gesture of photographing
[6] **pinchazo doloroso**   a gnawing
pain
[7] **las**   i.e., **las horas**

[8] **Almería**   city and province of the
same name in southern Spain
[9] **Puerta del Sol**   central square in
Madrid
[10] **copas...agua**   "shots" of
anisette (a liqueur), poured into
glasses half filled with water
[11] **Vallecas**   a section (**barrio**) of
Madrid
[12] **huésped**   as a boarder
[13] **rebota**   bounces
[14] **chata**   flat
[15] **bufanda...lagarto**   scarf...
lizard

lagarto, en la que se envuelve el cuello cuando, a cuerpo limpio,[16] tirita por las calles. A las once de la mañana se esponja,[17] como una mosca gigante, en la acera donde el sol pasea, porque el sol pasea sólo por un lado, calentando a la gente sin abrigo y sin gabardina que no se puede quedar en casa, porque no hay calefacción[18] y vive de vender[19] periódicos, tabaco rubio, lotería, hilos de nylon[20] para collares, juguetes de goma y de hacer fotografías a los forasteros.

Omicrón habla andaluza y onomatopéyicamente.[21] Es feo, muy feo, feísimo, casi horroroso. Y es bueno, muy bueno; por eso aguanta todo lo que le dicen las mujeres de la boca del Metro,[22] compañeras de fatigas.

—Satanás, muerto de hambre, ¿por qué no te enchulas[23] con la Rabona?

—No me llames Satanás, mi nombre es Omicrón.

—¡Bonito nombre! Eso no es cristiano. ¿Quién te lo puso, Satanás?

—Mi señor padre.

—Pues vaya humor.[24] ¿Y era negro tu padre?

Omicrón miraba a la preguntante casi con dulzura:

—Por lo visto.

De la pequeña industria fotográfica, si las cosas iban bien, sacaba Omicrón el dinero suficiente para sostenerse. Le llevaban[25] veintitrés duros por la habitación alquilada en la casita de Vallecas. Comía en restaurantes baratos platos de lentejas y menestras[26] extrañas. Pero días tuvo en que se

---

[16] **a cuerpo limpio, tirita . . .** without a coat, he shivers

[17] **se esponja** he puffs up

[18] **calefacción** heat

[19] **vive de vender** (the people who) live by selling . . .

[20] **hilos de nylon . . .** nylon thread (for necklaces, rubber toys)

[21] **andaluza y . . .** with an Andalusian accent and onomatopoetically

[22] **de la boca del Metro** who hang around the subway entrance

[23] **¿Por qué no te enchulas con . . . ?** Why don't you live off of (la Rabona)?

[24] **Pues vaya humor** Oh, that's funny (sarcastic)

[25] **Le llevaban** They charged him

[26] **lentejas y menestras** lentils and dried vegetables

alimentó con una naranja, enorme, eso sí, pero con una sola naranja. Y otros en que no se alimentó.

   Veintisiete horas y media sin comer y doce y tres cuartos, no   50
contando la noche, sin retratar son muchas horas hasta para
Omicrón. El escorpión le pica una y otra vez en el estómago y le
obliga a contraerse. La vendedora de lotería le pregunta:

—¿Qué, bailas?

—No, no bailo.   55

—Pues chico, ¡quién lo diría!, parece que bailas.

—Es el estómago.

—¿Hambre?

Omicrón se azoró,[27] poniendo los ojos en blanco,[28] y mintió:

—No, una úlcera.   60

—¡Ah!

—¿Y por qué no vas al dispensario a que te miren?

Omicrón Rodríguez se azoró aún más:

—Sí, tengo que ir, pero...

—Claro que tienes que ir, eso es muy malo. Yo sé de un   65
señor, que siempre me compraba,[29] que se murió de no cuidarla.

Luego añadió nostálgica y apesadumbrada:[30]

—Perdí un buen cliente.

Omicrón Rodríguez se acercó a una pareja que caminaba
velozmente.   70

—¿Una foto? ¿Les hago una foto?

La mujer miró al hombre y sonrió:

—¿Qué te parece, Federico?

—Bueno, como tú quieras...

—Es para tener un recuerdo. Sí, háganos una foto.   75

Omicrón se apartó unos pasos. Le picó el escorpioncito. Por
poco[31] sale movida la fotografía. Le dieron la dirección: Hotel...

La vendedora de lotería le felicitó:

—Vaya, has empezado con suerte, negro.

—Sí, a ver si hoy se hace algo.   80

---

[27] **azorarse**   to get upset, mad
[28] **poniendo . . . blanco**   rolling his eyes
[29] **compraba**   i.e., a lottery ticket
[30] **apesadumbrada**   grieved, distressed
[31] **Por poco . . . fotografía**   The picture was almost ruined.

Rodríguez hizo un silencio lleno de tirantez.[32]

—Casilda, ¿tú me puedes prestar un duro?

—Sí, hijo, sí; pero con vuelta.

—Bueno, dámelo y te invito a café.

—¿Por quién me has tomado? Te lo doy sin invitación. 85

—No, es que quiero invitarte.

La vendedora de lotería y el fotógrafo fueron hacia la esquina. La volvieron y se metieron en una pequeña cafetería. Cucarachas pequeñas, pardas, corrían por el mármol donde estaba asentada la cafetera exprés.[33] 90

—Dos con leche.

Les sirvieron. En las manos de Omicrón temblaba el vaso alto, con una cucharilla amarillenta y mucha espuma. Lo bebió a pequeños sorbos.[34] Casilda dijo:

—Esto reconforta, ¿verdad? 95

—Sí.

El "sí" fue largo, suspirado.

Un señor, en el otro extremo del mostrador, les miraba insistentemente. La vendedora de lotería se dio cuenta y se amoscó.[35] 100

—¿Te has fijado, negro, cómo nos mira aquel tipo? Ni que tuviéramos monos en la jeta.[36] Aunque tú, con eso de ser negro, llames la atención, no es para tanto.[37]

Casilda comenzó a mirar al señor con ojos desafiantes. El señor bajó la cabeza, preguntó cuánto debía por la con- 105 sumición,[38] pagó y se acercó a Omicrón:

—Perdonen ustedes.

Sacó una tarjeta del bolsillo.

—Me llamo Rogelio Fernández Estremera, estoy encar- gado[39] en el Sindicato del... de organizar algo en las próximas 110 fiestas de Navidad.

---

[32] **tirantez** tenseness, strain

[33] **donde ... exprés** where the expresso coffee machine was placed

[34] **sorbos** sips

[35] **se amoscó** became annoyed

[36] **Ni que ... jeta** We're not that funny looking (*lit.*, we don't have monkeys on our faces)

[37] **no es para tanto** it's not that bad

[38] **consumición** order (of food or drink)

[39] **encargado ... organizar** in charge, in my union, of organizing

—Bueno—carraspeó—,[40] supongo que no se molestará.[41] Yo le daría veinte duros si usted quisiera hacer el Rey negro[42] en la cabalgata de Reyes.[43]

Omicrón se quedó paralizado.　　　　　　　　　　　　　　115

—¿Yo?

—Sí, usted. Usted es negro y nos vendría muy bien,[44] y si no, tendremos que pintar a uno, y cuando vayan los niños a darle la mano o besarle en el reparto de juguetes se mancharán.[45] ¿Acepta?　　　　　　　　　　　　　　　　　　　　　　　　　120

Omicrón no reaccionaba. Casilda le dio un codazo:[46]

—Acepta, negro, tonto... Son veinte *chulís*[47] que te vendrán muy bien.

El señor interrumpió:

—Coja la tarjeta. Lo piensa[48] y me va a ver a esa dirección.　125 ¿Qué quieren ustedes tomar?

—Yo un doble de café con leche —dijo Casilda—, y éste un sencillo y una copa de anís, que tiene esa costumbre.

El señor pagó las consumiciones y se despidió.

—Adiós, piénselo y venga a verme.　　　　　　　　　　　130

Casilda le hizo una reverencia[49] de despedida.

—*Orrevuar*,[50] caballero. ¿Quiere usted un numerito del próximo sorteo?[51]

—No, muchas gracias; adiós.

Cuando desapareció el señor, Casilda soltó la carcajada.[52]　135

---

[40] **carraspeó**　he said hoarsely
[41] **supongo . . . molestará**　I hope you don't mind
[42] **el Rey negro**　Balthasar, one of the three Wise Men **(Reyes Magos)** who came from the Orient bearing gifts for the Christ child
[43] **la cabalgata de Reyes**　the procession of the three Wise Men
[44] **vendría muy bien**　would suit us very well
[45] **reparto . . . se mancharán**　in the distribution of gifts (the children) will get dirty. (In Spain, presents are brought to the children not by Santa Claus on Christmas, but by the Three Wise Men on Epiphany, January 6.)
[46] **le dio un codazo**　poked him with an elbow
[47] **veinte chulís**　twenty **duros** (100 **pesetas**)
[48] **Lo piensa**　(you) think it over
[49] **le hizo una reverencia**　made a bow
[50] **Orrevuar**　i.e., "Au revoir"
[51] **sorteo**　drawing (lottery)
[52] **soltó la carcajada**　burst out laughing

—Cuando cuente a las compañeras que tú vas a ser Rey se van a partir[53] de risa.

—Bueno, eso de que voy a ser Rey... —dijo Omicrón.

Omicrón Rodríguez apenas se sostenía en el caballo. Iba dando tumbos.[54]   140

Le dolían las piernas. Casi se mareaba.[55] Las gentes desde las aceras sonreían al verle pasar. Algunos padres alzaban a sus niños.

—Mírale bien, es el rey Baltasar.

A Omicrón Rodríguez le llegó la conversación de dos chicos.   145

—¿Será[56] de verdad negro o será pintado?

Omicrón Rodríguez se molestó. Dudaban por vez primera en su vida si él era blanco o negro, y precisamente cuando iba haciendo de Rey.

La cabalgata avanzaba. Sentía que se le aflojaba el   150 turbante.[57] Al pasar cercano a la boca del Metro, donde se apostaba[58] cotidianamente, volvió la cabeza, no queriendo ver reírse a Casilda y sus compañeras. La Casilda y sus compañeras estaban allí, esperándole; se adelantaron de la fila; se pusieron frente a él y, cuando esperaba que iban a soltar la risa, sus risas   155 guasonas,[59] temidas y estridentes, oyó a la Casilda decir:

—Pues, chicas, va muy guapo, parece un rey de verdad.

Luego unos guardias las echaron hacia la acera.

Omicrón Rodríguez se estiró en el caballo y comenzó a silbar tenuemente.[60] Un niño le llamaba, haciéndole señales con la   160 mano:

—¡Baltasar, Baltasar!

Omicrón Rodríguez inclinó la cabeza solemnemente. Saludó.

—¡Un momento, Baltasar!

Los *flash* de los fotógrafos de Prensa le deslumbraron.[61]   165

---

[53] **partir**   to split, to break
[54] **Iba dando tumbos**   He was swaying unsteadily.
[55] **Casi se mareaba**   He was almost sick.
[56] **¿Será...?**   (future of conjecture) Can he really be...?
[57] **se le aflojaba el turbante**   his turban was loose

[58] **se apostaba cotidianamente**   he stationed himself every day
[59] **guasonas**   churlish, heavy
[60] **silbar tenuemente**   to whistle softly, lightly
[61] **deslumbrar**   to dazzle

EXERCISES

I. Cuestionario

1. ¿Qué es el negro Omicrón Rodríguez?
2. ¿De qué está sufriendo?
3. ¿Qué suele hacer en la Puerta del Sol y en Vallecas?
4. ¿Por qué anda tiritando por las calles?
5. Describa usted a Omicrón.
6. ¿Qué tal son sus comidas?
7. ¿Con quién entabla (*begin*) una conversación?
8. ¿Qué le pide a ella? ¿A dónde van?
9. ¿Quién se acercó a Omicrón?
10. ¿Para qué busca este señor al negro?
11. ¿Qué hace el señor para ellos antes de despedirse?
12. ¿Por qué le molestó a Omicrón la conversación de los chicos?
13. ¿Se rieron de él Casilda y sus compañeras?
14. ¿Qué cambio se nota después en Omicrón?
15. ¿Qué significación tiene la última frase?

II. Llevar

Llevar is used much like **hacer** in time expressions. Unlike **hacer,** however, **llevar** is the main verb in this kind of sentence:

Llevo tres años aquí.	*I have been here for three years.*
Hace tres años que estoy aquí.	
Lleva media hora esperando.	*He has been waiting for half an*
Hace media hora que espera.	*hour.*

With a negative, **llevar** is followed by **sin** and an infinitive. Example from the text:

Veintisiete horas y media lle-va sin comer.

Hace veintisiete horas y media que no come (*or* **que no ha comido**).

A. Translate the sentences below using both constructions:

1. She has been selling lottery tickets for twenty years.
2. How long **(cuánto tiempo)** have you been in this school?

3. Omicrón has not eaten for two days.
4. His companions have been waiting for him for an hour.
5. Have you been studying Spanish for a long time?

B. Answer the following in Spanish:

1. ¿Lleva usted mucho tiempo en esta ciudad?
2. ¿Cuánto tiempo llevas sin ver a tu familia?
3. ¿Cuántos años llevan casados sus padres?
4. ¿Cuántas horas lleva él escribiendo esa carta?
5. Diga usted cuánto tiempo hace que conoce a su profesor(a) de español.

III. Text review

Fill in the blanks in the sentences below with an appropriate word from the following list. Make any necessary changes of grammar or syntax.

andaluz	**silbar**	**hacer fotos**
café con leche	**abrigo**	**eso de**
hacer	**reírse**	**fotógrafo**
alimentarse	**lotería**	**insistentemente**

1. Aunque tiene hambre, Omicrón _____ por la calle.
2. El negro gana la vida _____.
3. Habla con un acento _____.
4. Cuando tiene dinero, toma _____ en los bares.
5. Tiene días en que no _____.
6. Tirita por las calles porque no tiene _____.
7. Casilda es una vendedora de _____.
8. Un señor les miraba _____ en el bar.
9. El señor quiere que Omicrón _____ el Rey negro.
10. Omicrón se preocupa por _____ ser Rey.
11. Temía ver _____ a Casilda y sus compañeras.
12. Los _____ de Prensa hacen fotos al Rey Baltasar.

IV. Translation

In the story we find the following idioms and expressions, and the use of the definite article with parts of the body (instead of the possessive adjective). You will also find instances where two adverbs are used together; remember that the first drops the **-mente,** remaining in the feminine singular.

eso de	*that matter (business) of*
hacer una foto (a)	*to take a picture (of)*
hacer (de)	*to play the role of*
soltar la carcajada	*to burst out laughing*
venir bien a	*to fit, suit, become*

Translate the following sentences:

1. Omicrón does not close his eyes when he takes a picture.
2. His companions have been working near the subway for many months.
3. Omicrón bowed **(inclinar)** his head proudly and solemnly.
4. Nobody burst out laughing when he played the part of Baltasar.
5. You would suit us very well because you are black.
6. That business of the three Wise Men **(Reyes Magos)** who bring presents on January 6 is an old Spanish custom.
7. Omicrón must feel like a real king when the press photographer takes his picture.
8. Have you been reading other Spanish short stories for some time?

Alfonso Sastre

1926–

The most articulate exponent, with Antonio Buero Vallejo, of serious theatre in postwar Spain, Sastre is recognized as one of the major Spanish dramatists of the past thirty-five years. As early as age nineteen, with several other students at the university of Madrid, he founded a movement called Arte Nuevo for the purpose of offering an alternative to the sterile and insipid theater that dominated the Spanish stage at that time. To this end they wrote their own avant-garde and experimental plays. In a subsequent movement called Teatro de Agitación Social, Sastre's principal artistic aim was to stimulate (agitate) the social awareness of the Spanish public, to present a theater which would encourage audiences to think, in whatever terms, about basic social and political questions.

Sastre's first important dramatic work was *Escuadra hacia la muerte* (*The Condemned Squad*) (1953), and although performed only three times because of protests from military authorities, it established his reputation as a major young dramatist. In spite of the climate of strict government censorship and economic hardship, Sastre went on to write over thirty more plays, two books of dramatic criticism, short stories, and hundreds of essays. This bold and aggressive innovator is one of the few internationally significant figures of postwar Spanish letters.

Sastre's concern in the following story, "Estrépito y resplandor,"* will be evident behind its grimly humorous facade. It was doubtlessly inspired by the atomic bombings of Nagasaki and Hiroshima in August 1945, and its theme is as relevant today as it was then.

* Reprinted from *Antologia de cuentistas españoles contemporáneos (1937–1966)* (Madrid: Editorial Gredos, 1971).

Estrépito y resplandor[1]

Como se sabe, yo soy uno de los trescientos dos
supervivientes[2] de Madrid, ciudad que en el momento de la
Explosión contaba—segun el último censo—con 2.324.403
habitantes. Mi foto ha circulado profusamente; no voy a insistir
en ello.   5
Lo que sí me divierte recordar ahora —en que la vida se me
apaga por causa de las radiaciones y no tengo otro placer que mis
recuerdos—es una anécdota que me sucedió pocos días después
de la catástrofe. Lo cuento como cosa pintoresca y, en cierto
modo, cómica, pues es verdad que el humor es una planta   10
extraña que surge[3] hasta en las situaciones más trágicas y
catastróficas.
Cuando yo volví en mi,[4] estaba en un improvisado hospital
que había montado[5] en Vitoria la Cruz Roja Suiza. En la cama
de al lado dormitaba un señor cuyo aspecto resultaba un poco   15
extraño, por causa de algunos aparatos empleados en su tratamiento, entre los que recuerdo el balón de oxígeno,[6] el manómetro, unas gafas negras—luego supe que había perdido los
ojos (no sólo la vista, entiéndase, sino también los órganos
visuales)—, la pinza[7] metálica en que terminaba su antebrazo   20
derecho (el brazo izquierdo lo había perdido como consecuencia
de la Explosión; luego me enteré de[8] que seguía viviendo gracias
a un corazón electrónico)... . En este conjunto,[9] una cosa me
hizo gracia; en su boca brillaba un diente de oro. Pero no se trata
de eso.   25

---

[1] Deafening noise and brilliant light
[2] **supervivientes**   survivors
[3] **surgir**   to spring up, appear
[4] **volví en mí**   regained
   consciousness
[5] **que había
   montado . . . Suiza**   which the
   Swiss Red Cross had set up . . .

[6] **balón . . . manómetro**   oxygen
   tank, pressure gauge
[7] **pinza**   clamp
[8] **me enteré de**   I found out
[9] **En este conjunto . . . gracia**   In
   all of this, one thing amused me

Yo no podía moverme; pues, como se sabe, había perdido los brazos y las piernas; soy una cabeza (completamente calva[10] como consecuencia de la intensa radiación que sufrí) y un tronco, en el que también faltan, no me avergüenza[11] decirlo, los órganos genitales. Así pues, sin moverme, hice un comentario en voz alta, por si[12] mi vecino quería conversar un poco para distraernos.

—Cuando yo oí el estrépito—dije—estaba en el Parque del Oeste leyendo tranquilamente una novela. Era una mañana deliciosa. ¡Quién me iba a decir que se avecinaba[13] una cosa tan horrible!

—¿Qué estrépito?—oí la voz ronca y metálica de mi vecino; evidentemente, le habían hecho una traqueotomía[14] o algo parecido (soy profano en la material[15]), pues la voz salía a través de un orificio[16] de la garganta. . . .

Me extrañaron sus palabras.

—El estrépito de la bomba—dije malhumoradamente—. ¿Qué estrépito va a ser?

Hubo un molesto silencio.

—Yo vivía—dijo él roncamente—en las Ventas del Espíritu Santo.

—¿Qué quiere decir con eso?—le interrogué.

—Era limpiabotas[17]—suspiró, y del agujero de su garganta se escapó, silbante, un leve ronquido.[18]

—¿Y?

—Había ido a los pinos de Canillejas esa mañana cuando, de pronto, me cegó el resplandor—musitó[19] el vecino, cuya desmedrada[20] vitalidad se advertía en el esfuerzo que le costaba dialogar conmigo.

---

[10] **calva**   bald
[11] **No me avergüenza**   I'm not embarrassed
[12] **por si**   to see if
[13] **se avecinaba**   was about to happen
[14] **traqueotomía**   tracheotomy (cutting into the trachea)
[15] **soy . . . materia**   I'm ignorant about such things

[16] **orificio de la garganta**   opening in his throat
[17] **limpiabotas**   shoeshine boy or man
[18] **un leve ronquido**   a slight rasping sound
[19] **musitar**   to mumble
[20] **desmedrada**   deteriorated

—¿El resplandor? ¿De qué?—le pregunté con cierta in-   55
solencia.

—De la bomba—me contestó sin inmutarse[21], con un
chasquido[22] desagradable.

—Se hizo una oscuridad absoluta[23]—le expliqué, paciente—
al tiempo que se oía el enorme ruido de la explosión atómica.   60

—¡Un resplandor enorme—me replicó con ira—y un perfecto silencio! Eso fue lo extraño: que todo empezó a vacilar sin
que se oyera ruido alguno.

Creí que se burlaba de mí o que su cerebro también había
sido afectado por la bomba.   65

Esta es, en suma, la pintoresca anécdota. Como se ve, su
carácter cómico estriba en que[24] ni mi vecino ni yo, en aquellos
momentos, sabíamos que las dimensiones y diferencias de las
longitudes de onda (sonora y luminosa[25]) ocasionan ese
fenómeno (que—según he sabido después—ya fue observado de   70
modo parecido en Hiroshima[26]) de que[27] en los lugares más
próximos al lugar en que cae la bomba—en este caso fue
Torrejón de Ardoz—se percibe un silencioso resplandor, mientras que, a partir de cierto radio,[28] se siente un gran estrépito y
caen sobre el mundo las tinieblas.   75

Nuestra ignorancia produjo esta cómica situación que hoy me
he complacido en[29] recordar, y que no tuvo peores consecuencias
porque ni él ni yo—permítaseme que termine con esta cnistosa[30]
frase—podíamos, por razón de nuestras mutilaciones, llegar a
las manos.[31]   80

---

[21] **sin inmutarse**   without getting upset
[22] **chasquido**   cracking sound
[23] **se hizo ... absoluta**   it became completely dark
[24] **estriba en que**   is due to the fact that
[25] **longitudes ... luminosa**   wave lengths of sound and light
[26] **Hiroshima**   city in Japan where, on August 6, 1945 the U.S. dropped the first atomic bomb in World War II.
[27] **de que**   so that
[28] **a partir ... radio**   starting from a certain radius
[29] **me ha complacido en**   it has pleased me
[30] **chistosa**   humorous, witty
[31] **llegar a las manos**   to come to blows

EXERCISES

I. Cuestionario

1. ¿Quién es el narrador de este cuento?
2. ¿Cuál es el estado físico extraordinario en que se encuentra? Explique por qué.
3. ¿A quién conoció en un improvisado hospital?
4. ¿Está éste tan mutilado como el narrador? ¿Cómo?
5. ¿Por qué tiene el vecino tanta dificultad en hablar?
6. ¿De dónde viene el desacuerdo entre los dos hombres?
7. ¿Cómo es posible que cada uno tenga razón?
8. ¿Cuál es la última observación del narrador? ¿Es chistosa, o quizás macabra, o las dos cosas?
9. ¿Cree Ud. que es posible encontrar el humor en las situaciones más trágicas?
10. En su modo de ver, ¿cuál ha sido el motivo principal del autor en escribir este cuento?
11. ¿Está exagerado este cuadro de los efectos de la explosión de una bomba atómica?
12. ¿Cómo es pertinente esto a la época en que vivimos hoy en día?

II. Word substitution

Substitute a word of equivalent meaning from the following list for the boldface portions of the sentences below. Make any necessary changes in grammar.

enterarse de	estrépito	volver en sí	próximo
suceder	hacer gracia	relucir	reírse de
charlar	la catástrofe		

1. Cuando yo oí el **ruido** estaba leyendo una novela.
2. En su boca **brillaba** un diente de oro.
3. En la cama **de al lado** dormitaba otro señor.
4. Cuando él **recobró el conocimiento,** estaba en un hospital.
5. Creí que **se burlaba de mí.**
6. Luego **supe** que él tenía un corazón electrónico.
7. Quería **conversar** con mi vecino para distraerme.

8. Lo que sí **me divierte** recordar es una anécdota que me **ocurrió** pocos días después del **desastre.**

III. *The subjunctive after particular conjunctions*

The subjunctive is always used in a clause introduced by the following conjunctions which by their nature cannot introduce a fact:

sin que	*without* (*prep.*, **sin**)
para que	*in order that, so that* (*prep.*, **para**)
con tal que	*provided that* (*prep.*, **con tal de**)
en caso (de) que	*in case* (*prep.*, **en caso de**)
a menos que	*unless* (*prep.*, **a menos de**)

Example from the text:

(todo empezó a vacilar) sin que   *(everything began to shake)*
**se oyera ruido alguno.*   *without any sound being heard.*

Note that with **sin que** the subject usually follows the verb:

Salí sin que me viera nadie.   *I left without anyone's seeing me.*

If there is no change of subject in the two clauses, the preposition followed by the infinitive is used:

Salí sin verle.   *I left without seeing him.*

Supply the correct form of the verbs in parentheses in the following sentences. Remember that the indicative is used to state a fact.

1. La niña, en caso de que lo **(ser)** _____, se llamará Pilar.
2. Hay gente que roba sólo para **(comprar)** _____ drogas.
3. Yo te lo diré con tal que tú no **(reír)** _____.
4. Aunque el hombre **(seguir)** _____ viviendo, su cuerpo está totalmente mutilado.
5. Mi novia y yo nos casamos sin que lo **(saber)** _____ nuestros padres.
6. Cuando yo **(volver)** _____ en mí, vi al lado un señor curioso.

7. Miguel, habla con tu hijo para que él no **(hacer)** _____ nada malo.

8. No lo hagas sin **(pedir)** _____ permiso a tu madre.

IV. *Translation*

1. The bomb exploded **(estallar)** without my hearing the noise.
2. There are some persons who make fun of their tragedies.
3. What can we do so that the catastrophe will not happen again?
4. Do not drop **(dejar caer)** the bomb unless you want to destroy many people.
5. The strange thing **(Lo extrano)** was that the man heard the noise without seeing the bright light.

Ana María Matute

1926–

Quite a few women writers have joined such male novelists as
Camilo José Cela and Miguel Delibes (in this anthology) in
bringing the novel in Spain back to a place of literary prominence from its decline in the 1930s. Leading this group is
Ana María Matute. A native of Barcelona, Matute belongs to
the generation of writers who were children at the outbreak of
the Spanish Civil War (1936–1939), which serves as background for many of her major works.

Ana María Matute first came into prominence at the age of
twenty-two with her novel *Los Abel* (1948), which deals with
one of her recurrent themes: the ambivalence of love and hate
in human relationship. Her literary production since then has
been prolific and impressive: some fifteen novels, many short
novels, and numerous short stories. She has been awarded a
large number of important prizes, including the coveted
Premio Nadal in 1960 for *Primera memoria*.

A woman of extraordinary sensitivity, Ana María Matute
seeks and finds in her works the image of her own spiritual
reality. Tenderness, death, grief are the determinant factors
of her literary production. She writes with a vigorous, bold,
and poetic style. A somewhat negative and deterministic
attitude seems to run through her work, both in the portrayal
of human loneliness and in the numerous stories she has
written about children. From *El arrepentido* (1967),* we
have chosen the title story. It is an admirable example of the
author's talent in depicting mood and character. The tragic

---

* Barcelona, Spain: Editorial Juventud, 1967.

atmosphere of many of these stories is often mitigated by this writer's sensitive understanding of child psychology and her poetic treatment of the theme, which we find in the second story "*El árbol de oro*,"* one of her most beautifully written and mysterious.

* Reprinted from Ana María Matute, *Historias de la Artámila* (Barcelona, Spain: Editorial Destino, 1961).

El arrepentido[1]

El café era estrecho y oscuro. La fachada principal[2] daba a[3] la carretera y la posterior a la playa. La puerta que se abría a la playa estaba cubierta por una cortina de cañuelas,[4] bamboleada[5] por la brisa. A cada impulso sonaba un diminuto crujido,[6] como de un pequeño entrechocar de huesos.[7]   5

Tomeu el Viejo estaba sentado en el quicio[8] de la puerta. Entre las manos acariciaba lentamente una petaca de cuero[9] negro, muy gastada. Miraba hacia más allá de la arena, hacia la bahía. Se oía el ruido del motor de una barcaza[10] y el coletazo[11] de las olas contra las rocas. Una lancha vieja, cubierta por una   10 lona,[12] se mecía blandamente, amarrada[13] a la playa.

—Así que es eso[14]—dijo Tomeu, pensativo. Sus palabras eran lentas y parecían caer delante de él, como piedras. Levantó los ojos y miró a Ruti.

Ruti era un hombre joven, delgado y con gafas. Tenía ojos   15 azules, inocentes, tras los cristales.

—Así es—contestó. Y miró al suelo.

Tomeu escarbó[15] en el fondo de la petaca, con sus dedos anchos y oscuros. Aplastó una brizna[16] de tabaco entre las yemas de los dedos[17] y de nuevo habló, mirando hacia el mar: 20

—¿Cuánto tiempo me das?

---

[1] **arrepentido**   the repentant man
[2] **fachada principal**   the main part in front
[3] **dar a**   to look out on, to face
[4] **cañuela**   fescue grass
[5] **bambolear**   to swing, sway
[6] **crujido**   creak
[7] **entrechocar de huesos**   rattling of bones
[8] **quicio**   opening (*lit.*, door jamb)
[9] **petaca de cuero**   leather tobacco pouch
[10] **barcaza**   barge
[11] **coletazo**   lash
[12] **lona**   canvas
[13] **amarrar**   to moor, to tie up
[14] **Así que es eso**   So that's the way it is.
[15] **escarbar**   to scratch
[16] **Aplastó una brizna**   He crushed a hunk
[17] **yemas de los dedos**   fingertips

Ruti carraspeó:[18]

—No sé . . . a ciencia cierta,[19] no puede decirse así. Vamos: quiero decir, no es infalible.

—Vamos, Ruti. Ya me conoces: dilo.

Ruti se puso encarnado. Parecía que le temblaban los labios.

—Un mes . . . , acaso dos . . .

—Está bien, Ruti. Te lo agradezco, ¿sabes? . . . Sí; te lo agradezco mucho. Es mejor así.

Ruti guardó silencio.

—Ruti—dijo Tomeu—. Quiero decirte algo: ya sé que eres escrupuloso, pero quiero decirte algo, Ruti. Yo tengo más dinero del que[20] la gente se figura: ya ves, un pobre hombre, un antiguo pescador, dueño de un cafetucho de camino[21] . . . Pero yo tengo dinero, Ruti. Tengo mucho dinero.

Ruti pareció incómodo. El color rosado de sus mejillas se intensificó:

—Pero, tío . . . , yo . . . ¡no sé por qué me dice esto!

—Tú eres mi único pariente, Ruti—repitió el viejo, mirando ensoñadoramente[22] al mar—. Te he querido mucho.

Ruti pareció conmovido.

—Bien lo sé—dijo—. Bien me lo ha demostrado siempre.

—Volviendo a lo de antes:[23] tengo mucho dinero, Ruti. ¿Sabes? No siempre las cosas son como parecen.

Ruti sonrió. (*Acaso quiere hablarme de sus historias de contrabando. ¿Creerá acaso que no lo sé? ¿Se figura, acaso, que no lo sabe todo el mundo? ¡Tomeu el Viejo! ¡Bastante conocido, en ciertos ambientes! ¿Cómo hubiera podido[24]costearme la carrera de no ser así?*) Ruti sonrió con melancolía. Le puso una mano en el hombro:

—Por favor, tío . . . No hablemos de esto. No, por favor . . . Además, ya he dicho: puedo equivocarme. Sí: es fácil equivocarse. Nunca se sabe . . .

Tomeu se levantó bruscamente. La cálida brisa le agitaba los mechones grises:[25]

[18] **carraspeó** said hoarsely
[19] **a ciencia cierta** with certainty
[20] **del que** than
[21] **cafetucho de camino** cheap roadside cafe
[22] **ensoñadoramente** nostalgically
[23] **lo de antes** what I was just saying
[24] **¿Cómo hubiera podido . . . así?** How could he have afforded to pay for my studies if it were not so?
[25] **mechones grises** gray head of hair

—Entra, Ruti. Vamos a tomar una copa juntos.   55

Apartó con la mano las cañuelas de la cortinilla y Ruti pasó delante de él. El café estaba vacío a aquella hora. Dos moscas se perseguían, con gran zumbido.[26] Tomeu pasó detrás del mostrador y llenó dos copas de coñac. Le ofreció una:

—Bebe, hijo.   60

Nunca antes le llamó hijo. Ruti parpadeó y dio un sorbito.[27]

—Estoy arrepentido—dijo el viejo, de pronto.

Ruti le miró fijamente.

—Sí—repitió—, estoy arrepentido.

—No le entiendo, tío.   65

—Quiero decir: mi dinero, no es un dinero limpio. No, no lo es.

Bebió su copa de un sorbo, y se limpió los labios con el revés de la mano.

—Nada me ha dado más alegría: haberte hecho lo que eres, un buen médico.   70

—Nunca lo olvidaré—dijo Ruti, con voz temblorosa. Miraba al suelo otra vez, indeciso.

—No bajes los ojos, Ruti. No me gusta que desvíen[28] la mirada cuando yo hablo. Sí, Ruti: estoy contento por eso. ¿Y sabes por qué?   75

Ruti guardó silencio.

—Porque gracias a ello tú me has avisado de la muerte. Tú has podido reconocerme,[29] oír mis quejas, mis dolores, mis temores . . . Y decirme, por fin: *acaso un mes, o dos.* Sí, Ruti: estoy contento, muy contento.   80

—Por favor, tío. Se lo ruego. No hable así . . . , todo esto es doloroso. Olvidémoslo.

—No, no hay por qué olvidarlo. Tú me has avisado y estoy tranquilo. Sí, Ruti: tú no sabes cuánto bien me has hecho.

Ruti apretó la copa entre los dedos y luego la apuró,[30]   85 también de un trago.

—Tú me conoces bien, Ruti. Tú me conoces muy bien.

Ruti sonrió pálidamente.

---

[26] **zumbido**   buzzing
[27] **parpadeó . . . sorbito**   blinked and took a little sip

[28] **desviar**   to turn away
[29] **reconocer**   to examine
[30] **apurar**   to drain, to finish

El día pasó como otro cualquiera. A eso de las ocho, cuando volvían los obreros del cemento, el café se llenó. El viejo Tomeu 90 se portó[31] como todos los días, como si no quisiera amargar las vacaciones de Ruti, con su flamante título recién estrenado.[32] Ruti parecía titubeante,[33] triste. Más de una vez vio que le miraba en silencio.

El día siguiente transcurrió, también, sin novedad. No se 95 volvió a hablar del asunto entre ellos dos. Tomeu más bien parecía alegre. Ruti, en cambio, serio y preocupado.

Pasaron dos días más. Un gran calor se extendía sobre la isla. Ruti daba paseos en barca, bordeando[34] la costa. Su mirada azul, pensativa, vagaba[35] por el ancho cielo. El calor pegajoso[36] le 100 humedecía la camisa, adhiriéndosela al cuerpo.[37] Regresaba pálido, callado. Miraba a Tomeu y respondía brevemente a sus preguntas.

Al tercer día, por la mañana, Tomeu entró en el cuarto de su sobrino y ahijado.[38] El muchacho estaba despierto. 105

—Ruti—dijo suavemente.

Ruti echó mano de sus gafas,[39] apresuradamente. Su mano temblaba:

—¿Qué hay, tío?

Tomeu sonrió. 110

—Nada—dijo—. Salgo, ¿sabes? Quizá tarde[40] algo. No te impacientes.

Ruti palideció:

—Está bien—dijo. Y se echó hacia atrás, sobre la almohada.

—Las gafas, Ruti—dijo Tomeu—. No las rompas. 115

Ruti se las quitó despacio y se quedó mirando al techo. Por la pequeña ventana entraban el aire caliente y el ruido de las olas.

Era ya mediodía cuando bajó al café. La puerta que daba a la carretera estaba cerrada. Por lo visto su tío no tenía intención de atender a la clientela. 120

---

[31] **portarse**   to conduct oneself
[32] **flamante . . . estrenado**   brand new M.D. recently used
[33] **titubeante**   shaky
[34] **bordeando**   staying close to
[35] **vagar**   to roam, to wander
[36] **pegajoso**   sticky

[37] **adhiriéndosela al cuerpo** making it stick to his body
[38] **ahijado**   godchild
[39] **echó . . . gafas**   put on his glasses
[40] **tarde**   (present subjunctive of **tardar**) Perhaps I'll be a little late.

Ruti se sirvió café. Luego, salió atrás, a la playa. La barca amarrada se balanceaba lentamente.

A eso de las dos vinieron a avisarle. Tomeu se había pegado un tiro,[41] en el camino de la Tura. Debió de hacerlo cuando salió, a primera hora de la mañana.   125

Ruti se mostró muy abatido. Estaba pálido y parecía más miope[42] que nunca.

—¿Sabe usted de alguna razón que llevara a su tío a hacer esto?

—No, no puedo comprenderlo . . . , no puedo imaginarlo.   130 Parecía feliz.

Al día siguiente, Ruti recibió una carta. Al ver la letra con su nombre en el sobre,[43] palideció y lo rasgó,[44] con mano temblorosa. Aquella carta debió de echarla su tío al correo antes de suicidarse, al salir de su habitación.   135

Ruti leyó:

"Querido Ruti: Sé muy bien que no estoy enfermo, porque no sentía ninguno de los dolores que te dije. Después de tu reconocimiento consulté a un médico y quedé completamente convencido. No sé cuánto tiempo habría vivido aún con mi salud   140 envidiable, porque estas cosas, como tú dices bien, no se saben nunca del todo.[45] Tú sabías que si me creía condenado, no esperaría la muerte en la cama, y haría lo que he hecho, a pesar de todo; y que, por fin, me heredarías. Pero te estoy muy agradecido, Ruti, porque yo sabía que mi dinero era sucio, y   145 estaba ya cansado. Cansado y, tal vez, eso que se llama arrepentido. Para que Dios no me lo tenga en cuenta[46]—tú sabes, Ruti, que soy buen creyente a pesar de tantas cosas—, dejo mi dinero a los niños del Asilo."[47]

---

[41] **se había pegado un tiro**   had shot himself
[42] **miope**   myopic, nearsighted
[43] **sobre**   envelope
[44] **lo rasgó**   he tore it open
[45] **del todo**   completely
[46] **no . . . cuenta**   not hold it against me
[47] **Asilo**   asylum, home (for poor, orphans, etc.)

EXERCISES

I. Cuestionario

1. ¿Dónde está situado el café de Tomeu el Viejo?
2. ¿Qué hace Tomeu cuando le vemos por primera vez?
3. ¿Con quién está hablando?
4. ¿Qué le había avisado Ruti?
5. ¿Cómo podía Ruti saber que el viejo tenía mucho dinero?
6. ¿Qué toman los dos en el café?
7. ¿Por qué dice Tomeu que está arrepentido?
8. ¿Qué le debe Ruti al viejo?
9. ¿Tiene miedo Tomeu de morirse?
10. ¿Cómo pasaba Ruti los días de sus vacaciones?
11. ¿Qué le avisaron a Ruti?
12. ¿Qué le hace saber a Ruti la carta?
13. ¿Puede decirse que Tomeu se había vengado? ¿Cómo?
14. ¿Encontró Ud. inesperado el desenlace (**final**) del cuento?
15. Explique la ironía del final.

II. Word substitution

Substitute a word of equivalent meaning from the following list for the boldface portions of the sentences below. Make any necessary changes of syntax or grammar.

si	volver a	eso
deber de	**imaginarse**	**quizá**
equivocarse	**examinar**	**transcurrir**

1. Sacó un cigarrillo y **de nuevo** habló.
2. Salgo, ¿sabes? **Acaso** no vuelva.
3. **De no ser** rico mi tío yo nunca hubiera terminado la carrera.
4. Volviendo a **lo** de ayer; ¿cuánto tiempo me das?
5. **Se habrá suicidado** a primera hora de la mañana.
6. El hijo **se figuraba** ser un gran médico.
7. No te preocupes. Puedo **estar en error.**
8. El médico le **reconoció** sin encontrar enfermedad alguna.
9. El día siguiente **pasó** sin novedad.

III. "Than"

A. When a noun is the object of comparison in a sentence with two clauses, *than* becomes **de** plus the definite article that agrees with the noun plus **que.** Example from text:

Yo tengo más dinero del que la gente se figura.	*I have more money than people imagine. (i.e., I have more money than [the money which] people imagine [that I have].*
Este caballo tiene más defectos de los que crees.	*This horse has more defects than [those that] you think (he has).*

When an adjective, an adverb, or a whole idea is being compared, *than* becomes **de** plus **lo que.**

Es más inteligente de lo que esperábamos.	*He is more intelligent than we hoped.*
Sabe más de lo que crees.	*He knows more than you think.*

B. Translate the "than" in the sentences below. Use **que** (or **de** before numbers) alone where appropriate.

1. Tomeu es más viejo *than* Ruti.
2. Trabaja más *than* creíamos.
3. Me dio menos cerveza *than* había pedido.
4. Su carrera le costó más *than* diez mil pesetas.
5. Mi hermano es mayor *than* yo.
6. Lee más rápidamente *than* se figura.
7. Tiene más amigos *than* puede invitar.
8. Canta mejor *than* nos habían dicho.
9. Esta iglesia es más grande *than* todas la iglesias de España.
10. Los alumnos entienden más *than* creemos.

IV. Review

Review the following and translate:

echar al correo	*to mail*
deber de + *inf.*	*to express conjecture or probability*

1. There is more sand on the beach than you think.
2. The waves **(olas)** of the sea could be heard in the café.
3. Where are your eyeglasses **(gafas)?** Don't break them.
4. He is crazier than you and I. He killed himself although he wasn't sick.
5. Let's have a drink together, Ruti.
6. Tomeu was more repentant than Ruti suspected **(sospechar).**
7. His uncle must have mailed that letter before committing suicide.
8. He left all his money to the children of the Asylum.

El árbol de oro

Presented

village

Asistí durante un otoño a la escuela de la senõrita Leocadia, en la aldea, porque mi salud no andaba bien y el abuelo retrasó[1] mi vuelta a la ciudad. Como era el tiempo frío y estaban los suelos embarrados[2] y no se veía rastro[3] de muchachos, me aburría dentro de la casa, y pedí al abuelo asistir a la escuela. El 5 abuelo consintió, y acudí[4] a aquella casita alargada y blanca de cal,[5] con el tejado pajizo y requemado[6] por el sol y las nieves, a las afueras del pueblo.

La senõrita Leocadia era alta y gruesa,[7] tenía el carácter más bien áspero y grandes juanetes[8] en los pies, que la obligaban a 10 andar como quien arrastra cadenas.[9] Las clases en la escuela, con la lluvia rebotando[10] en el tejado y en los cristales, con las moscas pegajosas[11] de la tormenta persiguiéndose alrededor de la bombilla,[12] tenían su atractivo. Recuerdo especialmente a un muchacho de unos diez años, hijo de un aparcero[13] muy pobre, 15 llamado Ivo. Era un muchacho delgado, de ojos azules, que bizqueaba[14] ligeramente al hablar. Todos los muchachos y muchachas de la escuela admiraban y envidiaban un poco a Ivo, por el don[15] que poseía de atraer la atención sobre sí, en todo momento. No es que fuera ni inteligente ni gracioso, y, sin 20 embargo, había algo en él, en su voz quizás, en las cosas que

[1] **retrasar**   to put off (The narrator is a young girl visiting her grandfather.)
[2] **embarrados**   muddy
[3] **rastro**   trace
[4] **acudir**   to come
[5] **cal**   lime
[6] **tejado pajizo y requemado** straw roof parched (by)
[7] **gruesa**   heavy set

[8] **juanete**   bunion
[9] **quien arrastra cadenas**   one who drags chains
[10] **rebotar**   to bounce
[11] **pegajosas**   pesky
[12] **bombilla**   light bulb
[13] **aparcero**   sharecropper
[14] **bizquear**   to squint, to cross one's eyes
[15] **por el don**   for the gift

contaba, que conseguía cautivar a quien le escuchase.[16] También la señorita Leocadia se dejaba prender de aquella red[17] de plata que Ivo tendía[18] a cuantos atendían sus enrevesadas conversaciones, y—yo creo que muchas veces contra su voluntad—la   25
señorita Leocadia le confiaba a Ivo tareas deseadas por todos, o distinciones que merecían alumnos más estudiosos y aplicados.

Quizá lo que más se envidiaba de Ivo era la posesión de la codiciada[19] llave de **la torrecita.** Ésta era, en efecto, una pequeña torre situada en un ángulo de la escuela, en cuyo   30
interior se guardaban los libros de lectura. Allí entraba Ivo a buscarlos, y allí volvía a dejarlos, al terminar la clase. La señorita Leocadia se lo encomendó[20] a él, nadie sabía en realidad por qué.

Ivo estaba muy orgulloso de esta distinción, y por nada del mundo la hubiera cedido. Un día, Mateo Heredia, el más   35
aplicado y estudioso de la escuela, pidió encargarse de[21] la tarea—a todos nos fascinaba el misterioso interior de la torrecita, donde no entramos nunca—, y la señorita Leocadia pareció acceder. Pero Ivo se levantó, y acercándose a la maestra empezó a hablarle en su voz baja, bizqueando los ojos y moviendo mucho   40
las manos, como tenía por costumbre.[22] La maestra dudó un poco, y al fin dijo:

—Quede todo como estaba. Que siga encargándose Ivo de la torrecita.

A la salida de la escuela le pregunté: 45

—¿Qué le has dicho a la maestra?

Ivo me miró de través[23] y vi relampaguear[24] sus ojos azules.

—Le hablé del árbol de oro.

Sentí una gran curiosidad.

—¿Qué árbol?   50

---

[16] **conseguía...escuchase** succeeded in captivating anyone who listened to him
[17] **prender de aquella red** to be caught in that net
[18] **tendía...enrevesadas** stretched out to all those who paid attention to his intricate
[19] **codiciar** to covet
[20] **se lo encomendó** entrusted him with this task
[21] **encargarse de** to take charge of, to be entrusted with
[22] **como tenía por costumbre** as was his custom
[23] **de través** sidewise
[24] **relampaguear** to flash

Hacía frío y el camino estaba húmedo, con grandes charcos[25] que brillaban al sol pálido de la tarde. Ivo empezó a chapotear[26] en ellos, sonriendo con misterio.

—Si no se lo cuentas a nadie...

—Te lo juro, que a nadie se lo diré.   55

Entonces Ivo me explicó:

—Veo un árbol de oro. Un árbol completamente de oro: ramas, tronco, hojas... ¿sabes? Las hojas no se caen nunca. En verano, en invierno, siempre. Resplandece mucho; tanto, que tengo que cerrar los ojos para que no me duelan.   60

—¡Qué embustero[27] eres!—dije, aunque con algo de zozobra.[28] Ivo me miró con desprecio.

—No te[29] lo creas—contestó—. Me es completamente igual que te lo creas o no... ¡Nadie entrará nunca en la torrecita, y a nadie dejaré ver mi árbol de oro! ¡Es mío! La señorita Leocadia lo   65 sabe, y no se atreve a darle la llave a Mateo Heredia, ni a nadie... ¡Mientras yo viva, nadie podrá entrar allí y ver mi árbol!

Lo dijo de tal forma que no pude evitar preguntarle:

—¿Y cómo lo ves...?   70

—Ah, no es fácil—dijo, con aire misterioso—. Cualquiera no podría verlo. Yo sé la rendija[30] exacta.

—¿Rendija?...

—Sí, una rendija de la pared. Una[31] que hay corriendo el cajón de la derecha: me agacho[32] y me paso horas y horas... ¡Có-   75 mo brilla el árbol! ¡Cómo brilla! Fíjate[33] que si algún pájaro se le pone encima también se vuelve de oro. Eso me digo yo: si me subiera a una rama, ¿me volvería acaso de oro también?

No supe qué decirle, pero, desde aquel momento, mi deseo de ver el árbol creció de tal forma que me desasosegaba.[34] Todos los   80 días, al acabar la clase de lectura, Ivo se acercaba al cajón de la maestra, sacaba la llave y se dirigía a la torrecita. Cuando volvía,

---

[25] **charco** puddle
[26] **chapotear** to splash, to wade
[27] **embustero** liar
[28] **zozobra** uneasiness
[29] **te** Do not translate
[30] **rendija** crack, opening

[31] **Una que hay...derecha** One that can be seen by pulling aside the chest on the right
[32] **agacharse** to crouch
[33] **fijarse** to imagine
[34] **me desasosegaba** it unsettled me

le preguntaba:

—¿Lo has visto?

—Sí—me contestaba. Y, a veces, explicaba alguna novedad: 85
—Le han salido unas flores raras. Mira: así de grandes,[35] como mi mano lo menos, y con los pétalos alargados. Me parece que esa flor es parecida al **arzadú**.

—¡La flor del frío!—decía yo, con asombro—. ¡Pero el **arzadú** es encarnado![36] 90

—Muy bien—asentía él, con gesto de paciencia—. Pero en mi árbol es oro puro.

—Además, el **arzadú** crece al borde de los caminos . . . y no es un árbol.

No se podía discutir con él. Siempre tenía razón, o por lo 95 menos lo parecía.

Ocurrió entonces algo que secretamente yo deseaba; me avergonzaba[37] sentirlo, pero así era: Ivo enfermó, y la señorita Leocadia encargó a otro la llave de la torrecita. Primeramente, la disfrutó[38] Mateo Heredia. Yo espié su regreso, el primer día, y le 100 dije:

—¿Has visto un árbol de oro?

—¿Qué andas graznando?[39]—me contestó de malos modos, porque no era simpático, y menos conmigo. Quise dárselo a entender,[40] pero no me hizo caso. Unos días después, me dijo: 105
—Si me das algo a cambio, te dejo un ratito[41] la llave y vas durante el recreo. Nadie te verá . . .

Vacié mi hucha,[42] y, por fin, conseguí la codiciada llave. Mis manos temblaban de emoción cuando entré en al cuartito de la torre. Allí estaba el cajón. Lo aparté y vi brillar la rendija en la 110 oscuridad. Me agaché y miré.

Cuando la luz dejó de cegarme, mi ojo derecho sólo descubrió una cosa: la seca tierra de la llanura alargándose hacia el cielo.

---

[35] **así de grandes**   this big
[36] **encarnado**   red (similar to a poinsettia)
[37] **avergonzarse**   to be ashamed, to be embarrassed
[38] **disfrutar**   to enjoy
[39] **¡Qué andas graznando?**   What are you croaking about?

[40] **Quise dárselo a entender**   I tried to make him understand
[41] **un ratito**   (diminutive off **rato**) for a little while
[42] **hucha**   piggy bank

Nada más. Lo mismo que se veía desde las ventanas altas. La
tierra desnuda y yerma,[43] y nada más que la tierra. Tuve una   115
gran decepción y la seguridad de que me habían estafado.[44] No
sabía cómo ni de qué manera, pero me habían estafado.

Olvidé la llave y el árbol de oro. Antes de que llegaran las
nieves regresé a la ciudad.

Dos veranos más tarde volví a las montañas. Un día, pasando   120
por el cementerio—era ya tarde y se anunciaba la noche en el
cielo: el sol, como una bola roja, caía a lo lejos, hacia la carrera[45]
terrible y sosegada de la llanura—, vi algo extraño. De la tierra
grasienta y pedregosa,[46] entre las cruces[47] caídas, nacía un árbol
grande y hermoso, con las hojas anchas de oro: encendido y   125
brillante todo él, cegador. Algo me vino a la memoria, como un
sueño, y pensé: "Es un árbol de oro." Busqué al pie del árbol, y
no tardé en dar con una crucecilla de hierro negro, mohosa[48] por
la lluvia. Mientras la enderezaba,[49] leí: IVO MÁRQUEZ, DE DIEZ
AÑOS DE EDAD.   130

Y no daba tristeza alguna, sino, tal vez, una extraña y muy
grande alegría.

EXERCISES

I. Cuestionario

1. ¿Dónde tiene lugar la historia? ¿Cuándo?
2. ¿Por qué asistió la muchacha a la escuela de la Srta.
   Leocadia?
3. Describa usted a ésta.
4. ¿Quién es Ivo? ¿Cómo es?
5. ¿Qué don tenía?
6. ¿Por qué otra razón le envidiaban los otros muchachos?

---

[43] **yerma**   barren
[44] **estafar**   to cheat
[45] **carrera...llanura**   endless and calm highroad
[46] **grasienta y pedregosa**   oily and rocky

[47] **cruces   cruz,** cross
[48] **mohosa**   rusty
[49] **enderezar**   to straighten

7. ¿Qué pidió Mateo Heredia a la maestra? ¿Accede ella?
8. ¿Cómo es el árbol que ve Ivo? ¿Por dónde lo ve?
9. ¿Por qué tuvo la maestra que encargar la llave a otro?
10. ¿Cómo la consiguió la narradora?
11. ¿Qué ve ésta por la rendija?
12. ¿Cómo se siente después?
13. ¿Qué ocurre dos años más tarde?
14. ¿Cómo sabe la muchacha que se ha muerto Ivo?
15. ¿Por qué no le da tristeza alguna la muerte de Ivo?
16. ¿Cree Ud. que Ivo ha soñado con su propia muerte o que Ivo tenía el poder de ver el futuro? Explique.

II. *Verb review*

Translate the verbs in parentheses into Spanish. The sentences are taken virtually intact from the text.

1. (She asked) al abuelo asistir a la escuela porque (she was bored) dentro de la casa.
2. El abuelo (consented).
3. (I remember) especialmente a Ivo.
4. (There was) algo en él que conseguía cautivar a quien le (listened).
5. En la torre (were kept) los libros de lectura.
6. (Approaching) a la maestra él empezó a hablarle en voz baja.
7. (Let him continue) encargándose de la torre.
8. Cierro los ojos para que no me (hurt) [doler].
9. Si (I got up) a una rama, ¿me volvería de oro también?
10. Algo me (came) a la memoria.

III. *Idiom review*

Fill in the blank spaces in the sentences below with an idiom from the following list:

hacer caso a	**tardar en**	**dar con**
tener razón	**por lo menos**	**por nada del**
dejar de + *inf.*	**tener por costumbre**	**mundo**

1. Yo quise explicar a Mateo lo del árbol de oro, pero él no
   _____ .
2. Al conseguir la codiciada llave yo no _____ entrar en la
   torre.
3. Ivo siempre tenía razón, o _____ lo parecía.
4. Busqué al pie del árbol, y pronto _____ una crucecilla de
   hierro negro.
5. Ivo era muy orgulloso de poseer la llave, y _____ la hubiera
   cedido.
6. Cuando la luz _____ cegarme, mi ojo sólo descubrió una
   cosa.
7. Ivo, no _____ en decirme que había un árbol de oro en la
   llanura.
8. Ivo habló con la maestra, bizqueando los ojos y moviendo las
   manos, como _____ .

IV. *Text review*

Correct in Spanish the statements which are false:

1. El cuento tiene lugar en verano. el otoño
2. La muchacha vive con su padre. abuelo
3. La señorita Leocadia le confiaba a Ivo tareas deseadas por
   todos.
4. La maestra vive en una torre de marfil.
5. Ivo había robado la llave de la torre.
6. Ivo tenía la costumbre de bizquear los ojos.
7. Ivo es embustero.
8. Los otros alumnos mataron a Ivo bajo un árbol de oro.

Jacinto Benavente

1866–1954

Eight Spanish-language writers have in this century been awarded the Nobel Prize for literature; the second of these, Spain's outstanding dramatist, Jacinto Benavente, was honored in 1922. The son of a famous doctor, he was born in Madrid and, except for traveling widely through Europe, spent his whole life there.

Signaling an innovation in the theater by shunning the rhetoric of the romantic drama, Benavente's production of about two hundred plays, while of unequal merit and generally lacking in great dramatic conflict, stands out for its highly skillful dramatic technique, brilliant dialogue, and social satire. His shafts are usually directed at the upper class, striking their prejudices, hypocrisy, and materialism.

Many of his plays are intellectually entertaining satirical comedies; one of the best of these is *Los intereses creados* (1909), often produced in English under the title *The Bonds of Interest*. The characters are those of the Italian **commedia dell' arte** (e.g., Harlequin, Pantaloon, Punch). The rural tragedies, such as *La Malquerida* (1913), make up another important group of his plays.

In Benavente's early career, one can find a delight in imagination and fancy that goes back to his *Teatro fantástico*, the first in date of his published writings (1892), and from which *El criado de Don Juan* is taken. Benavente gives an imaginative, satiric twist to one of world literature's best known themes.

El criado de Don Juan[1]

ACTO ÚNICO

Personajes:

LA DUQUESA ISABELA
CELIA
DON JUAN TENORIO
LEONELO
FABIO

En Italia—Siglo XV

Cuadro[2] Primero

Calle. A un lado, la fachada de un palacio señorial.

Escena Única: FABIO *y* LEONELO. *Fabio se pasea por delante del palacio, embozado[3] hasta los ojos en una capa roja.*

LEONELO: (*Saliendo.*) ¡Señor! ¡Don Juan!
FABIO: No es don Juan.
LEONELO: ¡Fabio!
FABIO: A tiempo llegas. Desde esta mañana sin probar[4] bocado ... ¿Cómo tardaste tanto?   5
LEONELO: Media ciudad he corrido trayendo, y llevando cartas ... ¿Pero don Juan?

---

[1] **Don Juan**   Don Juan Tenorio, one of the great characters of world literature. The first outstanding literary presentation of Don Juan came with *El Burlador de Sevilla* (1630), by Tirso de Molina. See how Benavente treats this libertine, traditionally invincible to man, irresistible to woman.

[2] **cuadro**   part
[3] **embozado**   wrapped up
[4] **sin probar bocado**   I haven't had a bite to eat.

FABIO: La ciudad toda, que[5] no media, correrá de seguro[6] llevando y trayendo su persona. ¡En mal hora[7] entramos a su servicio! 10

LEONELO: ¿Y qué haces aquí disfrazado de esa suerte?[8]

FABIO: Representar lo mejor que puedo a nuestro don Juan, suspirando ante las rejas[9] de la Duquesa Isabela.

LEONELO: Nuestro don Juan está loco de vanidad. La Duquesa Isabela es una dama virtuosa, no cederá por más que[10] él se 15 obstine.

FABIO: Ha jurado[11] no apartarse ni de día ni de noche de este sitio, hasta que ella consienta en oírle ... y ya ves cómo cumple[12] su juramento ...

LEONELO: ¡Con una farsa indigna de un caballero! Mucho es 20 que[13] los servidores de la Duquesa no te han echado a palos[14] de la calle.

FABIO: No tardarán en ello. Por eso te aguardaba impaciente. Don Juan ha ordenado que apenas llegaras[15] ocupases mi puesto ..., el suyo quiero decir. Demos la vuelta[16] a la 25 esquina por si[17] nos observan desde el palacio, y tomarás la capa y demás señales,[18] que han de presentarse[19] hasta la hora de la paliza prometida ... como al[20] propio don Juan ...

LEONELO: ¡Dura servidumbre! 30

FABIO: ¡Dura como la necesidad! De tal madre, tal hija.[21] (*Salen.*)

---

[5] **que** omit, or translate "and"
[6] **correrá de seguro** he must surely be running around (the city)
[7] **en mal hora** unluckily (*lit.*, in an evil hour)
[8] **disfrazado de esa suerte** disguised like that
[9] **rejas** grillwork, such as around windows and balconies
[10] **por más que** no matter how much
[11] **jurar** to swear
[12] **cumplir** to keep, carry out
[13] **Mucho es que** It's a wonder that

[14] **a palos** with a beating
[15] **apenas llegaras** as soon as you arrived (you should ...)
[16] **vuelta   dar la vuelta a** to take a walk around
[17] **por si** in case
[18] **señales** disguises
[19] **presentarse** to be worn, to be displayed
[20] **como al ...** as if you were don Juan himself
[21] **De tal madre, tal hija** there's no escaping it

Cuadro Segundo

Sala en el palacio de la Duquesa Isabela.

Escena Primera: La Duquesa y Celia.

CELIA: (*Mirando por una ventana.*) ¡Es increíble, señora! Dos días con dos noches lleva[22] ese caballero delante de nuestras ventanas.

DUQUESA: ¡Necio alarde![23] Si a tales medios debe su fama de seductor, a costa de mujeres bien fáciles habrá sido lograda.[24] ¿Y ése es don Juan, el que cuenta sus conquistas amorosas por los días del año? Allá, en su tierra, en esa España feroz, de moros,[25] de judíos y de fanáticos cristianos, de sangre impura, abrasada[26] por tentaciones infernales, entre devociones supersticiosas y severidad hipócrita, podrá[27] parecer terrible como demonio tentador. Las italianas no tememos al diablo. Los príncipes de la Iglesia romana nos envían de continuo[28] indulgencias rimadas[29] en dulces sonetos a lo Petrarca.[30]

CELIA: Pero confesad que el caballero es obstinado ... y fuerte.

DUQUESA: Es preciso terminar de una vez. No quiero ser fábula[31] de la ciudad. Lleva recado[32] a ese caballero de que[33] las puertas de mi palacio y de mi estancia están francas para él. Aquí le aguardo, sola ... La Duquesa Isabela no ha nacido para figurar como un número en la lista de don Juan.

CELIA: Señora, ved ...

DUQUESA: Conduce a don Juan hasta aquí. No tardes. (*Sale* CELIA.)

35

40

45

50

55

[22] **lleva**   has been
[23] **¡Necio alarde!**   Stupid display!
[24] **habrá sido lograda**   must have been won
[25] **moros**   Moors
[26] **abrasada**   burned
[27] **podrá parecer**   he might seem
[28] **de continuo**   continuously
[29] **indulgencias rimadas**   rhymed indulgences (granted for the remission of sins)
[30] **a lo Petrarca**   in the style of Petrarch, great Italian poet and humanist of the fourteenth century
[31] **fábula**   talk
[32] **Lleva recado**   take a message
[33] **de que**   to the effect that

Escena Segunda: LA DUQUESA *y, después,* LEONELO. *La Duquesa se sienta y espera con altivez*³⁴ *la entrada de don Juan.*

LEONELO: ¡Señora!

DUQUESA: ¿Quién? ¿No es don Juan? ... ¿No erais vos³⁵ el que rondaba mi palacio?

LEONELO: Sí, yo era.

DUQUESA: Dos días con dos noches.   60

LEONELO: Algunas horas del día y algunas de la noche ...

DUQUESA: ¡Ah! ¡Extremada burla! ¿Sois uno de los rufianes³⁶ que acompañan a don Juan?

LEONELO: Soy criado suyo, señora. Le sirvo a mi pesar.³⁷

DUQUESA: Mal empleáis vuestra juventud.   65

LEONELO: ¡Dichosos los que pueden seguir en la vida la senda³⁸ de sus sueños!

DUQUESA: Camino muy bajo habéis emprendido.³⁹ Salid.

LEONELO: ¿Sin mensaje alguno de vuestra parte para don Juan?

DUQUESA: ¡Insolente!   70

LEONELO: Supuesto que⁴⁰ le habéis llamado ...

DUQUESA: Sí: le llamé para que, por vez primera en su vida, se hallara frente a frente de una mujer honrada, para que nunca pudiera decir que una dama como yo no tuvo más defensa contra él que evitar su vista.   75

LEONELO: Así como a vos ahora, oí a muchas mujeres responder a don Juan, y muchas le desafiaron⁴¹ como vos, y muchas como vos le recibieron altivas ...

DUQUESA: ¿Y don Juan no escarmienta?⁴²

LEONELO: ¡Y no escarmientan las mujeres! La muerte, el   80 remordimiento, la desolación, son horribles y no pueden enamorarnos; pero les⁴³ precede un mensajero seductor, hermoso, juvenil ..., el peligro, eterno enamorador de las mujeres ..., evitad el peligro, creedme; no oigáis a don Juan.

---

³⁴ **con altivez** arrogantly
³⁵ **vos** you (this form was widely used in Old Spanish)
³⁶ **rufianes** scoundrels
³⁷ **a mi pesar** against my wishes
³⁸ **senda** path
³⁹ **emprender** to undertake

⁴⁰ **supuesto que** inasmuch as
⁴¹ **desafiar** to defy, to challenge
⁴² **escarmentar** to learn by experience
⁴³ **les** them (referring to the nouns just mentioned)

DUQUESA: Me confundís con el vulgo de las mujeres.[44] No en 85
vano andáis al servicio de ese caballero de fortuna ...

LEONELO: No en vano llevo mi alma entristecida por tantas
almas de nobles criaturas amantes de don Juan. ¡Cuánto lloré
por ellas! Mi corazón fue recogiendo[45] los amores destrozados
en su locura por mi señor, y en mis sueños terminaron felices 90
tantos amores de muerte y de llanto ...[46] ¡Un solo amor de
don Juan hubiera sido[47] la eterna ventura[48] de mi vida! ...
¡Todo mi amor inmenso no hubiera bastado a consolar a una
sola de sus enamoradas! ¡Riquísimo caudal[49] de amor derro-
chado[50] por don Juan junto a mí, pobre mendigo de amor! ... 95

DUQUESA: ¿Sois poeta? Sólo un poeta se acomoda a vivir como
vos, con el pensamiento y la conciencia en desacuerdo.

LEONELO: Sabéis de los poetas, señora; no sabéis de los necesita-
dos ...

DUQUESA: Sé ... que no me pesa del[51] engaño de don Juan ... al 100
oíros ... Ya me interesa saber de vuestra vida ... Decidme
qué os trajo a tan dura necesidad ... No habrá peligro en
escucharos como en escuchar a don Juan ..., aunque seáis
mensajero suyo, como vos decís que el peligro es mensajero
de la muerte ... Hablad sin temor. 105

LEONELO: ¡Señora!

Escena Tercera: DICHOS *y* DON JUAN; *con la espada
desenvainada,[52] entra con violencia.*

DUQUESA: ¿Cómo llegáis hasta mí de esa manera? ¿Y mi
gente? ... ¡Hola!

DON JUAN: Perdonad. Pero comprenderéis que no he de permitir que mi criado me sustituya tanto tiempo ... 110

DUQUESA: ¡Con ventaja!

DON JUAN: No podéis apreciarla todavía.

---

[44] **el vulgo de las mujeres**
common, ordinary women
[45] **recoger** to pick up
[46] **llanto** weeping
[47] **hubiera sido** would have been
[48] **ventura** happiness

[49] **caudal** abundance
[50] **derrochar** to waste, to squander
[51] **no me pesa del** I'm not
concerned about
[52] **desenvainada** drawn

DUQUESA: ¡Oh! ¡Basta ya! ... (*A* LEONELO.) ¿No dices[53] que la necesidad te llevó al indigno oficio de servir a este hombre? ¿Te pesa la servidumbre? ¿Ves cómo insultan a una dama en   115
tu presencia y eres bien nacido? Ya eres libre ... y rico ...

DON JUAN: ¿Le tomáis a vuestro servicio?

DUQUESA: Quiero humillaros cuanto pueda ...[54] (*A* LEONELO.)
Mi amor es imposible para don Juan; mi amor es tuyo si sabes merecerlo ...   120

LEONELO: ¡Vuestro amor!

DON JUAN: A mí te iguala. Eres noble por él ...[55]

LEONELO: ¡Señora!

DUQUESA: ¡Fuera[56] la espada! Mi amor es tuyo ... lucha sin miedo. (DON JUAN *y* LEONELO *combaten. Cae muerto*   125
LEONELO.)

LEONELO: ¡Ay de mí!

DUQUESA: ¡Dios mío!

DON JUAN: ¡Noble señora! Ved lo que cuesta una porfía[57]

DUQUESA: ¡Muerto! Por mí ... ¡Favor! ...[58] ¡Dejadme salir!   130
Tengo miedo, mucho miedo ...

DON JUAN: Estáis conmigo ...

DUQUESA: Se agolpa[59] la gente ante las ventanas ... ¡Una muerte en mi casa!

DON JUAN: ¡No tembléis! Pasaron, oyeron ruido y se detuvie-   135
ron ... A mi cargo corre[60] sacar de aquí el cadáver sin que nadie sospeche ...

DUQUESA: ¡Oh! Sí, salvad mi honor ... ¡Si supieran! ...

DON JUAN: No saldré de aquí sin dejaros tranquila ...

DUQUESA: ¡Oh! No puedo miraros ..., me dais espanto ... ¡De-   140
jadme salir!

DON JUAN: No, aquí, a mi lado ... Yo también tengo miedo de no veros ..., por vos he dado muerte a un desdichado ... No me dejéis, o saldré de aquí para siempre, y suceda lo que suceda ...,[61] vos explicaréis como podáis el lance.   145

---

[53] **dices** Note the change to the familiar form, singular

[54] **cuanto pueda** as much as I can

[55] **por él** because of it (**amor**)

[56] **¡Fuera...!** out with, draw

[57] **una porfía** your obstinacy

[58] **¡Favor!** Help!

[59] **agolparse** to crowd

[60] **a mi cargo corre** I'll take it upon myself

[61] **suceda lo que suceda** come what may

DUQUESA: ¡Oh, no me dejéis! Pero lejos de mí, no habléis, no os acerquéis a mí ... (*Queda en el mayor abatimiento.*[62])

DON JUAN: (*Contemplándola. Aparte.*) ¡Es mía! ¡Una más! ... (*Contemplando el cadáver de* LEONELO.) ¡Pobre Leonelo!

EXERCISES

I. Cuestionario

1. ¿Dónde tiene lugar este **sketch?**
2. ¿Qué indica en el texto que estamos en el siglo XV?
3. ¿Quiénes son Fabio y Leonelo? ¿Les gusta su oficio? ¿Por qué?
4. ¿Por qué se pasea Fabio por delante del palacio?
5. ¿Por qué aguardaba Fabio tan impaciente a Leonelo?
6. ¿Qué piensa la duquesa de don Juan? ¿Le teme?
7. ¿Por qué ha llamado la duquesa a don Juan?
8. ¿Por qué se interesa la duquesa en Leonelo?
9. ¿Por qué aparece don Juan con la espada desenvainada?
10. ¿Por qué ofrece la duquesa su amor a Leonelo? ¿ Qué debe hacer éste para merecerlo?
11. ¿Por qué tiene miedo la duquesa después de la muerte de Leonelo?
12. ¿Cómo es satírico el final?

II. Verb review

Select the appropriate verb form in parentheses. The sentences are taken from the text.

1. Le llamé para que (**se hallara, se hallaría, se halle**) frente a frente de una mujer honrada.
2. Decidme qué os (**trajese, trajo**) a tan dura necesidad.
3. Ha jurado no apartarse de este sitio hasta que ella (**consentirá, consienta, consiente**) en oírle.

---

[62] **abatimiento** depression

4. Sacaré de aquí el cadáver sin que nadie (**sospeche**, sospecha, sospechar).
5. Las italianas no (**tememos**, temamos) al diablo.
6. Don Juan ha ordenado que apenas llegaras (ocupes, ocuparás, **ocupases**) mi puesto.
7. No volveré nunca, y suceda lo que (sucederá, **suceda**, sucede).
8. No saldré de aquí sin (**dejaros**, os deje, os deja) tranquila.
9. La duquesa no cederá por más que él se (**obstine**, obstina, obstinará).
10. Si a tales medios debe su fama de seductor, (hubiera sido lograda, **habrá sido lograda**) a costa de mujeres fáciles.

III. Text review

Indicate whether the following are true or false:

1. Don Juan no se aparta ni de día ni de noche de delante del palacio. F
2. Les gusta a los criados ayudar a su amo en sus conquistas. F
3. La duquesa es una mujer altiva que desprecia a don Juan. V
4. La duquesa no hace caso a los consejos de Leonelo. F
5. Ella se interesa en Leonelo porque éste es un rufián sin alma. F
6. Don Juan queda en el mayor abatimiento al oír que la duquesa ofrece su amor a Leonelo. V
7. Don Juan no ha entrado en el palacio a matar a Leonelo. F
8. Don Juan no se ocupa de la moral de sus acciones. V

IV. Translation

Translate the following sentences into Spanish:

1. That man is probably Don Juan's servant. será
2. He strolls day and night in front of the palace.
3. He won't leave until she comes out to the street.
4. Are you the one who is not afraid of Don Juan?
5. Do not listen to him; he will deceive (**engañar**) you.
6. My love is yours; it makes us equal.
7. He was killed by his master.
8. He died for me! Let me leave!

Gregorio López y Fuentes

1897–1967

Those who believe that literature is primarily a mirror of life will find in the novels and stories of the Mexican Gregorio López y Fuentes a faithful panorama of modern Mexico. The social and human problems of the rural classes—Indians and peasants—and other aspects of Mexican life make up the themes of his major works. His novel *El indio* (1935) is a moving account of the exploitation of the Indian by the white man after the Revolution, and *Tierra* (1932) is a novelized account of the life of Emiliano Zapata.

As a boy, López y Fuentes got to know the country people who came into his father's grocery store, and learned more about them later when he fought for the Revolution in 1914. His first-hand knowledge of the customs and life of these people is clearly seen in his collection of short stories, *Cuentos campesinos de México* (1940),* from which we have chosen **"Una carta a Dios,"** without question one of the most widely read and admired short stories in the Spanish language. Its popularity is due to its humor and irony and to its excellent portrayal of a humble peasant whose great faith is pitted against an antagonistic Nature.

* Mexico City: Editorial Cima, 1940.

Una carta a Dios

La casa—única en todo el valle—estaba subida[1] en uno de esos cerros truncados que, a manera de pirámides rudimentarias, dejaron algunas tribus[2] al continuar sus peregrinaciones.... Entre las matas[3] del maíz, el frijol con su florecilla morada,[4] promesa inequívoca de una buena cosecha.   5

Lo único que estaba haciendo falta a[5] la tierra era una lluvia, cuando menos un fuerte aguacero,[6] de esos que forman charcos entre los surcos.[7] Dudar de que llovería hubiera sido lo mismo que dejar de creer en la experiencia de quienes,[8] por tradición, enseñaron a sembrar[9] en determinado día del año.   10

Durante la mañana, Lencho—conocedor del campo, apegado a[10] las viejas costumbres y creyente a puño cerrado[11]—no había hecho más que examinar el cielo por el rumbo del[12] noreste.

—Ahora sí que se viene el agua,[13] vieja.   15

Y la vieja, que preparaba la comida, le respondió:

—Dios lo quiera.

Los muchachos más grandes limpiaban[14] de hierba la siembra, mientras que los más pequeños correteaban cerca de la casa, hasta que la mujer les gritó a todos: 20

—Vengan que les voy a dar en la boca ...[15]

Fue en el curso de la comida cuando, como lo había asegurado Lencho, comenzaron a caer gruesas gotas de lluvia.

---

[1] **subida ... cerros truncados** built on one of those low hills
[2] **tribus** tribes, subject of **dejaron**
[3] **matas ... el frijol** stalks of corn, the bean
[4] **morada** purple
[5] **hacer falta a** to be lacking, to need
[6] **fuerte aguacero** a heavy shower
[7] **charcos entre los surcos** puddles in the ruts
[8] **quienes** those who
[9] **sembrar** to sow, to seed
[10] **apegado a** fond of, attached to
[11] **creyente a puño cerrado** a firm believer
[12] **por el rumbo de** in the direction of
[13] **Ahora ... agua** Now it's really going to rain.
[14] **limpiaban de hierba la siembra** were weeding out the sown field
[15] **dar en la boca** to feed

Por el noreste se veían avanzar grandes montañas de nubes. El aire olía a jarro nuevo.[16]   25

—Hagan de cuenta,[17] muchachos—exclamaba el hombre mientras sentía la fruición de mojarse[18] con el pretexto de recoger algunos enseres[19] olvidados sobre una cerca de piedra[20]—, que no son gotas de agua las que están cayendo: son monedas nuevas: las gotas grandes son de a diez[21] y las gotas chicas son de a   30 cinco ...

Y dejaba pasear sus ojos satisfechos por la milpa[22] a punto de jilotear, adornada con las hileras[23] frondosas del frijol, y entonces toda ella cubierta por la transparente cortina de la lluvia. Pero, de pronto, comenzó a soplar un fuerte viento y con las gotas de   35 agua comenzaron a caer granizos[24] tan grandes como bellotas. Esos sí que parecían monedas de plata nueva. Los muchachos, exponiéndose a la lluvia, correteaban y recogían las perlas heladas de mayor tamaño.

—Esto sí que está muy mal—exclamaba mortificado el   40 hombre—; ojalá que pase pronto ...

No pasó pronto. Durante una hora, el granizo apedreó[25] la casa, la huerta, el monte, la milpa y todo el valle. El campo estaba tan blanco que parecía una salina.[26] Los árboles, deshojados. El maíz, hecho pedazos. El frijol, sin una flor. Lencho, con   45 el alma llena de tribulaciones. Pasada la tormenta, en medio de los surcos, decía a sus hijos:

—Más hubiera dejado una nube de langosta[27] ... El granizo no ha dejado nada: ni[28] una sola mata de maíz dará una mazorca, ni una mata de frijol dará una vaina ...   50

---

[16] **olía a jarro nuevo** smelled of fresh clay
[17] **Hagan de cuenta** Just imagine
[18] **la fruición de mojarse** the enjoyment of getting wet
[19] **enseres** implements
[20] **cerca de piedra** stone fence
[21] **son de a diez** are ten-centavo coins
[22] **milpa ... jilotear** cornfield ready to yield

[23] **hileras ... frijol** leafy rows of beans
[24] **granizos ... bellotas** hailstones ... acorns
[25] **apedrear** to stone
[26] **salina** salt marsh
[27] **Más ... una nube de langosta** a cloud of locusts would have left more
[28] **ni ... vaina** we won't get a single ear of corn or a single pod

La noche fue de lamentaciones:

—¡Todo nuestro trabajo, perdido!

—¡Y ni a quién acudir![29]

—Este año pasaremos hambre . . .

Pero muy en el fondo[30] espiritual de cuantos convivían bajo 55
aquella casa solitaria en mitad del valle, había una esperanza: la
ayuda de Dios.

—No te mortifiques tanto, aunque el mal es muy grande.
¡Recuerda que nadie se muere de hambre!

—Eso dicen: nadie se muere de hambre . . . 60

Y mientras llegaba el amanecer, Lencho pensó mucho en lo
que había visto en la iglesia del pueblo los domingos: un
triángulo y dentro del triángulo un ojo, un ojo que parecía muy
grande, un ojo que, según le habían explicado, lo mira todo,
hasta lo que está en el fondo de las conciencias. 65

Lencho era hombre rudo[31] y él mismo solía decir que el
campo embrutece,[32] pero no lo era tanto[33] que no supiera
escribir. Ya con la luz del día y aprovechando la circunstancia de
que era domingo, después de haberse afirmado en su idea de que
sí hay quien vele por todos,[34] se puso a escribir una carta que él 70
mismo llevaría al pueblo para echarla al correo.

Era nada menos que una carta a Dios.

"Dios—escribió—, si no me ayudas pasaré hambre con
todos los míos, durante este año: necesito cien pesos para volver a sembrar y vivir mientras viene la otra cosecha, pues el 75
granizo . . ."

Rotuló el sobre[35] "A Dios," metió el pliego[36] y, aún preocupado, se dirigió al pueblo. Ya en la oficina de correos, le puso un
timbre a la carta y echó ésta en el buzón.

---

[29] **¡Y ni a quién acudir!** And no one
to turn to!

[30] **muy en el fondo . . . convivían**
deep inside those who lived
together

[31] **rudo** coarse, uneducated

[32] **embrutecer** to make dull, brutish

[33] **no lo era tanto . . . escribir** but
he wasn't so (dull) that he could not
write

[34] **sí hay quien vele por todos**
there is indeed someone who
watches over us all

[35] **rotuló el sobre** he addressed the
envelope

[36] **pliego** sheet of paper

Un empleado, que era cartero y todo en la oficina de correos,   80
llegó riendo con toda la boca[37] ante su jefe: le mostraba nada
menos que la carta dirigida a Dios. Nunca en su existencia de
repartidor[38] había conocido ese domicilio. El jefe de la oficina—
gordo y bonachón[39]—también se puso a reír, pero bien pronto se
le plegó el entrecejo[40] y, mientras daba golpecitos en su mesa con   85
la carta, comentaba:

—¡La fe! ¡Quién tuviera[41] la fe de quien escribió esta carta!
¡Creer como él cree! ¡Esperar con la confianza con que él sabe
esperar! ¡Sostener correspondencia[42] con Dios!

Y, para no defraudar aquel tesoro de fe, descubierto a través   90
de una carta que no podía ser entregada, el jefe postal concibió
una idea: contestar la carta. Pero una vez abierta, se vio que
contestar necesitaba algo más que buena voluntad, tinta y
papel. No por ello[43] se dio por vencido: exigió[44] a su empleado
una dádiva, él puso parte de su sueldo y a varias personas les   95
pidió su óbolo[45] "para una obra píadosa."

Fue imposible para él reunir los cien pesos solicitados por
Lencho, y se conformó con[46] enviar al campesino cuando menos
lo que había reunido: algo más que la mitad. Puso los billetes en
un sobre dirigido a Lencho y con ellos un pliego que no tenía más   100
que una palabra, a manera de firma: DIOS.

Al siguiente domingo Lencho llegó a preguntar, más temprano que de costumbre, si había alguna carta para él. Fue el
mismo repartidor quien le hizo entrega de[47] la carta, mientras
que el jefe, con la alegría de quien ha hecho una buena acción,   105
espiaba a través de un vidrio raspado,[48] desde su despacho.[49]

Lencho no mostró la menor sorpresa al ver los billetes—
tanta era su seguridad—, pero hizo un gesto de cólera al contar

---

[37] **riendo . . . boca**   laughing as hard as he could
[38] **repartidor**   sorter, distributor
[39] **gordo y bonachón**   fat and good-natured
[40] **se le plegó el entrecejo**   wrinkled his brow, frowned
[41] **¡Quién tuviera . . . !**   Would that I had
[42] **¡Sostener correspondencia . . . !**   to correspond with

[43] **No por ello . . . vencido**   He didn't give up because of that
[44] **exigió . . . dádiva**   he demanded . . . gift
[45] **óbolo**   contribution
[46] **se conformó con**   he resigned himself to
[47] **le hizo entrega de**   delivered to him
[48] **vidrio raspado**   scratched glass
[49] **despacho**   office

el dinero ... ¡Dios no podía haberse equivocado, ni negar lo que
se le había pedido!   110
   Inmediatamente, Lencho se acercó a la ventanilla para pedir
papel y tinta. En la mesa destinada al público, se puso a escribir,
arrugando mucho la frente[50] a causa del esfuerzo que hacía para
dar forma legible a sus ideas. Al terminar, fue a pedir un timbre
el cual mojó con la lengua y luego aseguró de un puñetazo.[51]   115
   En cuanto la carta cayó al buzón, el jefe de correos fue a
recogerla. Decía:
   "Dios: Del dinero que te pedí, sólo llegaron a mis manos
sesenta pesos. Mándame el resto, que me hace mucha falta; pero
no me lo mandes por conducto[52] de la oficina de correos, porque   120
los empleados son muy ladrones.[53] *Lencho*."

EXERCISES

I. Cuestionario

1. ¿Dónde estaba la casa de Lencho?
2. ¿Qué hacía falta a la tierra?
3. ¿Qué clase de hombre era Lencho?
4. ¿A qué compara Lencho las gotas de agua? ¿Por qué?
5. ¿Por qué cambió Lencho de idea y quería que dejase de
   llover?
6. ¿Qué daño causó el granizo?
7. ¿Por qué no pierden todos la esperanza?
8. ¿Qué había visto Lencho en la iglesia los domingos?
9. ¿Es Lencho analfabeto (*illiterate*)?
10. ¿A quién escribió Lencho? ¿Qué le pedía?
11. ¿Qué hizo Lencho con la carta?
12. ¿Cuál fue la reacción del jefe de la oficina?
13. ¿Qué decidió hacer el jefe con la petición de Lencho? ¿Por
    qué?

---

[50] **arrugando ... frente** frowning
[51] **aseguró de un puñetazo** affixed
with a blow of his fist
[52] **por conducto ... correos**
through the mail
[53] **muy ladrones** a bunch of thieves

14. ¿Cuántos pesos pudo reunir el jefe? ¿De dónde vinieron?
15. ¿Cuál fue la reacción de Lencho al abrir la "respuesta de Dios"?
16. ¿Qué decía Lencho en su segunda carta a Dios?
17. ¿En qué consiste la ironía de este cuento?
18. ¿Qué se aprende de la vida y del carácter de los campesinos mexicanos?

II. Word substitution

Replace the boldface words or expressions in the sentences below with an appropriate equivalent from the following list. Make any necessary changes in grammar or syntax.

cesar	necesitar	ojalá	considerarse
quien	empezar	todos los que	haber
de nuevo			

1. Lo que **hacía falta** a la tierra era una lluvia.
2. Se suele decir que **el que** vive en el campo es rudo.
3. Es imposible creer que Lencho **dejará de** tener fe en Dios.
4. En la mesa, Lencho **se puso** a escribir.
5. Una nube de langosta (*locusts*) **hubiera** dejado más.
6. La fe de **cuantos** convivían bajo aquella casa era extraordinaria.
7. ¡**Quién tuviera** (*I wish I had*) la fe de aquel hombre!
8. Al ver el revólver, **se dio por** muerto.
9. Lencho necesita cien pesos para **volver a** sembrar.

III. Compound nouns

Lo is used with an adjective or past participle to form a noun. Observe from text:

lo único que . . .	*the only thing that* . . .
lo mismo que . . .	*the same (thing) as* . . .

Other examples:

Lo mío es mío.	*What's mine is mine.*
Devuelva lo robado.	*Return what was stolen.*

Translate the words in parentheses:

1. (The difficult thing) es tener fe.
2. Eso fue (the best part) del viaje.
3. (What is learned) no se olvida.
4. ¿Buscaba don Quijote (the impossible)?
5. (The bad thing) es que no sabe nadar.
6. El granizo destruyó (what was sown: **sembrar**).

IV. Idiom review

In addition to the points covered above, observe the following before translating the sentences below:

echar (al correo) *to mail*	**ni** *not even*
oler a *to smell like, or of*	**al** + *inf.* *on (doing, etc.)*
pasar hambre *to go hungry, starve*	**cuando menos** *at least*
pensar en *to think of (about)*	**lo que** *what, that which*
hacer falta *to need*	

1. The sad thing is that they will have to go hungry this year.
2. The post office smelled of paper and ink.
3. Lencho needed one hundred pesos because he didn't have even a cent.
4. The postmaster (*head of the office*) began to laugh, but he sent the farmer at least what he had accumulated (**reunir**).
5. Lencho had to go to the village to mail the letter.
6. All farmers suffer the same thing as Lencho.
7. Lencho thought a lot about what he had seen in the church.
8. On seeing only sixty pesos, Lencho considered himself cheated (**defraudado**).

Miguel de Unamuno
1864–1936

For many critics Miguel de Unamuno is the major Spanish literary figure of the twentieth century. The one word which most faithfully characterizes the man and his works is passion, or, as he preferred to call it, agony. No matter what we read of his vast literary production—which includes all genres: the novel, the short story, the drama, the essay, poetry—we are struck by the anguish and the torment of his soul as it struggles to find an answer for his chief philosophical preoccupation: man and his destiny. Man, for Unamuno, is viewed not as an abstract entity, but as the man of flesh and blood **(el hombre de carne y hueso).** The best exposition of this human problem is to be found in Unamuno's famous work *Del sentimiento trágico de la vida* (1912).

Unamuno was almost literally torn by the constant battle within him between faith, which strengthened his belief in immortality, and reason, which opposed it. "I need," he says, "the immortality of the soul, of my individual soul. Without faith in it I cannot live, and the doubt of reaching it torments me. And since I need it, my passion leads me to affirm it, even against reason."

Unamuno's whole preoccupation is projected into his fictional characters (whom he called his "agonists") and into the structure and style of his works. Antithesis, paradox, the coining of words, inversion, are all characteristic of his style.

In the play *La venda*,* which follows, Unamuno typically concentrates upon the intense emotional experience, the passion, of his protagonist María; everything else is subordinated, with the result that the other characters,

* Reprinted from Miguel de Unamuno, *Teatro completo* (Madrid: Editorial Aguilar, 1959).

instead of being developed, are like spectators. Unamuno's deeply religious preoccupation is evident throughout the play, and you will note also the effective use of paradox so typical of the author: María can "see" only when her eyes are blindfolded. The contrast of light and darkness, reason and faith, is introduced first by a dialogue, and then developed as the play begins.

La venda

DRAMA EN UN ACTO Y DOS CUADROS

Personajes:

DON PEDRO
DON JUAN
MARÍA
SEÑORA EUGENIA
EL PADRE
MARTA
JOSÉ
CRIADA

Cuadro Primero

En una calle de una vieja ciudad provinciana.

DON PEDRO: ¡Pues lo dicho,[1] no, nada de ilusiones! Al pueblo
debemos darle siempre la verdad, toda la verdad, la pura
verdad, y sea luego lo que fuere.[2]

DON JUAN: ¿Y si la verdad le[3] mata y la ilusión le vivifica?

DON PEDRO: Aun así. El que a manos de la verdad muere, bien   5
muerto está, créemelo.

DON JUAN: Pero es que hay que vivir ...

DON PEDRO: ¡Para conocer la verdad y servirla! La verdad es
vida.

DON JUAN: Digamos más bien: la vida es verdad.   10

DON PEDRO: Mira, Juan, que estás jugando con las palabras ...

DON JUAN: Y con los sentimientos tú, Pedro.

DON PEDRO: ¿Para qué se nos dio la razón, dime?

---

[1] **lo dicho**   just what I said

[2] **sea luego lo que fuere**   come
what may (The future subjunctive is
rarely used today.)

[3] **le**   i.e., **el pueblo**

Don Juan: Tal vez para luchar contra ella y así merecer la
vida ... 15

Don Pedro: ¡Qué enormidad![4] No, sino más bien[5] para luchar
en la vida y así merecer la verdad.

Don Juan: ¡Qué atrocidad![6] Tal vez nos sucede con la verdad lo
que, según las Sagradas Letras,[7] nos sucede con Dios, y es
que quien le ve se muere ... 20

Don Pedro: ¡Qué hermosa muerte! ¡Morir de haber visto la
verdad! ¿Puede apetecerse[8] otra cosa?

Don Juan: ¡La fe, la fe es la que nos da vida; por le fe vivimos, la
fe nos da el sentido de la vida, nos da a Dios!

Don Pedro: Se vive por la razón, amigo Juan; la razón nos 25
revela el secreto del mundo, la razón nos hace obrar ...

Don Juan: (*Reparando en* María.) ¿Qué le pasará[9] a esa mujer?
(*Se acerca* María *como despavorida[10] y quien no sabe dónde anda. Las
manos extendidas, palpando el aire.*)

María: ¡Un bastón, por favor! Lo olvidé en casa. 30

Don Juan: ¿Un bastón? ¡Ahí va! (*Se lo da.* María *lo coge.*)

María: ¿Dónde estoy? (*Mira en derredor.*) ¿Cuál es el camino?
Estoy perdida. ¿Qué es esto? ¿Cuál es el camino? Tome,
tome; espere. (*Le devuelve el bastón.* María *saca un pañuelo y se
venda con él los ojos.*) 35

Don Pedro: Pero, ¿qué está usted haciendo, mujer de Dios?[11]

María: Es para mejor ver el camino.

Don Pedro: ¿Para mejor ver el camino taparse los ojos? ¡Pues
no lo comprendo!

María: ¡Usted no, pero yo sí! 40

Don Pedro: (*A* Don Juan, *aparte.*) Parece loca.

María: ¿Loca? ¡No, no! Acaso no fuera peor.[12] ¡Oh, qué desgracia, Dios mío, qué desgracia! ¡Pobre padre! ¡Pobre padre!
Vaya, adiós y dispénsenme.

---

[4] **¡Qué enormidad!** Nonsense!
[5] **sino más bien** rather
[6] **¡Qué atrocidad!** That's
ridiculous!
[7] **Sagradas Letras** Holy Scripture
[8] **apetecer** to long for
[9] **¿Qué le pasará?** I wonder what
can be the matter with ...

[10] **como despavorida** like someone
terrified
[11] **mujer de Dios** my good woman
[12] **Acaso no fuera peor** Perhaps it
might not be worse; i.e., madness
could not be worse than my father's
death (whom she is on her way to
see)

Don Pedro: (*A* Don Juan.) Lo dicho, loca.   45

Don Juan: (*Deteniéndola.*) Pero ¿qué le pasa, buena mujer?

María: (*Vendada ya.*) Déme ahora el bastón, y dispénsenme.

Don Juan: Pero antes explíquese ...

María: (*Tomando el bastón.*) Dejémonos[13] de explicaciones, que
se muere mi padre. Adiós. Dispénsenme. (*Lo toma.*) Mi pobre   50
padre se está muriendo y quiero verle; quiero verle antes que
se muera. ¡Pobre padre! ¡Probe padre! (*Toca con el bastón en los
muros de las casas y parte.*)

Don Pedro: (*Adelantándose.*[14]) Hay que detenerla; se va a
matar. ¿Dónde irá así?   55

Don Juan: (*Deteniéndole.*) Esperemos a ver. Mira qué segura va,
con qué paso tan firme. ¡Extraña locura! ...

Don Pedro: Pero si es que está loca ...

Don Juan: Aunque así sea. ¿Piensas con[15] detenerla, curarla?
¡Déjala!   60

Don Pedro: (*A la* Señora Eugenia, *que pasa.*) Loca, ¿no es
verdad?

Señora Eugenia: ¿Loca? No, ciega.

Don Pedro: ¿Ciega?

Señora Eugenia: Ciega, sí. Recorre así, con su bastón, la   65
ciudad toda y jamás se pierde. Conoce sus callejas y rincones
todos. Se casó hará cosa de un año,[16] y casi todos los días va a
ver a su padre, que vive en un barrio de las afueras. Pero ¿es
que ustedes no son de la ciudad?

Don Juan: No, señora; somos forasteros.[17]   70

Señora Eugenia: Bien se conoce.

Don Juan: Pero diga, buena mujer, si es ciega, ¿para qué se
venda así los ojos?

Señora Eugenia: (*Encogiéndose*[18] *de hombros.*) Pues si he de de-
cirles a ustedes la verdad, no lo sé. Es la primera vez que le[19]   75
veo hacerlo. Acaso la luz le ofenda ...

---

[13] **dejarse de**   to put aside
[14] **adelantarse**   to move ahead
[15] **Piensas con**   Do you think you
can
[16] **hará cosa de un año**   it must be
about a year ago

[17] **forastero**   outsider, stranger
[18] **encoger de hombros**   to shrug
[19] **le**   her (Compare the next
sentence.)

DON JUAN: ¿Si no ve, cómo va a dañarle la luz?
DON PEDRO: Puede la luz dañar a los ciegos...
DON JUAN: ¡Más nos daña a los que vemos!

La CRIADA, *saliendo de la casa y dirigiéndose a la* SEÑORA EUGENIA.   80

CRIADA: ¿Ha visto a mi señorita,[20] señora Eugenia?
SEÑORA EUGENIA: Sí; por allá abajo[21] va. Debe de estar ya en la calle del Crucero.
CRIADA: ¡Qué compromiso,[22] Dios mío, qué compromiso!
DON PEDRO: (*A la* CRIADA.) Pero dime, muchacha: ¿tu señora   85 está ciega?
CRIADA: No, señor; lo estaba.
DON PEDRO: ¿Cómo que[23] lo estaba?
CRIADA: Sí; ahora ve ya.
SEÑORA EUGENIA: ¿Que ve?...¿Cómo..., cómo es eso? ¿Qué es   90 eso de[24] que ve ahora? Cuenta, cuenta.
CRIADA: Sí, ve.
DON JUAN: A ver,[25] a ver eso.
CRIADA: Mi señorita era ciega, ciega de nacimiento, cuando se casó con mi amo, hará cosa de un año; pero hace cosa de un   95 mes vino un médico que dijo podía dársele la vista, y le operó y le hizo ver. Y ahora ve.
SEÑORA EUGENIA: Pues nada de eso sabía yo...
CRIADA: Y está aprendiendo a ver y conocer las cosas. Las toca cerrando los ojos y después los abre y vuelve a tocarlas y las   100 mira. Le mandó el médico que no saliera a la calle hasta conocer bien la casa y lo de[26] la casa, y que no saliera sola, claro está. Y ahora ha venido no sé quién a decirle que su padre está muy malo, muy malo, muriéndose, y se empeñaba[27] en ir a verle. Quería que le acompañase yo, y es   105

[20] **señorita**   mistress (Servants use the diminutive form of **señor** and **señora** to refer to master and mistress.)
[21] **por allá abajo**   down that way
[22] **compromiso**   situation
[23] **¿Cómo que...?**   What do you mean?
[24] **eso de**   this business of (her seeing now)
[25] **A ver**   Let's see; (here) tell us
[26] **lo de**   everything in
[27] **empeñarse en**   to insist on

natural, me he negado[28] a ello. He querido impedírselo[29] pero se me ha escapado. ¡Vaya un compromiso![22]

DON JUAN: (*A DON PEDRO.*)   Mira, mira lo de[30] la venda; ahora me lo explico. Se encontró en un mundo que no conocía de vista. Para ir a su padre no sabía otro camino que   110
el de las tinieblas. ¡Qué razón tenía al decir que se vendaba los ojos para mejor ver su camino! Y ahora volvamos a lo de la ilusión y la verdad pura, a lo de la razón y la fe. (*Se van.*)

DON PEDRO: (*Al irse.*)   A pesar de todo, Juan, a pesar de todo... (*No se les oye.*)   115

SEÑORA EUGENIA: Qué cosas tan raras dicen estos señores, y dime: ¿y qué va a pasar?

CRIADA: ¡Yo qué sé! A mí me dejó encargado[31] el amo, cuando salió a ver al abuelo—me parece que de ésta[32] se muere— que no se le dijese a ella nada, y no sé por quién lo ha   120
sabido ...

SEÑORA EUGENIA: ¿Conque dices que ve ya?

CRIADA: Sí; ya ve.

SEÑORA EUGENIA: ¡Quién lo diría, mujer, quién lo diría, después que una la ha conocido así toda la vida, cieguecita[33] la   125
probre! ¡Bendito sea Dios! Lo que somos, mujer, lo que somos. Nadie puede decir "de esta agua no beberé."* Pero dime: ¿así que[34] cobró vista, qué fue lo primero que hizo?

CRIADA: Lo primero, luego que[34] se le pasó el primer mareo, pedir un espejo.   130

SEÑORA EUGENIA: Es natural ...

CRIADA: Y estando mirándose en el espejo, como una boba,[35] sintió rebullir[36] al niño, y tirando el espejo se volvió a él, a verlo, a tocarlo ...

SEÑORA EUGENIA: Sí; me han dicho que tiene ya un hijo ...   135

---

[28] **negarse a**   to refuse
[29] **impedírselo**   to stop her
[30] **lo de**   like **eso de,** this matter of, this business of
[31] **me dejó encargado**   made me promise (**que no se le dijese a ella nada,** below) that nothing be told to her.
[32] **de ésta**   this time
[33] **cieguecita**   diminutive of **ciega** (the poor) dear blind woman
[34] **así que** and **luego que**   as soon as
[35] **boba**   simpleton
[36] **rebullir**   to stir

* Proverb: However foul it be, never say, "of this water I will not drink."

CRIADA: Y hermosísimo...¡Qué rico![37] Fue apenas se repuso del parto[38] cuando le dieron vista. Y hay que verla con el niño. ¡Qué cosa hizo cuando le vio primero! Se quedó mirándole mucho, mucho, mucho tiempo y se echó a llorar. "¿Es esto mi hijo?", decía. "¿Esto?" Y cuando le da de 140 mamar[39] le toca y cierra los ojos para tocarle, y luego los abre y le mira y le besa y le mira a los ojos para ver si le ve, y le dice: "¿Me ves, ángel? ¿Me ves, cielo?" Y así...

SEÑORA EUGENIA: ¡Pobrecilla! Bien merece la vista. Sí bien la merece, cuando hay por ahí tantas pendengonas[40] que nada 145 se perdería aunque ellas no viesen ni las viese nadie.[41] Tan buena, tan guapa...¡Bendito sea Dios!

CRIADA: Sí, como buena, no puede ser mejor...

SEÑORA EUGENIA: ¡Dios se la conserve! ¿Y no ha visto aún a su padre? 150

CRIADA: ¿Al abuelo? ¡Ella no! Al que lo ha llevado a que lo vea es al niño.[42] Y cuando volvió le llenó de besos, y le decía: "¡Tú, tú le has visto, y yo no! ¡Yo no he visto nunca a mi padre!"

SEÑORA EUGENIA: ¡Qué cosas pasan en el mundo!... ¿Qué le 155 vamos a hacer, hija?... Dejarlo.

CRIADA: Sí, así es. Pero ahora ¿qué hago yo?

SEÑORA EUGENIA: Pues dejarlo.

CRIADA: Es verdad.

SEÑORA EUGENIA: ¡Qué mundo, hija, qué mundo! 160

Cuadro Segundo

Interior de casa de familia clase media.

EL PADRE: Esto se acaba. Siento que la vida se me va por momentos. He vivido bastante y poca guerra[43] os daré ya.

---

[37] **¡Qué rico!** How precious!
[38] **Fue apenas...parto** She had scarcely recovered from childbirth
[39] **le da de mamar** she nurses him
[40] **pendengona** busybody
[41] **aunque ellas...nadie** even if they could not see or if nobody saw them
[42] **Al que...niño** the one who was taken to see him is the child
[43] **guerra** trouble; **dar guerra** to annoy, to be troublesome

MARTA: ¿Quién habla de dar guerras, padre? No diga esas
cosas; cualquiera creería ...   165

EL PADRE: Ahora estoy bien; pero cuando menos lo espere
volverá el ahogo[44] y en una de éstas ...[45]

MARTA: Dios aprieta, pero no ahoga, padre.

EL PADRE: ¡Así dicen!... Pero ésos son dichos, hija. Los hombres se pasan la vida inventando dichos. Pero muero tran-   170
quilo, porque os veo a vosotras, a mis hijas, amparadas[46] ya
en la vida. Y Dios ha oído mis ruegos y me ha concedido que
mi María, cuya ceguera fue la constante espina[47] de mi
corazón, cobre la vista antes de yo morirme. Ahora puedo
morir en paz.   175

MARTA: (*Llevándole una taza de caldo.[48]*) Vamos, padre, tome, que
hoy está muy débil; tome.

EL PADRE: No se cura con caldos mi debilidad, Marta. Es
incurable. Pero trae, te daré gusto. (*Toma el caldo.*) Todo esto
es inútil ya.   180

MARTA: ¿Inútil? No tal.[49] Esas son aprensiones, padre, nada
más que aprensiones. No es sino debilidad. El médico dice
que se ha iniciado una franca[50] mejoría.

EL PADRE: Sí, es la frase consagrada.[51] ¿El médico? El médico y
tú, Marta, no hacéis sino tratar de engañarme. Sí, sí, ya sé   185
que es con buena intención, por piedad, hija, por piedad;
pero ochenta años resisten a todo engaño.

MARTA: ¿Ochenta? ¡Bah! ¡Hay quien vive ciento!

EL PADRE: Sí, y quien se muere de veinte.

MARTA: ¿Quién habla de morirse, padre?   190

EL PADRE: Yo, hija; yo hablo de morirme.

MARTA: Hay que ser razonable ...

EL PADRE: Sí, te entiendo, Marta. Y dime: tu marido, ¿dónde
anda tu marido?

MARTA: Hoy le tocan trabajos de campo. Salió muy de mañana.   195

EL PADRE: ¿Y volverá hoy?

MARTA: ¿Hoy? ¡Lo dudo! Tiene mucho que hacer, tarea[52] para
unos días.

---

[44] **ahogo** suffocation, shortness of
breath
[45] **éstas** i.e., times or occasions
[46] **amparar** to protect, to shelter
[47] **espina** thorn

[48] **caldo** broth
[49] **No tal** No, not at all.
[50] **franca** clear, evident
[51] **consagrada** sacred, time-honored
[52] **tarea** job, work

EL PADRE: ¿Y si no vuelvo a verle?

MARTA: ¿Pues no ha de volver a verle, padre?   200

EL PADRE: ¿Y si no vuelvo a verle? Digo ...

MARTA: ¿Qué le vamos a hacer? ... Está ganándose nuestro pan.

EL PADRE: Y no puedes decir el pan de nuestros hijos, Marta.

MARTA: ¿Es un reproche, padre?

EL PADRE: ¿Un reproche? No ..., no ..., no ...   205

MARTA: Sí; con frecuencia habla de un modo que parece como si
me inculpara[53] nuestra falta de hijos ... Y acaso debería
regocijarse[54] por ello ...

EL PADRE: ¿Regocijarme? ¿Por qué, por qué, Marta? ...

MARTA: Porque así puedo yo atenderle mejor.   210

EL PADRE: Vamos sí, que yo, tu padre, hago para ti las veces
de[55] hijo ... Claro, estoy en la segunda infancia ..., cada vez
más niño ...; pronto voy a desnacer ...[56]

MARTA: (*Dándole un beso.*) Vamos, padre, déjese de esas
cosas ...   215

EL PADRE: Sí, mis cosas, las que me dieron fama de raro ... Tú
siempre tan razonable, tan juiciosa,[57] Marta. No creas que
me molestan tus reprimendas ...

MARTA: ¿Reprimendas, yo? ¡Y a Ud., padre?

EL PADRE: Sí, Marta, sí; aunque con respeto, me tratas como a   220
un chiquillo antojadizo.[58] Es natural ... (*Aparte.*) Lo mismo
hice con mi padre yo. Mira: que Dios os dé ventura, y si ha de
seros para bien, que os dé también hijos. Siento morirme sin
haber conocido un nieto que me venga de ti.

MARTA: Ahí está el de mi hermana María.   225

EL PADRE: ¡Hijo mío! ¡Qué encanto de chiquillo! ¡Qué flor de
carne![59] ¡Tiene los ojos mismos de su madre ..., los mismos!
Pero el niño ve, ¿no es verdad, Marta? El niño ve ...

MARTA: Sí, ve ...; parece que ve ...

---

[53] **inculpar**   to blame

[54] **regocijarse**   to rejoice; **acaso
debería regocijarse por
ello**   And perhaps you are even
glad about it.

[55] **hacer las veces de**   to serve as, to
substitute

[56] **desnacer**   to get or become
unborn. (This kind of antithetical
word coining is characteristic of
Unamuno.)

[57] **juiciosa**   wise, judicious

[58] **antojadizo**   capricious

[59] **¡Qué flor de carne!**   What
smooth skin!

EL PADRE: Parece ...   230
MARTA: Es tan pequeñito, aún ...
EL PADRE: ¡Y ve ella, ve ya ella, ve mi María! ¡Gracias, Dios
    mío, gracias! Ve mi María ... Cuando yo ya había perdido
    toda esperanza ... No debe desesperarse nunca, nunca ...
MARTA: Y progresa de día en día. Maravillas hace hoy la   235
    ciencia ...
EL PADRE: ¡Milagro eterno es la obra de Dios!
MARTA: Ella está deseando venir a verle, pero ...
EL PADRE: Pues yo quiero que venga, que venga en seguida, en
    seguida, que la vea yo, que me vea ella, y que le[60] vea como   240
    me ve. Quiero tener antes de morirme el consuelo de que mi
    hija ciega me vea por primera, tal vez por última vez ...
MARTA: Pero, padre, eso no puede ser ahora. Ya la verá usted
    y le verá ella cuando se ponga mejor ...
EL PADRE: ¿Quién? ¿Yo? ¿Cuando me ponga yo mejor?   245
MARTA: Sí, y cuando ella pueda salir de casa.
EL PADRE: ¿Es que no puede salir ahora?
MARTA: No, todavía no; se lo ha prohibido el médico.
EL PADRE: El médico ..., el médico ..., siempre el médico ...
    Pues yo quiero que venga. Ya que he visto, aunque sólo sea   250
    un momento, a su hijo, a mi nietecillo, quiero antes de morir
    ver que ella me ve con sus hermosos ojos ... (*Entra* JOSÉ.)
EL PADRE: Hola, José, ¿tu mujer?
JOSÉ: María, padre, no puede venir. Ya se la traeré cuando
    pasen unos días.   255
EL PADRE: Es que cuando pasen unos días habré yo ya pasado.
MARTA: No le hagas caso; ahora le ha entrado la manía de que
    tiene que morirse.
EL PADRE: ¿Manía?
JOSÉ: (*Tomándole el pulso.*) Hoy está mejor el pulso, parece.   260
MARTA: (*A* JOSÉ, *aparte.*) Así; hay que engañarle.
JOSÉ: Sí, que se muera sin saberlo.
MARTA: Lo cual no es morir.
EL PADRE: ¿Y el niño, José?
JOSÉ: Bien, muy bien, viviendo.   265

---

[60] **le** her

EL PADRE: ¡Pobrecillo! Y ella loca de contenta con eso de ver a
su hijo ...

JOSÉ: Figúrese, padre.

EL PADRE: Tenéis que traérmelo otra vez, pero pronto, muy
pronto. Quiero volver a verle. Como que me rejuvenece. Si le   270
viese aquí, en mis brazos, tal vez todavía resistiese[61] para
algún tiempo más.

JOSÉ: Pero no puede separársele mucho tiempo de su madre.

EL PADRE: Pues que me le traiga ella.

JOSÉ: ¿Ella?   275

EL PADRE: Ella, sí; que venga con el niño. Quiero verla con el
niño y con vista y que me vean los dos ...

JOSÉ: Pero es que ella ...

EL PADRE *sufre un ahogo.*

JOSÉ: (*A* MARTA.) ¿Cómo va?   280

MARTA: Mal, muy mal. Cosas del corazón ...

JOSÉ: Sí, muere por lo que ha vivido; muere de haber vivido.[62]

MARTA: Está, como ves, a ratos tal cual.[63] Estos ahogos se le
pasan pronto, y luego está tranquilo, sosegado, habla bien,
discurre bien ... El médico dice que cuando menos lo pense-   285
mos se nos quedará muerto, y que sobre todo hay que evitarle
las emociones fuertes. Por eso creo que no debe venir tu
mujer; sería matarle ...

JOSÉ: ¡Claro está!

EL PADRE: Pues, sí, yo quiero que venga.   290

Entra MARÍA *vendada.*

JOSÉ: Pero mujer, ¿qué es esto?

MARTA: (*Intentando detenerla.*) ¿Te has vuelto loca, hermana?

MARÍA: Déjame, Marta.

MARTA: Pero ¿a qué vienes?   295

---

[61] **resistiese**   More common as a
substitute for the conditional tense
is the subjunctive in **-ra.**

[62] **Sí, muere ... vivido**   another
typical example of Unamuno's style

[63] **a ratos tal cual**   from time to time
like this

MARÍA: ¿A qué? ¿Y me lo preguntas, tú, tú, Marta? A ver al padre antes que se muera ...

MARTA: ¿Morirse?

MARÍA: Sí; sé que se está muriendo. No trates de engañarme.

MARTA: ¿Engañarte yo?   300

MARÍA: Sí, tú. No temo a la verdad.

MARTA: Pero no es por ti, es por él, por nuestro padre. Esto puede precipitarle su fin ...

MARÍA: Ya que ha de morir, que muera conmigo.

MARTA: Pero ... ¿qué es eso? (Señalando la venda.) ¡Quítatelo! 305

MARÍA: No, no, no me la quito; dejadme. Yo sé lo que me hago.

MARTA: (Aparte.) ¡Siempre lo mismo!

EL PADRE: (Observando la presencia de MARÍA.) ¿Qué es eso? ¿Quién anda ahí? ¿Con quién hablas? ¿Es María? ¡Sí, es María! ¡María! ¡María! ¡Gracias a Dios que has venido! 310

Se adelanta MARÍA, *deja el bastón y sin desvendarse se arrodilla al pie du su padre, a quien acaricia.*

MARÍA: Padre, padre; ya me tienes[64] aquí, contigo.

EL PADRE: ¡Gracias a Dios, hija! Por fin tengo el consuelo de verte antes de morirme. Porque yo me muero ...   315

MARÍA: No, todavía no, que estoy yo aquí.

EL PADRE: Sí, me muero.

MARÍA: No; tú no puedes morirte, padre.

EL PADRE: Todo nacido muere ...

MARIA: ¡No, tú no! Tú ...   320

EL PADRE: ¿Qué? ¿Que no nací? No me viste tú nacer, de cierto, hija. Pero nací ... y muero ...

MARÍA: ¡Pues yo no quiero que te mueras, padre!

MARTA: No digáis bobadas. (A JOSÉ.) No se debe hablar de la muerte, y menos a moribundos.   325

JOSÉ: Sí, con el silencio de la conjura.[65]

EL PADRE: (A MARÍA,) Acércate, hija, que no te veo bien; quiero que me veas antes de yo morirme, quiero tener el consuelo de

---

[64] **tienes** Note that María uses **tú** with her father, unlike Marta, who uses **Ud.**

[65] **conjura** conspiracy

morir después de haber visto que tus hermosos ojos me vieron. Pero, ¿qué es eso? ¿Qué es eso que tienes, ahí, María? 330

MARÍA: Ha sido para ver el camino.

EL PADRE: ¿Para ver el camino?

MARÍA: Sí; no lo conocía.

EL PADRE: (*Recapacitando.*[66]) Es verdad; pero ahora que has llegado a mí, quítatelo. Quítate eso. Quiero verte los ojos; 335 quiero que me veas; quiero que me conozcas ...

MARÍA: ¿Conocerte? Te conozco bien, muy bien, padre. (*Acariciándole.*) Éste es mi padre, éste, éste y no otro. Éste es el que sembró[67] de besos mis ojos ciegos, besos que al fin, gracias a Dios, han florecido; el que me enseñó a ver lo invisible y me 340 llenó de Dios el alma. (*Le besa en los ojos.*) Tú viste por mí, padre, y mejor que yo. Tus ojos fueron míos. (Besándole en la mano.) Esta mano, esta santa mano, me guió por los caminos de tinieblas de mi vida. (*Besándole en la boca.*) De esta boca partieron[68] a mi corazón las palabras que enseñan lo que en 345 la vida no vemos. Te conozco, padre, te conozco; te veo, te veo muy bien, te veo con el corazón. (*Le abraza.*) ¡Éste, éste es mi padre y no otro! Éste, éste, éste ...

JOSÉ: ¡María!

MARÍA: (*Volviéndose.*) ¿Qué? 350

MARTA: Sí, con esas cosas le estás haciendo daño. Así se le excita ...

MARÍA: ¡Bueno, dejadnos! ¿No nos dejaréis aprovechar la vida que nos resta?[69] ¿No nos dejaréis vivir?

JOSÉ: Es que eso ... 355

MARÍA: Sí, esto es vivir, eso. (*Volviéndose a su padre.*) Esto es vivir, padre, esto es vivir.

EL PADRE: Sí, esto es vivir; tienes razón, hija mía.

MARTA: (*Llevando una medicina.*) Vamos, padre, es la hora; a tomar[70] esto. Es la medicina ... 360

EL PADRE: ¿Medicina? ¿Para qué?

MARTA: Para sanarse.

---

[66] **recapacitar**   to run over in one's mind

[67] **sembrar**   to seed, to sow

[68] **partieron (a)**   came

[69] **restar**   to remain

[70] **a tomar**   let's take

EL PADRE: Mi medicina (*señalando a* MARÍA) es ésta. María, hija mía, hija de mis entrañas ...[71]

MARTA: Sí ¿y la otra?   365

EL PADRE: Tu viste siempre, Marta. No seas envidiosa.

MARTA: (*Aparte.*) Sí, ella ha explotado su desgracia.

EL PADRE: ¿Qué rezongas[72] ahí tú, la juiciosa?

MARÍA: No la reprendas,[73] padre. Marta es muy buena. Sin ella, ¿qué hubiéramos hecho nosotros? ¿Vivir de besos? Ven,   370 hermana, ven. (MARTA *se acerca, y las dos hermanas se abrazan y besan.*) Tú, Marta, naciste con vista; has gozado siempre de la luz. Pero déjame a mí, que no tuve otro consuelo que las caricias de mi padre.

MARTA: Sí, sí, es verdad.   375

MARÍA: ¿Lo ves, Marta, lo ves? Si tú tienes que comprenderlo ... (*La acaricia.*)

MARTA: Sí, sí; pero ...

MARÍA: Deja los peros,[74] hermana. Tú eres la de los peros ... ¿Y qué tal? ¿Cómo va padre?   380

MARTA: Acabando ...

MARÍA: Pero ...

MARTA: No hay pero que valga.[75] Se le va la vida por momentos ...

MARÍA: Pero con la alegría de mi curación, con la de ver al nieto.   385 Yo creo ...

MARTA: Tú siempre tan crédula y confiada, María. Pero no, se muere, y acaso sea mejor. Porque esto no es vida. Sufre y nos hace sufrir a todos. Sea lo que haya de ser, pero que no sufra ...   390

MARÍA: Tú siempre tan razonable, Marta.

MARTA: Vaya, hermana, conformémonos[76] con lo inevitable. (*Abrázanse.*) Pero quítate eso,[77] por Dios. (*Intenta quitárselo.*)

MARÍA: No, no, déjamela ...[78] Conformémonos, hermana.

---

[71] **entrañas** heart
[72] **rezongar** to grumble, to mutter
[73] **reprender** to scold, to reproach
[74] **Deja los peros** No but's about it
[75] **No hay pero que valga** no but about it

[76] **conformarse (con)** to resign oneself (to)
[77] **eso** i.e., the handkerchief over her eyes
[78] **déjamela** la refers to **la venda**

MARTA: (*A* JOSÉ.) Así acaban siempre estas trifulcas[79] entre 395
nosotras.

JOSÉ: Para volver a empezar.

MARTA: ¡Es claro! Es nuestra manera de querernos ...

EL PADRE: (*Llamando.*) María, ven. ¡Y quítate esa venda,
quítatela! ¿Por qué te la has puesto? ¿Es que la luz te daña? 400

MARÍA: Ya te he dicho que fue para ver el camino al venir a
verte.

EL PADRE: Quítatela; quiero que me veas a mí, que no soy el
camino.

MARÍA: Es que te veo. Mi padre es éste y no otro. (EL PADRE 405
intenta quitársela y ella le retiene las manos.) No, no; así, así.

EL PADRE: Por lo menos que te vea los ojos, esos hermosos ojos
que nadaban en tinieblas, esos ojos en los que tantas veces me
vi mientras tú no me veías con ellos. Cuántas veces me quedé
extasiado contemplándotelos, mirándome dolorosamente[80] 410
en ellos y diciendo: "¿Para qué tan hermosos si no ven?"

MARÍA: Para que tú, padre, te vieras en ellos; para ser tu espejo,
un espejo vivo.

EL PADRE: ¡Hija mía! ¡Hija mía! Más de una vez mirando así yo
tus ojos sin vista, cayeron a[81] ellos desde los míos lágrimas de 415
dolorosa resignación ...

MARÍA: Y yo las lloré luego, tus lágrimas, padre.

EL PADRE: Por esas lágrimas, hija, por esas lágrimas, mírame
ahora con tus ojos; quiero que me veas ...

MARÍA: (*Arrodillada al pie de su padre.*) Pero sí te veo, padre, sí te 420
veo ...

CRIADA: (*Desde dentro, llamando.*) ¡Señorito!

JOSÉ: (*Yendo a su encuentro.*[82]) ¿Qué hay?

CRIADA: (*Entra llevando al niño.*) Suponiendo que no volverían y
como empezó a llorar, lo he traído; pero ahora está dor- 425
mido ...

JOSE: Mejor; déjalo; llévalo.

MARÍA: (*Reparando.*) ¡Ah! ¡Es el niño! Tráelo, José.

EL PADRE: ¿El niño? ¡Sí, traédmelo!

MARTA: ¿Pero, por Dios! ... 430

---

[79] **trifulca** squabble, row

[80] **dolorosamente** sorrowfully

[81] **a** on

[82] **Yendo a su encuentro** going
over to (meet) her

La CRIADA *trae al niño; lo toma* MARÍA, *lo besa y se lo pone delante al abuelo.*

MARIA: Aquí lo tienes, padre. (*Se lo pone en el regazo.*[83])
EL PADRE: ¡Hijo mío! Mira cómo sonríe en sueños. Dicen que es[84] que está conversando con los ángeles ... ¿Y ve, María,   435
ve?
MARÍA: Ve sí, padre, ve.
EL PADRE: Y tiene tus ojos, tus mismos ojos ... A ver, a ver, que
los abra ...
MARÍA: No, padre, no; déjale que duerma. No se debe despertar   440
a los niños cuando duermen. Ahora está en el cielo. Está
mejor dormido.
EL PADRE: Pero tú ábrelos ..., quítate eso ..., mírame ...;
quiero que me veas y que te veas aquí, ahora, quiero ver que
me ves ..., quítate eso. Tú me ves acaso, pero yo no veo que   445
me ves, y quiero ver que me ves; quítate eso ...
MARTA: ¡Bueno, basta de estas cosas! ¡Ha de ser el último![85]
¡Hay que dar ese consuelo al padre! (*Quitándole la venda.*) ¡Ahí
tienes a nuestro padre, hermana!
MARÍA: ¡Padre! (*Se queda como despavorida mirándole. Se frota los ojos,*   450
los cierra, etc. EL PADRE *lo mismo.*)
JOSÉ: (*A* MARTA.) Me parece demasiado fuerte la emoción.
Temo que su corazón no la resista.
MARTA: Fue una locura esta venida de tu mujer ...
JOSÉ: Estuviste algo brutal ...   455
MARTA: ¡Hay que ser así con ella!

EL PADRE *coge la mano de* MARTA *y se deja caer en el sillón, exánime.*[86]
MARTA *le besa en la frente y se enjuga*[87] *los ojos. Al poco rato,* MARÍA *le*
toca la otra mano, la siente fría.

MARÍA: ¡Oh, fría, fría! ... Ha muerto ... ¡Padre! ¡Padre! No me   460
oye ... ni me ve ... ¡Padre! ¡Hijo, voy,[88] no llores! ... ¡Padre!
... ¡La venda, la venda otra vez! ¡No quiero volver a ver!

---

[83] **regazo**   lap
[84] **que es**   that this means
[85] **el último**   i.e. **consuelo** or **favor**

[86] **exánime**   lifeless
[87] **enjugar**   to dry, to wipe
[88] **voy**   I'm coming

EXERCISES

Cuadro Primero

I. Cuestionario

1. ¿Sobre qué disputan don Pedro y don Juan?
2. Sustitúyanse otras dos palabras por la **verdad** y la **ilusión.**
3. ¿Qué tiene que ver el diálogo al comienzo con el resto del drama?
4. ¿Quién se acerca a los dos señores? Describa Ud. a esta persona.
5. ¿Qué les pide a los hombres?
6. ¿Qué hace ella con un pañuelo?
7. ¿A dónde va? ¿Por qué tiene tanta prisa?
8. ¿Por qué cree don Pedro que María está loca?
9. Señora Eugenia dice que María está ciega. ¿Es verdad? Explique.
10. ¿Cómo recobró María la vista?
11. Así que cobró la vista, ¿qué fue lo primero que hizo?
12. ¿A dónde va Maria? ¿Por qué?

II. Text review

Fill in the blanks in the sentences below with an appropriate word from the following list. Make any necessary changes in spelling.

camino	conocer	ciego	barrio
médico	vendar	bastón	extranjero
forastero	tapar	morir	bendito

1. María pide a los hombres un _____.
2. Estoy perdida. ¿Cuál es el _____ ?
3. Me _____ los ojos para mejor ver el camino.
4. Quiero ver a mi padre antes que se _____.
5. Su padre vive en un _____ de las afueras.
6. No soy de la ciudad: soy _____.
7. Mi señora no está _____; lo estaba.
8. Hace un mes vino un _____ que le operó y le hizo ver.

9. María está aprendiendo a ver y a _____ las cosas.
10. Bien merece la vista. ¡_____ sea Dios!

III. The future

The future tense, like **deber de** + infinitive, is used to express probability or conjecture with regard to an action in the present. Examples from Cuadro I:

¿Qué le pasará a esa mujer?   *What can the matter be with that woman?*

Se casó hará cosa de un año.   *It must be about a year ago that she got married.*

Debe de estar en la calle.   *She is probably (must be) in the street.*

The conditional tense may indicate probability or conjecture in past time:

Serían las dos cuando   *It was probably (it must have been) two
llegué.   *o'clock when I arrived.*

Tendría mala suerte.   *He must have had (probably had) bad luck.*

A. Translate:

1. Uno de los hombres será filósofo.
2. María puede ver ahora; un médico le operaría.
3. Su marido estará muy enamorado de ella.
4. Los hombres están excitados. ¿De qué hablarán?

B. Translate:

1. María must have had much faith when she was young.
2. I wonder what (which) is the way to (go to) my father's house.
3. She didn't see him because she probably lost her way.
4. She must be learning to see and to know things.

IV. Idiom review

Review the following expressions and translate the sentences below:

a pesar de   **lo de** *or* **eso de**
empeñarse en   **tener razón**

1. Why does she cover (blindfold) her eyes? She must be mad.
2. You are right, don Juan. She can find the house only with a blindfold.
3. The doctor ordered her not to go out into the street.
4. In spite of her blindness (**ceguera**), she knows the city better than I.
5. María insists on seeing her father before he dies.
6. I don't understand this business of the blindfold in order to see better.

EXERCISES

Cuadro Segundo

I. Cuestionario

1. ¿Cómo trata Marta a su padre?
2. ¿Qué piensa el padre del médico?
3. ¿Es María "tan juiciosa" como Marta?
4. ¿Tiene el viejo la misma fe en la ciencia que Marta?
5. ¿Por qué no quiere Marta que venga María a casa del padre?
6. ¿Por qué no se ha quitado María la venda?
7. ¿Qué fue el padre para María?
8. ¿Es envidiosa Marta?
9. ¿Quién le quita a María la venda?
10. ¿Es lógico que sea esta persona quien lo hace?
11. Al morirse su padre, ¿quiere María volver a ver? Explique.
12. ¿Qué personajes viven por la fe y cuáles por la razón? Explique.

II. Subjunctive review

Select the appropriate verb form. Be careful to distinguish between the indicative and the subjunctive.

1. Dios me ha concedido que María (**cobra, cobre, cobrase**) la vista.
2. Parece como si usted me (**inculpara, inculpe**) nuestra falta de hijos.

3. La verá usted cuando (**se pone, se ponga, se pondrá**) mejor.
4. No se debe despertar a los niños cuando (**duermen, duerman**).
5. El médico dice que cuando menos lo (**pensamos, pensemos, pensábamos**) se nos quedará muerto.
6. A ver al padre antes que (**se muera, se muere, morirse**).
7. Si (**está, esté, estuviese**) el niño aquí, tráemelo.
8. Quiero tener antes de (**me muera, me muere, morirme**) el consuelo de ver a mi hija.
9. Si (**viese, veía, vería**) al chiquillo aquí resistiría para algún tiempo más.
10. No toques al niño; déjale que (**dormir, duerma, duerme**).

III. Object pronouns

Substitute object pronouns for the nouns in the following sentences:

Recall that the indirect precedes the direct object pronoun, and that when two third person pronouns come together, the indirect (**le, les**) becomes se.
Example:

Dio el bastón a María.
Se lo dió (a ella).

1. Quieren quitar a María la venda.
2. No me traiga al niño.
3. Siempre digo la verdad a mis padres.
4. Déle a él el bastón.
5. Está enseñando el coche a su hijo.
6. No, padre, no me quito la venda.

IV. Idiom review

Review the following idioms, and translate the sentences below:

Hacer caso a	**¿qué hay?**
dar guerra	**muy de mañana**
volver a + *inf.*	

1. My husband left very early to work in the field **(campo).**
2. I doubt that he will return tonight; he has too much to do.
3. What's the matter? I tell you that you will see her again.
4. He says that he is going to die, but don't mind him.
5. I know that I have been troublesome to you, Marta, but it will end soon.

Carmen Riera

1948–

With some exceptions, only since the 1950s have women begun to write and publish regularly in Spain. Since the 1970s,
with the rise of feminism, more and more women have felt
the necessity to relate living experiences with which thou-
sands of women could identify themselves. One of the most
promising and talented of this younger generation of women
writers is Carmen Riera. Riera was born in Mallorca and
lives in Barcelona, where she received her degree from the
University of Barcelona and where she has been a professor of
Spanish literature since 1970. She has also been a journalist,
which may account for the framework of the selection that
follows.

Carmen Riera's spontaneous and authentic creative vitality
has already manifested itself in an ever-expanding literary
production. Three of her collections of short stories, written originally in Catalan, have been translated into Greek,
Russian, and Dutch, in addition to Spanish. One of her most
literate and subtly written stories, already anthologized in
Spain, is presented here. "El reportaje"* probes in the style of
the detective story the shocking effect of two young Americans
upon the villagers of a small Mallorcan fishing village.

---

* Reprinted from Carmen Riera, *Doce relatos de mujeres*, 2nd ed. (Barcelona,
Spain: Editorial Alianza, 1983) by permission of Carmen Riera.

El reportaje[1]

Deyá, 22 de septiembre de 1980.

Querida Hellen: Necesito que me averigües[2] si vive en
Santa Bárbara una mujer llamada María Evelyn MacDonald, de unos cuarenta años. De momento no puedo darte
más datos. Saber su paradero[3] y entrar en contacto con
ella me es absolutamente imprescindible,[4] como verás por   5
el relato que te envío. Te llamaré en cuanto pueda desde
Nueva York y te mantendré al corriente[5] de este asunto.
Por favor, no creas que me he trastornado.[6] Haz todo lo
posible por ayudarme. Pregunta, busca en la guía telefónica ... lo que puedas.   10
Un abrazo,

Stephani

Este es un pequeño pueblo de la costa norte de Mallorca. Las
casas de piedra se asoman[7] al torrente ofreciéndole sus diminutos
jardines malvas.[8] Las buganvillas[9] todavía floridas compiten con   15
las hiedras[10] en su intento de escalar paredes y muros: Sólo desde
las ventanas más altas puede verse el mar que penetra a lo lejos
la redonda cala[11] desierta. Los últimos veraneantes,[12] los más
fieles y rezagados[13] se fueron semanas atrás. Somos muy pocos
los forasteros[14] que aún permanecemos aquí, aparte de la   20

[1] special feature article
[2] **averiguar**   to find out
[3] **paradero**   whereabouts
[4] **imprescindible**   essential
[5] **mantendré al corriente**   I'll keep
you informed
[6] **me he trastornado**   I have
become mad
[7] **asomarse**   to look out
[8] **malvas**   mallows (a purple, red,
or white flower)

[9] **buganvillas**   bougainvilleas
(brilliant purple red flower)
[10] **hiedras**   ivy
[11] **cala**   cove, inlet
[12] **veraneantes**   summer vacationists
or residents
[13] **rezagados**   procrastinating
[14] **forasteros**   strangers, outsiders

exigua[15] colonia extranjera establecida en el pueblo hace muchos años. Confieso que yo también me iré en breve. El retraso[16] de mi marcha no obedece ya a ninguna causa puesto que ayer se cumplió lo que esperaba,[17] lo único que me tenía aquí. Y sin embargo siento marcharme. Pero no tengo otra posibilidad. 25 Debo salir de aquí cuanto antes.

Nunca se me hubiera ocurrido imaginar durante los días que siguieron a mi llegada que pasaría aquí todo el verano afanándome[18] únicamente en la búsqueda de noticias para realizar un reportaje. Lo cierto es que el asunto me desbordó.[19] 30 Desde el principio la hostilidad de los nativos frente al tema me pareció anormal. Los habitantes de estas tierras están acostumbrados al trato con extranjeros y son por naturaleza amables y hospitalarios. ¿Por qué se obstinaban en guardar silencio? Ni siquiera mis ofrecimientos monetarios fueron capaces de refres- 35 carles la memoria.... Los más jóvenes se excusaban diciendo que nunca oyeron hablar del caso y los más viejos, aquellos que pudieron conocer de cerca los hechos o más aún incluso vivirlos, se negaban a hacer declaraciones.

De Anaïs Nin[20] tampoco se acordaba nadie. "Pasan por aquí 40 tantos artistas.... Ud. comprenderá.... estamos acostumbrados a ver a tanta gente.... caras nuevas...." Gracias a la mujer de Robert Graves[21] pude averiguar dónde vivió la escritora. Una casita en el "Clot," con un pequeño jardín, como todas. Su actual propietaria, una muchacha negra que pasa los veranos 45 aquí, me dejó visitarla encantada y se alegró mucho de conocer la noticia, pues ignoraba[22] que la Nin hubiera residido en Deyá y menos aun en su casa....

Naturalmente la casa no guardaba ni una huella[23] de la estancia[24] de la escritora, sin embargo le hice algunas fotos para 50 ilustrar mi reportaje que seguía aún en punto muerto.[25]

---

[15] **exigua**   meager, scarce
[16] **retraso**   delay
[17] **se cumplió...esperaba**   what I hoped to do was accomplished
[18] **afanándome**   struggling, "knocking myself out"
[19] **me desbordó**   overwhelmed me
[20] **Anaïs Nin**   American diarist, novelist, and critic (1903–1977)

[21] **Robert Graves**   Famous, prolific British poet, novelist, critic, and translator (1895–1985) who resided in Mallorca for many years.
[22] **ignorar**   not to know
[23] **huella**   trace
[24] **estancia**   stay, sojourn
[25] **en punto muerto**   at a dead end

En el fondo estaba muy desanimada,[26] me daba cuenta de que había empezado mal, no sacaba nada en claro; lo mejor que podía hacer era olvidar mi compromiso[27] con Partner* y con el número extraordinario que su revista publicaba en homenaje[28] a 55 Anaïs Nin y dedicarme a tomar el sol. Al fin y al cabo la culpa era mía. Nunca se debe creer al pie de la letra[29] la afirmación de un escritor cuando dice que la historia que va a narrarnos la escuchó de labios ajenos[30].... Pero en el caso de la Nin me costaba trabajo no tomarla en serio: "Estaba yo pasando el 60 verano en Mallorca, en Deyá.... Los pescadores me contaron una extraña historia...." Estas dos frases, con las que inicia[31] su relato *Mallorca*, se me antojaban suficientemente fiables.[32] La extraña historia debió suceder, sin duda, hacia los años cuarenta cuando la Nin estuvo aquí. ¿Por qué si entonces la contaban 65 ahora no querían mencionarla? ¿Tan vergonzoso[33] les parecía que una muchacha nativa tuviera relaciones con un extranjero e hiciera el amor en la playa? ¿Les resultaba más afrentoso[34] ahora que entonces? Era absurdo creer semejante cosa. ¿Por qué entonces se negaban a hablar? Gisele, mi amiga negra, me 70 sugirió que tal vez todos me estaban diciendo la verdad ... desconocían la historia porque nunca ocurrió.

Escribí a Partner. Anaïs Nin utilizó sólo su imaginación. Fue un error suponer lo contrario. El relato *Mallorca* figura entre las páginas de su libro *Delta de Venus*, colección de cuentos escritos 75 por encargo.[35] Sentía muchísimo haberme equivocado. Le propuse, a cambio, escribir un largo artículo sobre Graves y su mundo.... Partner me telegrafió desde Nueva York. Quería algo sobre la Nin y pronto. Releí sus *Diarios* a la búsqueda de cualquier dato que pudiera orientarme.... ¿Cómo manipulaba 80

---

[26] **desanimada** (I was very) discouraged
[27] **compromiso** commitment
[28] **en homenaje a** in honor of
[29] **al pie de la letra** literally
[30] **labios ajenos** someone else's lips
[31] **inicia** she begins
[32] **se me antojaban ... fiables** impressed me as being reliable enough

[33] **vergonzoso** shameful, embarrassing
[34] **Les resultaba más afrentoso** Did it seem more offensive
[35] **por encargo** on assignment

* Partner is the surname of the editor of the narrator's magazine.

La Nin la realidad? ¿Qué concepto tenía de la verdad?..."
Subrayé[36] algunos párrafos de sus voluminosas confesiones y por
fin me quedé con una afirmación lapidaria:[37] "Lo que mata la
vida es la ausencia de misterio." Comencé a darle vueltas.[38]
Partner me había pedido un reportaje, algo ligero, y yo   85
pretendía[39] enviarle un pequeño ensayo, demasiado esotérico
para el público a quien iba destinada la revista. Se lo mandé por
correo urgente.[40] Volvió a ponerme un telegrama: "Tómate el
tiempo necesario, retrasamos publicación. Averigua qué ocurrió
con la historia. Tienes la clave:[41] hay un misterio."   90
    Insistí de nuevo en mis pesquisas[42] pero cambié de táctica.
No mencioné para nada a la Nin, ni volví a preguntar si aún
vivían la hija del pescador y el joven americano, ni si era verdad
que en su juventud hacían el amor en público a la luz de la luna.
Me limité a averiguar si había en el pueblo algunas parejas   95
formadas por extranjero y mallorquina o al revés, si era algo
usual, si se veía con buenos ojos.[43] Me contestaron que no, que se
daban muy pocos casos, ya que las relaciones acababan siempre
de modo dramático .... las costumbres son diferentes, la forma
de vida, el temperamento ... Ninguna de esas conclusiones me   100
pareció suficientemente válida, ni siquiera explícita. Protesté,
pedí más detalles. Una mujeruca[44] que me había alquilado una
habitación me confesó que cada vez que se llevaba a cabo[45] una
unión de esta clase sucedía alguna desgracia en el pueblo....
    —¿Como qué?   105
    —Desgracias... Se hunde[46] una casa, se cae un muro, el
temporal arrasa las huertas.[47]
    —Puede ser casual.
    —No lo crea, es un castigo.
    —¿Por qué?   110
    —Arriba, no les gusta que se hagan así las cosas....

[36] **subrayar**   to underline
[37] **lapidaria**   unalterable
[38] **darle vueltas**   to mull it over
[39] **pretendía**   was endeavoring
[40] **correo urgente**   express mail
[41] **clave**   key, clue
[42] **Insistí...pesquisas**   I pursued
my investigation again

[43] **si se veía...ojos**   whether it was
approved
[44] **mujeruca**   little old lady
[45] **se llevaba a cabo**   (a union of this
kind) was realized
[46] **hundir**   to sink, to destroy
[47] **el temporal...huertas**   a storm
demolishes the vegetable garden

—¿Desde cuándo ocurre?

—Desde que ellos murieron.

—¿Quiénes?

—Estos por los que Ud. se interesa.... Pero no le diré nada 115
más.

Todos mis intentos fueron vanos. Supliqué, ofrecí, prometí
guardar el secreto. Inútil, no pude sacarle una palabra más.
Durante los días que siguieron a nuestra conversación se mostró
esquiva,[48] procuraba no verme, tener el menor trato conmigo. 120
Gisele me felicitó en cuanto se lo conté. "Tienes una pista[49] y
muy válida, un punto de partida." La idea fue suya: Bajé a
Palma y consulté en la pequeña hemeroteca[50] los periódicos del
verano del 41. Anaïs había estado en Deyá aquellos meses. No
encontré nada de interés. Luego los del 42... En el ejemplar[51] del 125
Correo de 21 septiembre de 1942 aparecía una breve noticia:
Habían sido encontrados tres cadáveres flotando en las aguas de
la cala de Deyá. Se trataba de los cuerpos de dos mujeres, María
Sarrió Companys, hija de pescadores del pueblo, y Evelyn
MacDonald, súbdita[52] norteamericana, y el de un hombre, 130
George MacDonald, hermano de Evelyn. Al parecer un golpe de
mar les arrebató[53] de las rocas por donde paseaban. Nadie
contempló el desgraciado accidente ni, por tanto, pudo prestarles
auxilio.[54]

Volví a Deyá con una fotocopia del periódico. La comenté 135
con Gisele. Sin duda Anaïs Nin había utilizado parte de la
historia, hablaba sólo del amor entre María y el hermano de
Evelyn y no decía nada de sus trágicas muertes.... La Nin
escribió antes de que éstas ocurrieran.... ¿Qué pasó en realidad? ¿Por qué tanto misterio alrededor de un accidente tan 140
estúpido como cruel? "Seguro que hay algo más," insistió Gisele,
"seguro."

Me costó trabajo hacerle leer el documento a mi casera[55] Sin
gafas no veía bien y desde hacía meses las había perdido.
Tampoco quería que yo se lo leyera y menos en voz alta. Por fin, 145

---

[48] **esquiva**   aloof
[49] **pista**   clue
[50] **hemeroteca**   periodicals and
newspaper library
[51] **ejemplar**   copy, issue

[52] **súbdita**   subject (citizen)
[53] **arrebatar**   to snatch; to carry off
[54] **prestarles auxilio**   to lend them
aid
[55] **casera**   landlady

tras mucho insistir, lo pasó ante sus ojos miopes.[56] La barbilla[57]
comenzó a temblarle y rompió a llorar:

—Son ellos. Déjelos. Están muertos, sí, pero si les llama
volverán otra vez y será horrible. Volverán y no la dejarán
dormir. Ninguno de nosotros volverá a dormir nunca más. 150

—¿Por qué? Cuénteme, por favor ... deje de llorar....

—Murieron a causa de sus terribles pecados. Fue un castigo
de arriba, no hay duda. La embrujaron,[58] señorita, embrujaron a
María.... No puedo decirle más, no puedo. Si hablo volverán.... Hacían el amor en la playa los tres, desnudos y juntos. 155
¿Comprende? Sin importarles si alguien les miraba, del modo
más obsceno. Nunca en el pueblo había ocurrido una cosa
así.... Ellos, los dos extranjeros, fueron los culpables. Habían
llegado a Deyá huyendo de la guerra, decían, a finales del año
treinta y nueve. Alquilaron una casa a las afueras del pueblo. 160
Escribían a máquina, como usted. Nosotros creíamos que estaban casados. Solían abrazarse en público, sin ningún respeto para
con[59] nosotros. El señor cura les amonestó una vez y fue peor.
Desde entonces solían bañarse desnudos en la cala, una costumbre atroz, que por desgracia se puso de moda en esta costa, hace 165
más de cuarenta años.... Un atardecer María paseaba por las
rocas de la cala, era mi amiga, ¿sabe usted?, teníamos la misma
edad. Evelyn la llamó desde el agua. María se quitó el vestido y
en enaguas[60] se echó al mar. Nadó hasta acercarse a Evelyn. La
ropa dificultaba sus movimientos. Evelyn la arrastró hasta el 170
embarcadero[61] y allí la desnudó. Nadaron de nuevo hasta la
orilla, tendidas[62] en la arena descansaron a la luz de la luna, el
brazo de Evelyn ceñía la cintura[63] de María. Volvieron a
encontrarse todas las tardes. María se sentía fascinada por la
belleza de Evelyn, por las historias con que solía engatusarla.[64] 175
Yo era la confidente de María y lo sabía bien, la tenía
embrujada.[58] Un día se unió a ellas George. Nadó a su lado y
junto a ellas, desnudo, se tumbó[65] en la playa. María se dejó

---

[56] **miope**　myopic, near-sighted
[57] **barbilla**　chin
[58] **embrujar**　to bewitch
[59] **para con**　with regard to
[60] **en enaguas**　in her petticoat
[61] **embarcadero**　pier, wharf

[62] **tendidas**　stretched out
[63] **ceñía la cintura**　around the waist
[64] **solía engatusarla**　she used to
beguile her
[65] **se tumbó**　he lay down

amar por los dos.... Aquella noche recibió una paliza descomunal[66] de su padre. Permaneció en cama una semana a causa de los golpes. Cuando pudo levantarse desapareció del pueblo en su compañía. En dos años no tuvimos noticias suyas.[67] La policía de Palma nos visitó alguna vez para tratar de obtener datos que pudieran ayudar a dar con su paradero. Por entonces apareció por aquí la escritora sobre la que usted trabaja. La recuerdo vagamente. Alguien le contó la historia, era americana, como ellos. Luego supimos que fue piadosa con María ... se refirió sólo a sus amores con George. Al verano siguiente, ya hacia finales de septiembre, volvieron. Traían consigo una niña de pocos meses. Su padre era George, pero no sabíamos cuál de las dos mujeres era su madre.... María vino a verme, yo no quise recibirla, nadie en el pueblo quiso recibirla. Al atardecer bajaron a la cala, llevaban consigo a la pequeña metida en un capazo.[68] Todo el pueblo les espiaba entre los matorrales.[69] Se hacían apuestas sobre su desvergüenza,[70] se decía que debíamos darles una lección antes de llamar a la policía. Me hago lenguas todavía de[71] la naturalidad con que se desnudaron; después, en vez de entrar en el agua, se quedaron junto a las rocas del margen derecho de la cala.... Algunos hombres salieron de sus escondrijos con estacas[72] y se les acercaron para amenazarles. Ellos ni se inmutaron.[73] Tuvieron que separarlos a golpes. Los tres, magullados,[74] corrieron hacia el mar. No tenían otra escapatoria posible. Supusimos que intentarían ponerse a salvo nadando hacia la punta más extrema de la cala y escalarían por allí el acantilado.[75] El mar rompía con bastante furia, las olas eran cada vez mayores. Apenas podíamos distinguir sus cabezas y el braceo.[76] Nos pareció oír sus voces, llamándose entre sí. La

---

[66] **paliza descomunal**   terrible beating
[67] **no tuvimos noticias suyas**   we didn't hear news of her
[68] **capazo**   basket
[69] **matorrales**   underbrush
[70] **se hacían ... desvergüenza**   they made bets about their shamelessness
[71] **me hago lenguas todavía de**   I still can't get over
[72] **sus escondrijos con estacas**   their hiding places with clubs
[73] **ni se inmutaron**   they didn't even move
[74] **magullados**   battered
[75] **acantilado**   cliff
[76] **braceo**   their (swimming) strokes

niña comenzó a llorar. Me la llevé a mi casa, en realidad me
sirvió de excusa para alejarme de allí. Poco a poco todo el pueblo
fue desfilando hacia sus casas. Al día siguiente aparecieron sus   210
cuerpos flotando en la boca de la cala. Estaban muertos. El juez
de Soller subió[77] para hacerse cargo[78] de los cadáveres, a nadie
podía sorprender su muerte.... Eran demasiado atrevidos, todo
el mundo les había visto bañándose en días de temporal.... En-
tregué a la niña a la policía y fue entonces cuando me dijeron que   215
George y Evelyn eran hermanos. El cónsul americano en Palma
se puso en contacto con los familiares. Supe más tarde que María
Evelyn pasó a vivir con sus abuelos en Santa Bárbara. Si he de
serle franca, he hecho todo lo posible por olvidar todo lo
ocurrido.... Durante años he padecido[79] fuertes insomnios y   220
terribles pesadillas,[80] como todos los del pueblo, por culpa de
esta historia, aunque nadie se atreva a confesarlo. Muchas
noches de temporal hemos oído sus gritos, pidiendo auxilio desde
la cala.... Pero hay más aún, mucho más. Durante los años que
siguieron a la desgracia ningún pescador del lugar pudo tirar las   225
redes[81] cerca de la cala sin exponerse a un grave peligro: Un peso
enorme las lastraba[82] hacia el fondo....

Es la primera vez que cuento estos hechos, tal vez usted
creerá que exagero o que no estoy en mis cabales.[83] ... Por
desgracia las cosas ocurrieron tal y como se las he narrado....   230
Desde que usted se ocupa del asunto me resulta difícil dormir,
igual que a mí[84] les ocurre a algunos vecinos, testigos[85] de
aquellos terribles sucesos....

¿Quiere usted una prueba de que no miento? Baje el día 21[86]
por la noche a la cala. Para entonces hará treinta y ocho años de   235
su muerte. Como cada año, sólo saldrán las barcas de los más
jóvenes y de los forasteros. Volverán sin haber pescado nada. El
mar anda revuelto[87] y suele haber tormenta. Quédese junto a

---

[77] **El juez...subió**   the
judge...came up
[78] **hacerse cargo**   to take charge
[79] **padecer**   to suffer
[80] **pesadillas**   nightmares
[81] **tirar las redes**   cast his nets
[82] **lastraba**   dragged
[83] **no estoy en mis cabales**   I'm not
"all there"

[84] **igual que a mí**   and the same
thing (occurs...)
[85] **testigos**   witnesses
[86] **Baje el día 21**   go down on the
21st (of the month)
[87] **anda revuelto**   is rough

la orilla y mire bien: A medianoche les verá salir de las aguas y tenderse desnudos en la playa para amarse hasta el amanecer.... 240

El relato me sobrecogió en extremo.[88] Corrí a contárselo a Gisele.

—Tu casera desvaría,[89] querida, por aquí tiene fama de loca. Según me han dicho de joven[90] era la maestra, la quitaron 245 porque padecía fuertes depresiones....

Gisele se marchó a principios de septiembre y yo me quedé aquí, esperando. Ayer fui a la cala. Había luna llena. El mar centelleaba.[91] De pronto les vi. Avanzaban nadando hacia la playa, jóvenes, bellísimos como si ni la muerte ni el tiempo 250 hubieran podido nada contra ellos.[92] Y allí junto a la orilla iniciaron un juego amoroso que duró hasta el amanecer....

Cuando volví a casa no pude contarle a la dueña lo que había visto. No estaba. Me había dejado una nota de despedida.[93] Me decía que como cada año iba a pasar unos meses a una casa de 255 salud. Me dejaba instrucciones para cerrar la casa y me deseaba un feliz retorno a mi país. Intenté dormir, no pude, el rumor del mar llegaba insistente hasta mis oídos.

EXERCISES

I. Cuestionario

1. ¿Llega el lector a saber quién es la mujer mencionada en la carta con que empieza el cuento? Explique Ud.
2. ¿Dónde y cuándo tiene lugar la acción del cuento?
3. ¿Por qué no se ha ido todavía la narradora como los veraneantes?

---

[88] **me sobrecogió en extremo** completely astonished me
[89] **Tu casera desvaría** your landlady is delirious
[90] **de joven** i.e., when I (Gisele) was young
[91] **centellear** to sparkle
[92] **hubieran podido nada** had been able to do anything to them
[93] **nota de despedida** farewell note

4. ¿Cuál ha sido el obstáculo principal en las investigaciones de la escritora?
5. ¿Cómo supo ella la existencia de la extraña historia?
6. La narradora decide cambiar de táctica en su investigación. Explique cómo.
7. Según una mujer, ¿cuál es la consecuencia de las uniones entre mallorquinas y extranjeros?
8. ¿Qué averiguó la reportera en Palma, la capital?
9. La casera de la narradora decide contar la historia. Dé Ud. un breve resumen.
10. Enfrentándose con esta clase de conducta, ¿que hicieron algunos hombres del pueblo?
11. ¿En qué resultó este acto de los hombres?
12. ¿Qué sucedió con la niña?
13. Para los habitantes del pueblo la rara historia no cesó con la muerte de los tres amantes. Explique Ud.
14. Se puede probar la verdad de nuestro trastorno (*disturbance*), dice la casera. ¿Cómo?
15. ¿Qué vió la narradora una noche en la cala? ¿Le parece a Ud. que fue real o imaginado?
16. Hay una cualidad tanto real como irreal en este cuento. Explique Ud.

II. Subjunctive review

Many uses are to be found in the story: to express an attitude (to want, order, doubt, etc.), an emotion, in impersonal expressions that do not express a fact, future time in relation to main verb, uncertainty, and others. Some examples from the text:

Tampoco quería que yo se lo leyera.
Necesito que me averigües si vive.
Te llamaré en cuanto pueda.
aunque nadie se atreva a confesarlo

Supply the correct form of the verb in parentheses (indicative or subjunctive) in the sentences below, which follow the story closely: (Recall that a main verb in a past tense requires a subjunctive verb in the imperfect or past perfect tenses.)

1. Le dije a Partner que era mejor que yo (olvidar) ———— mi compromiso.
2. Pero Partner quería que yo (seguir) ———— con mis investigaciones.
3. Es cierto que este asunto me (tener) ———— desanimada.
4. La policía trató de obtener datos que les (ayudar) ———— a encontrarla.
5. Cuando tú (bajar) ———— a la cala les verás salir de las aguas.
6. Pregunta, busca en la guía telefónica...lo que (poder) ————.
7. ¿Sabes que todo el pueblo nunca (recobrar) ———— su ecuanimidad (*composure*)?
8. Antes de que usted (marcharse) ————, los tres saldrán de las aguas para iniciar un juego amoroso.
9. ¿Crees que la casera (decir) ———— la verdad?
10. Es importante que la gente (comportarse) ———— honestamente.

III. Idiom review

Review the following very common idioms and expressions, and translate the sentences below:

dejar de + *inf.*	**costar trabajo**	**llevar a cabo**
oír hablar de	**darse cuenta de**	**Volver a** + *inf.*

1. I will not sleep until they stop shocking (**escandalizar**) the neighbors.
2. It took a lot of effort for the woman to carry out her investigation.
3. An American woman writer had heard about this strange story forty years ago.
4. The three young people on the beach didn't realize the furor (**el furor**) that they were causing.
5. Some townsmen approached and ordered them to leave, and later they approached again with cudgels (**estacas**).

Gabriel García Márquez

1928–

Gabriel García Márquez, a former journalist who has lived and traveled in many countries throughout the world, is, after Jorge Luis Borges, the most universally admired Latin American writer today. His highest honor came in 1982 with the award of the Nobel Prize for Literature. García Márquez's masterpiece, the novel *Cien años de soledad* (1967), is generally considered to be one of the best novels of the twentieth century and has been a best seller in English as *One Hundred Years of Solitude*. But this tends to obscure the fact that García Márquez is also a brilliant craftsman of shorter tales. Born in the small town of Arapata, in Colombia, he was brought up there by his grandparents, and the memories of the details and attitudes of his earliest years provided him with material for the creation of a whole original world of literature, a mythical world that he would call Macondo.

In the Macondo cycle of novels and stories García Márquez paints an angry, grim picture of a society fallen into decay, with a socioeconomic structure that has become completely immobilized, ruined by corruption, tyrannical rulers, greedy landowners, and in which the poor have been and continue to be exploited. While following the path of realism for the most part, García Márquez began to experiment with a new technique, creating a new reality: in the midst of the everyday circumstances that surround us supernatural and magical events intrude and coexist with them. This formula of "magic realism" is fully developed in *Cien años de soledad*.

144

The selection that follows* is García Márquez' favorite from his collection of stories *Los funerales de Mamá Grande* (1962). It depicts realistically in somber prose a widow whose stoic character and quiet dignity stand out against the hostility of the town (Macondo) which she has come to visit one hot afternoon with her young daughter.

* Reprinted from Gabriel García Márquez, *Todos los cuentos* (Barcelona, Spain: Editorial Plaza y Janés, 1976), by permission of Carmen Balcells Agencia Literaria, S.A. "La siesta del martes" copyright © 1962 by Gabriel García Márquez.

La siesta del martes

El tren salió del trepidante corredor de rocas bermejas,[1]
penetró en las plantaciones de banano, simétricas e intermin-
ables, y el aire se hizo húmedo y no se volvió a sentir[2] la brisa del
mar. Una humareda[3] sofocante entró por la ventanilla del vagón.
En el estrecho camino parelelo a la vía férrea había carretas de   5
bueyes[4] cargadas de racimos[5] verdes. Al otro lado del camino, en
intempestivos espacios sin sembrar,[6] había oficinas con ventila-
dores eléctricos, campamentos de ladrillos rojos y residencias con
sillas y mesitas blancas en las terrazas entre palmeras y rosales
polvorientos.[7] Eran las once de la mañana y aún no había   10
empezado el calor.

—Es mejor que subas el vidrio[8]—dijo la mujer—. El pelo se
te va a llenar de carbón.

La niña trató de hacerlo pero la persiana[9] estaba bloqueada
por óxido.   15

Eran los únicos pasajeros en el escueto[10] vagón de tercera
clase. Como el humo de la locomotora siguió entrando por la
ventanilla, la niña abandonó el puesto y puso en su lugar los
únicos objetos que llevaban; una bolsa[11] de material plástico con
cosas de comer y un ramo de flores envuelto en papel de   20
periódicos. Se sentó en el asiento opuesto, alejada de la ventanilla, de frente a su madre. Ambas guardaban un luto riguroso y
pobre.[12]

---

[1] **trepidante...bermejas**   the
trembling corridor of reddish stone
[2] **No se volvió a sentir**   (the sea
breeze) could no longer be felt
[3] **humareda**   cloud of smoke
[4] **carretas de bueyes**   ox-drawn
carts
[5] **racimos**   clusters (e.g., of
branches or grapes)
[6] **en...sembrar**   in spaces
unsuitable for cultivation

[7] **palmeras y rosales polvorientos**
dusty palms and rose bushes
[8] **vidrio**   glass; *here*, window
[9] **persiana**   shade, blind
[10] **escueto**   plain, bare
[11] **bolsa**   purse; bag
[12] **Ambas...pobre**   Both wore plain
and poor mourning clothes

La niña tenía doce años y era la primera vez que viajaba. La mujer parecía demasiado vieja para ser su madre, a causa de las venas azules en los párpados[13] y del cuerpo pequeño, blando y sin formas, en un traje cortado como una sotana.[14] Viajaba con la columna vertebral[15] firmemente apoyada contra el espaldar del asiento, sosteniendo en el regazo con ambas manos una cartera de charol desconchado.[16] Tenía la serenidad escrupulosa de la gente acostumbrada a la pobreza.

A las doce había empezado el calor. El tren se detuvo diez minutos en una estación sin pueblo para abastecerse[17] de agua. Afuera, en el misterioso silencio de las plantaciones, la sombra tenía un aspecto limpio. Pero el aire estancado[18] dentro del vagón olía a cuero sin curtir.[19] El tren no volvió a acelerar. Se detuvo en dos pueblos iguales, con casas de madera pintadas de colores vivos. La mujer inclinó la cabeza y se hundió en el sopor.[20] La niña se quitó los zapatos. Después fue a los servicios sanitarios[21] a poner en agua el ramo de flores muertas.

Cuando volvió al asiento la madre la esperaba para comer. Le dio un pedazo de queso, medio bollo de maíz y una galleta dulce,[22] sacó para ella de la bolsa de material plástico una ración igual. Mientras comían, el tren atravesó muy despacio un puente de hierro y pasó de largo por un pueblo igual a los anteriores, sólo que en éste había una multitud en la plaza. Una banda de músicos tocaba una pieza alegre bajo el sol aplastante. Al otro lado del pueblo, en una llanura cuarteada por la aridez,[23] terminaban las plantaciones.

La mujer dejó de comer.

—Ponte los zapatos—dijo.

La niña miró hacia el exterior. No vio nada más que la llanura desierta por donde el tren empezaba a correr de nuevo,

25

30

35

40

45

50

---

[13] **párpados** eyelids
[14] **sotana** cassock or tunic worn by priests
[15] **columna vertebral** spinal column
[16] **cartera...desconchado** a shabby leather case
[17] **abastecerse** to supply itself
[18] **estancado** stagnant
[19] **cuero sin curtir** untanned leather
[20] **se hundió en el sopor** a feeling of drowsiness came over her
[21] **servicios sanitarios** lavatory
[22] **medio...dulce** half a corn bun and a cookie
[23] **una llanura...aridez** a plain split open by the drought

pero metió en la bolsa el último pedazo de galleta y se puso rápidamente los zapatos. La mujer le dio la peineta.[24] **55**

—Péinate—dijo.

El tren empezó a pitar[25] mientras la niña se peinaba. La mujer se secó el sudor del cuello y se limpió la grasa[26] de la cara con los dedos. Cuando la niña acabó de peinarse el tren pasó frente a las primeras casas de un pueblo más grande pero más **60** triste que los anteriores.

—Si tienes ganas de hacer algo, hazlo ahora—dijo la mujer—. Después, aunque te estés muriendo de sed no tomes agua en ninguna parte. Sobre todo, no vayas a llorar.

La niña aprobó con la cabeza. Por la ventanilla entraba un **65** viento ardiente y seco, mezclado con el pito de la locomotora y el estrépito de los viejos vagones. La mujer enrolló la bolsa con el resto de los alimentos y la metió en la cartera. Por un instante, la imagen total del pueblo, en el luminoso martes de agosto, resplandeció[27] en la ventanilla. La niña envolvió las flores en los **70** periódicos empapados,[28] se apartó un poco más de la ventanilla y miró fijamente a su madre. Ella le devolvió una expresión apacible.[29] El tren acabó de pitar y disminuyó la marcha. Un momento después se detuvo.

No había nadie en la estación. Del otro lado de la calle, en la **75** acera sombreada por los almendros,[30] sólo estaba abierto el salón de billar.[31] El pueblo flotaba en el calor. La mujer y la niña descendieron del tren, atravesaron la estación abandonada cuyas baldosas[32] empezaban a cuartearse por la presión de la hierba, y cruzaron la calle hasta la acera de sombra. **80**

Eran casi las dos. A esa hora, agobiado[33] por el sopor, el pueblo hacía la siesta. Los almacenes,[34] las oficinas públicas, la escuela municipal, se cerraban desde las once y no volvían a abrirse hasta un poco antes de las cuatro, cuando pasaba el tren de regreso. Sólo permanecían abiertos el hotel frente a la **85** estación, su cantina[35] y su salón de billar, y la oficina del

---

[24] **peineta**   comb
[25] **pitar**   to blow its whistle
[26] **grasa**   oiliness
[27] **resplandecer**   to shine
[28] **empapados**   saturated
[29] **apacible**   gentle, peaceful

[30] **almendros**   almond trees
[31] **salón de billar**   pool hall
[32] **baldosas**   stone tiles
[33] **agobiar**   to weigh down
[34] **los almacenes**   the stores
[35] **cantina**   canteen; restaurant

telégrafo a un lado de la plaza. Las casas, en su mayoría construidas sobre el modelo de la compañía bananera, tenían las puertas cerradas por dentro y las persianas bajas. En algunas hacía tanto calor que sus habitantes almorzaban en el patio. 90
Otros recostaban un asiento a la sombra de los almendros y hacían la siesta sentados en plena calle.

Buscando siempre la protección de los almendros la mujer y la niña penetraron en el pueblo sin perturbar la siesta. Fueron directamente a la casa cural.[36] La mujer raspó con la uña la red 95
metálica[37] de la puerta, esperó un instante y volvió a llamar. En el interior zumbaba[38] un ventilador eléctrico. No se oyeron los pasos. Se oyó apenas el leve crujido[39] de una puerta y en seguida una voz cautelosa[40] muy cerca de la red metálica: "¿Quién es?"
La mujer trató de ver a través de la red metálica. 100

—Necesito al padre—dijo.

—Ahora está durmiendo.

—Es urgente—insistió la mujer.

Su voz tenía una tenacidad reposada.

La puerta se entreabrió sin ruido y apareció una mujer 105
madura y regordeta, de cutis[41] muy pálido y cabellos color hierro. Los ojos parecían demasiado pequeños detrás de los gruesos cristales de los lentes.

—Sigan—dijo, y acabó de abrir la puerta.

Entraron en una sala impregnada de un viejo olor de flores. 110
La mujer de la casa las condujo hasta un escaño[42] de madera y les hizo señas de que se sentaran. La niña lo hizo, pero su madre permaneció de pie, absorta, con la cartera apretada en las dos manos. No se percibía ningún ruido detrás del ventilador eléctrico. 115

La mujer de la casa apareció en la puerta del fondo.

—Dice que vuelvan después de las tres—dijo en voz muy baja—. Se acostó hace cinco minutos.

—El tren se va a las tres y media—dijo la mujer.

---

[36] **cural**   of the parish priest
[37] **raspó...metálica**   scraped the metal grating (of the door) with her nail
[38] **zumbar**   to buzz, to hum

[39] **leve crujido**   slight creaking
[40] **cauteloso**   cautious
[41] **cutis**   skin
[42] **escaño**   bench

Fue una réplica breve y segura, pero la voz seguía siendo   120
apacible, con muchos matices.[48] La mujer de la casa sonrió por
primera vez.

—Bueno—dijo.

Cuando la puerta del fondo volvió a cerrarse la mujer se sentó
junto a su hija. La angosta sala de espera[44] era pobre, ordenada y   125
limpia. Al otro lado de una baranda de madera[45] que dividía la
habitación, había una mesa de trabajo, sencilla, con un tapete de
hule,[46] y encima de la mesa una máquina de escribir primitiva
junto a un vaso con flores. Detrás estaban los archivos
parroquiales.[47] Se notaba que era un despacho arreglado por una   130
mujer soltera.

La puerta del fondo se abrió y esta vez apareció el sacerdote
limpiando los lentes con un pañuelo. Sólo cuando se los puso
pareció evidente que era hermano de la mujer que había abierto
la puerta.   135

—¿Qué se le ofrece?—preguntó.

—Las llaves del cementerio—dijo la mujer.

La niña estaba sentada con las flores en el regazo y los pies
cruzados bajo el escaño.[42] El sacerdote la miró, después miró a la
mujer y después, a través de la red metálica de la ventana, el   140
cielo brillante y sin nubes.

—Con este calor—dijo—. Han podido esperar[48] a que
bajara el sol.

La mujer movió la cabeza en silencio. El sacerdote pasó del
otro lado de la baranda,[45] extrajo del armario[49] un cuaderno   145
forrado[50] de hule, un plumero de palo y un tintero,[51] y se sentó a
la mesa. El pelo que le faltaba en la cabeza le sobraba[52] en las
manos.

---

[43] **matices** (sing. **matiz**)   shades, nuances (of meaning)

[44] **angosta...espera**   the narrow waiting room

[45] **baranda de madera**   wooden railing

[46] **tapete de hule**   oilcloth cover

[47] **archivos parroquiales**   parish files

[48] **Han podido esperar a que**   You might have waited until

[49] **extrajo (extraer) del armario**   took out of the closet

[50] **un cuaderno forrado**   a notebook covered (with oilcloth)

[51] **un plumero...tintero**   a wooden penholder and inkwell

[52] **sobraba**   was excessive

—¿Qué tumba van a visitar?—preguntó.

—La de Carlos Centeno—dijo la mujer. 150

—¿Quién?

—Carlos Centeno—repitió la mujer.

El padre siguió sin entender.

—Es el ladrón[53] que mataron aquí la semana pasada—dijo la mujer en el mismo tono—. Yo soy su madre. 155

El sacerdote la escrutó. Ella lo miró fijamente, con un dominio reposado, y el padre se ruborizó.[54] Bajó la cabeza para escribir. A medida que[55] llenaba la hoja pedía a la mujer los datos de su identidad,[56] y ella respondía sin vacilación, con detalles precisos, como si estuviera leyendo. El padre empezó a 160 sudar. . . .

Todo había empezado el lunes de la semana anterior, a las tres de la madrugada y a pocas cuadras de allí. La señora Rebeca, una viuda solitaria que vivía en una casa llena de cachivaches,[57] sintió a través del rumor de la llovizna[58] que 165 alguien trataba de forzar desde afuera la puerta de la calle. Se levantó, buscó a tientas en el ropero[59] un revólver arcaico que nadie había disparado desde los tiempos del coronel Aureliano Buendía, y fue a la sala sin encender las luces. Orientándose[60] no tanto por el ruido de la cerradura como por un terror desarrolla- 170 do en ella por 28 años de soledad, localizó en la imaginación no sólo el sitio donde estaba la puerta sino la altura exacta de la cerradura. Agarró el arma con las dos manos, cerró los ojos y apretó el gatillo.[61] Era la primera vez en su vida que disparaba un revólver. Inmediatamente después de la detonación no sintió 175 nada más que el murmullo de la llovizna en el techo de cinc.[62] Después percibió un golpecito metálico en el andén de

---

[53] **ladrón**   thief
[54] **se ruborizó**   blushed
[55] **A medida que**   As
[56] **datos de su identidad**   personal data
[57] **una casa de cachivaches**   a run-down house
[58] **a través . . . llovizna**   through the sound of the drizzle
[59] **a tientas en el ropero**   gropingly in the clothes closet
[60] **Orientándose**   Getting her bearings
[61] **apretó el gatillo**   she squeezed the trigger
[62] **techo de cinc**   zinc-coated roof

cemento[63] y una voz muy baja, apacible, pero terriblemente fatigada: "Ay, mi madre." El hombre que amaneció muerto[64] frente a la casa, con la nariz despedazada,[65] vestía una franela a rayas de colores,[66] un pantalón ordinario con una soga[67] en lugar de cinturón, y estaba descalzo. Nadie lo conocía en el pueblo.   180

—De manera que se llamaba Carlos Centeno—murmuró el padre cuando acabó de escribir.

—Centeno Ayala—dijo la mujer—. Era el único varón.[68]   185

El sacerdote volvió al armario. Colgadas de un clavo[69] en el interior de la puerta había dos llaves grandes y oxidadas, como la niña imaginaba y como imaginaba la madre cuando era niña y como debió imaginar el propio sacerdote alguna vez que eran las llaves de san Pedro. Las descolgó, las puso en el cuaderno abierto   190 sobre la baranda y mostró con el índice un lugar en la página escrita, mirando a la mujer.

—Firme aquí.

La mujer garabateó[70] su nombre, sosteniendo la cartera bajo la axila.[71] La niña recogió las flores, se dirigió a la baranda   195 arrastrando los zapatos y observó atentamente a su madre.

El párroco suspiró.

—¿Nunca trató de hacerlo entrar por el buen camino?

La mujer contestó cuando acabó de firmar.

—Era un hombre muy bueno.   200

El sacerdote miró alternativamente a la mujer y a la niña y comprobó con una especie de piadoso estupor[72] que no estaban a punto de llorar. La mujer continuó inalterable:

—Yo le decía que nunca robara nada que le hiciera falta a alguien[73] para comer, y él me hacía caso. En cambio, antes,   205 cuando boxeaba, pasaba hasta tres días en la cama postrado por los golpes

---

[63] **andén de cemento** concrete walk
[64] **amaneció muerto** who was found dead in the morning
[65] **despedazada** shattered
[66] **vestía...colores** was wearing a color-striped flannel shirt
[67] **soga** rope
[68] **varón** male, man
[69] **colgadas de un clavo** Hanging from a nail

[70] **garabatear** to scribble
[71] **axila** armpit
[72] **piadoso estupor** compassionate astonishment
[73] **que nunca   robara...a alquien** not to steal anything that someone might need

—Se tuvo que sacar todos los dientes—intervino la niña.

—Así es—confirmó la mujer—. Cada bocado que me comía en ese tiempo me sabía a los porrazos[74] que le daban a mi hijo los sábados a la noche. 210

—La voluntad de Dios es inescrutable—dijo el padre.

Pero lo dijo sin mucha convicción, en parte porque la experiencia lo había vuelto un poco escéptico,[75] y en parte por el calor. Les recomendó que se protegieran la cabeza para evitar la insolación.[76] Les indicó bostezando[77] y ya casi completamente dormido, cómo debían hacer para encontrar la tumba de Carlos Centeno. Al regreso no tenían que tocar. Debían meter la llave por debajo de la puerta, y poner allí mismo, si tenían, una limosna[78] para la Iglesia. La mujer escuchó las explicaciones con mucha atención, pero dio las gracias sin sonreír. 215 220

Desde antes de abrir la puerta de la calle el padre se dio cuenta de que había alguien mirando hacia dentro, las narices aplastadas contra la red metálica. Era un grupo de niños. Cuando la puerta se abrió por completo los niños se dispersaron. A esa hora, de ordinario, no había nadie en la calle. Ahora no sólo estaban los niños. Había grupos bajo los almendros. El padre examinó la calle distorsionada por la reverberacion,[79] y entonces comprendió. Suavemente volvió a cerrar la puerta. 225

—Esperen un minuto—dijo, sin mirar a la mujer. 230

Su hermana apareció en la puerta del fondo, con una chaqueta negra sobre la camisa de dormir y el cabello suelto en los hombros.[80] Miró al padre en silencio.

—¿Qué fue?—preguntó él.

—La gente se ha dado cuenta—murmuró su hermana. 235

—Es mejor que salgan por la puerta del patio—dijo el padre.

—Es lo mismo—dijo su hermana—. Todo el mundo está en las ventanas.

La mujer parecía no haber comprendido hasta entonces. Trató de ver la calle a través de la red metálica. Luego le quitó el ramo 240

---

[74] **me sabía a los porrazos** tasted like the punches
[75] **escéptico** skeptical
[76] **insolación** sunstroke
[77] **bostezar** to yawn
[78] **una limosna** alms; a coin
[79] **distorcionada...reverberación** distorted by the sun's rays
[80] **el cabello...hombros** her hair hanging loosely over her shoulders

de flores a la niña y empezó a moverse hacia la puerta. La niña la siguió.

—Esperen a que baje el sol—dijo el padre.

—Se van a derretir[81]—dijo su hermana, inmóvil en el fondo de la sala—. Espérense y les presto una sombrilla.[82]

—Gracias—replicó la mujer—. Así vamos bien.[83]

Tomó a la niña de la mano y salió a la calle.

245

EXERCISES

I. Cuestionario

1. ¿Qué indicaciones hay que el tren no es de primera clase?
2. ¿Quiénes son los únicos pasajeros en uno de los vagones? Descríbalos.
3. ¿Cómo pasaban las horas la mujer y su hija?
4. ¿Por qué está desierta la estación donde las dos bajan del tren?
5. Describa el pueblo en las horas de la siesta.
6. ¿A dónde se dirigen la mujer y la niña? ¿A quién quieren ver?
7. ¿Cuál es el propósito de su visita?
8. Describa lo que le había pasado al hijo.
9. ¿Cree Ud. que el hijo merecía la muerte? Explique.
10. ¿Por qué les dice el padre que no salga por la puerta de la calle?
11. ¿Cuál es el papel (*role*) del calor en el cuento? Escoja dos o tres frases del texto que describan vivamente el calor.
12. ¿Hay una significación simbólica en el ramo de flores que lleva la niña?
13. ¿Cómo se explica que ni la madre ni la hija lloran?
14. ¿Cómo se comporta la mujer durante la conversación con el sacerdote? ¿Hay algo extraordinario en esto?

---

[81] **derretir**   to melt
[82] **sombrilla**   parasol, sunshade
[83] **Así vamos bien**   We'll be all right without it.

15. ¿En qué consiste el realismo del cuento?
16. ¿Hay algo misterioso en la súbita aparición de la multitud? ¿Qué motivos habrá para explicar esto?
17. ¿Cómo se hace evidente el espíritu de la mujer, sobre todo al final del cuento?

II. Idiom review

Use the expression in the list below that describes or defines the boldface portion of each sentence, making any necessary changes. Example:

El aire **cambió y ya no está seco.**
El aire se hizo húmedo.

hacer caso a	**hacer la siesta**
ruborizarse	**oler a**
volver a + *inf.*	**dejar de** + *inf.*
darse cuenta de	**devastador**

1. La mujer **comía pero ya no come más.**
2. Andaba bajo un sol **aplastante.**
3. Hacía tanto calor que el pueblo **no trabajaba.**
4. El sacerdote **se puso rojo.**
5. **Había un aroma de** perfume en la casa.
6. La niña **se puso de nuevo** los zapatos.
7. El padre **notó** que había alguien mirándole.
8. Yo le decía que no robara, pero **no me obedecía.**

III. Grammar review

A. The reflexive pronoun **se** is very often used with the third person of the verb to express the passive voice, instead of **ser** and the past participle, when the subject of the sentence is a thing and the agent is not expressed. Example:

No se oyeron los pasos.   *The steps could not be heard.*

But

La cena fue cocinada por mi   *Supper was cooked by my mother.*
    madre.

Based on the preceding explanation, put the verb in parentheses into the passive voice. Translate the last three sentences:

1. América (descubrir) _____ en 1492.
2. La novela (publicar) _____ durante la guerra.
3. Nuestra casa (construir) _____ por mi tío.
4. (Apagar) _____ las luces a las once.
5. Are American novels read in Spain?
6. *Don Quijote* was written by Cervantes.
7. It is said that there is pain in love.

B. The definite article is often used instead of the possessive adjective with a noun that represents a part of the body or an article of clothing, when this noun is the object of a verb or preposition. The reflexive pronoun is used to refer back to the subject, but is frequently omitted when the possessor is obvious. Examples:

Ponte los zapatos. *Put on* your *shoes.*
Abrí los ojos. *I opened* my *eyes.*

Translate the English portion of the following sentences:

1. La niña (put her foot) en el agua caliente.
2. (Her) madre llamó a la puerta con (her fingers).
3. Puso las manos en (his) bolsillos.
4. (Close your eyes) y duérmete.
5. Me quité (my coat) porque hacía calor.
6. (Do you wash your hands) antes de comer?

IV. Translation

Translate, keeping in mind the preceding exercises:

1. Does her child realize that the flowers are dead?
2. Children often do not pay attention to their parents.
3. The priest stopped smiling when he heard the name.
4. Not a sound is heard in those hot towns.
5. The mother waited and knocked (called) again.
6. There is a smell of garlic (**ajo**) in my tortilla.

Juan Ramón Jiménez

1881–1958

One of the great Spanish poets of this century is the internationally renowned Juan Ramón Jiménez, born in the province of Huelva, in the southwest corner of Spain. At the outbreak of the Civil War (1936), he and his wife left Spain and lived successively in Puerto Rico, Cuba, and the United States. They returned to Puerto Rico, where in 1956 Juan Ramón received news that he had been awarded the Nobel Prize for Literature. Sadly, however, his loving wife died three days later, and the grief-stricken poet survived her by less than two years.

It is not an exaggeration to say that a large part of Juan Ramón's reputation is based on one of the most widely read books of this century, *Platero y yo* (1914). Like *Alice in Wonderland*, it has been read by old and young at home and abroad. It consists of a series of lyrical impressions in prose, in which the poet speaks to his small donkey (Platero), confiding in him his innermost thoughts and feelings.

The tender description of the life of Moguer, the poet's birthplace which serves as the setting, is, as he called it, an Andalusian elegy. Juan Ramón's very personal vision imparts at the same time a universality through the repeated discovery of the poetry which exists in the most common things and the sense of mystery which lies just beyond.

Although written in prose, *Platero y yo* is a book of the purest poetry. The short, individual chapters have a unity of their own; indeed, Juan Ramón has given each a separate title, as you will see in the seven chapters that follow.

Platero y yo

I. Platero

[handwritten marginalia: describes Platero]

Platero es pequeño, peludo,[1] suave; tan blando por fuera, que se diría todo de algodón,[2] que no lleva huesos. Sólo los espejos de azabache[3] de sus ojos son duros cual dos escarabajos[4] de cristal negro. *[handwritten: left untied]*[5]

Lo dejo suelto[5] y se va al prado, y acaricia tibiamente[6] *[handwritten: meadow]* *[handwritten: to caress]* con su 5
hocico,[7] rozándolas apenas,[8] las florecillas rosas, celestes y gualdas[9]... Lo llamo dulcemente: "¿Platero?", y viene a mí con un trotecillo alegre que parece que se ríe, en no sé qué cascabeleo ideal...[10]

Come cuanto le doy. Le gustan las naranjas mandarinas, las 10
uvas moscateles,[11] todas de ámbar; los higos morados,[12] con su cristalina gotita de miel ...[13]

Es tierno y mimoso[14] igual que un niño, que una niña ...; pero fuerte y seco por dentro, como de piedra. Cuando paseo sobre él, los domingos, por las últimas callejas del pueblo, los 15
hombres del campo, vestidos de limpio y despaciosos, se quedan mirándolo:

—Tien' asero[15]...

Tiene acero. Acero y plata de luna,[16] al mismo tiempo.

---

[1] **peludo**   furry
[2] **algodón**   cotton
[3] **espejos de azabache**   jet mirrors
[4] **cual dos escarabajos**   like two beetles
[5] **suelto**   untied
[6] **tibiamente**   gently
[7] **hocico**   snout, nose
[8] **rozándolas apenas**   scarcely touching them (the little flowers)
[9] **gualdas**   yellow
[10] **en no sé qué cascabeleo ideal**   with an inexplicable jingling (**Cascabeleo** refers to the jingling of the bells worn by mules and donkeys. It is used figuratively here to suggest the joyous eagerness with which Platero answers his master's call.)
[11] **moscateles**   muscatel (grape or wine)
[12] **higos morados**   dark purple figs
[13] **gotita de miel**   point of honey
[14] **mimoso**   pampered, loving
[15] **Tien' asero**   He is strong as steel. (Jiménez imitates the Andalusian pronunciation.)
[16] **plata de luna**   quicksilver

II. Mariposas[17] blancas

La noche cae, brumosa[18] ya y morada. Vagas claridades 20
malvas[19] y verdes perduran tras la torre de la iglesia. El camino
sube, lleno de sombras, de campanillas,[20] de fragancia, de yerba,
de canciones, de cansancio y de anhelo.[21] De pronto, un hombre
oscuro, con una gorra y un pincho,[22] roja un instante la cara fea
por la luz del cigarro, baja a nosotros de una casucha[23] miser- 25
able, perdida entre sacas de carbón. Platero se amedrenta.[24]

—¿Ba argo?[25]

—Vea usted ... Mariposas blancas ...

El hombre quiere clavar su pincho de hierro en el seroncillo,[26]
y no lo evito. Abro la alforja[27] y él no ve nada. Y el alimento 30
ideal[28] pasa, libre y cándido, sin pagar su tributo a los Consumos...[29]

XII. La púa[30]

Entrando en la dehesa de los caballos,[31] Platero ha comen-
zado a cojear.[32] Me he echado al suelo ...

—Pero, hombre,[33] ¿qué te pasa? 35

Platero ha dejado la mano[34] derecha un poco levantada,
mostrando la ranilla,[35] sin fuerza y sin peso, sin tocar casi con el
casco[36] la arena ardiente del camino.

[17] **mariposa** butterfly
[18] **brumosa** foggy
[19] **malvas** mauve, bluish-red
[20] **campanilla** bellflowers
[21] **anhelo** yearning, longing
[22] **gorra y un pincho** cap, and a
pointed stick
[23] **casucha** shack (The man is a
village tax inspector.)
[24] **amedrentarse** to become
frightened
[25] **¿Ba argo?** i.e., ¿**Va algo?** What
do you have there? (Here again the
author reproduces the Andalusian
accent.)
[26] **seroncillo** small basket
[27] **alforja** saddlebag

[28] **alimento ideal** nonexistent food
[29] **tributo a los Consumos** tax to
the tax collectors
[30] **púa** thorn
[31] **dehesa de los caballos** pasture
[32] **cojear** to limp
[33] **hombre** The word is commonly
used in expressions of surprise in
addressing persons, regardless of
age or sex. Platero's master
addresses him as he would a child,
with affectionate concern and
sincere sympathy.
[34] **mano** i.e., the forefoot
[35] **ranilla** sole
[36] **casco** hoof

Con una solicitud mayor, sin duda, que la del viejo Darbón, su médico, le he doblado la mano y le he mirado la ranilla roja. **40** Una púa larga y verde, de naranjo sano,[37] está clavada en ella como un redondo puñalillo[38] de esmeralda. Estremecido del dolor de Platero, he tirado de la púa; y me lo[39] he llevado al pobre al arroyo de los lirios[40] amarillos, para que el agua corriente le lama,[41] con su larga lengua pura, la heridilla. **45**

Después, hemos seguido hacia la mar blanca, yo delante, él detrás, cojeando todavía y dándome suaves topadas[42] en la espalda...

XLIII. La tísica[43]

Estaba derecha en una triste silla, blanca la cara y mate,[44] cual un nardo ajado, en medio de la encalada[45] y fría alcoba. Le **50** había mandado el médico salir al campo, a que le diera el sol[46] de aquel mayo helado; pero la pobre no podía.

—Cuando yego[47] ar puente —me dijo—, ¡ya v'usté, zeñorito, ahí ar lado que ejtá!, m'ahogo...

La voz pueril, delgada y rota, se le caía, cansada, como se **55** cae, a veces, la brisa en el estío.[48]

Yo le ofrecí a Platero para que diese un paseíto. Subida en él, ¡qué risa la de su aguda cara de muerta, toda ojos negros y dientes blancos!

....Se asomaban las mujeres a las puertas a vernos pasar. **60** Iba Platero despacio, como sabiendo que llevaba encima un frágil lirio de cristal fino.[49] La niña, con su hábito cándido[50] de la Virgen de Montemayor, lazado de grana,[51] transfigurada por la

---

[37] **de naranjo sano**   from a healthy orange tree
[38] **puñalillo**   dagger
[39] **me lo**   Do not translate.
[40] **lirios**   iris, lily
[41] **lamer**   to lick
[42] **dándome suaves topadas**   nudging me gently
[43] **tísica**   the tubercular girl
[44] **mate,...ajado**   lusterless, like a withered spikenard (small white flower)
[45] **encalada**   whitewashed
[46] **a que...sol**   to get the sun
[47] **Cuando yego,** etc.   "Cuando llego al puente, ¡ya ve usted, señorito, ahí al lado que está!, me ahogo (I choke)".
[48] **estío**   summer
[49] **frágil lirio de cristal fino**   fragile glass lily
[50] **hábito cándido**   white dress
[51] **lazado de grana**   with a red bow

fiebre y la esperanza, parecía un ángel que cruzaba el pueblo, camino del cielo del Sur. 65

LXXIX. Alegría

Platero juega con Diana, la bella perra blanca que se parece a la luna creciente, con la vieja cabra[52] gris, con los niños ...

Salta Diana, ágil y elegante, delante del burro, sonando su leve campanilla, y hace como que le muerde los hocicos.[53] Y Platero, poniendo las orejas en punta, cual dos cuernos de pita,[54] 70 la embiste[55] blandamente y la hace rodar sobre la yerba en flor.

La cabra va al lado de Platero, rozándose a sus patas, tirando[56] con los dientes de la punta de las espadañas de la carga. Con una clavellina[57] o con una margarita en la boca, se pone frente a él, le topa en el testuz,[58] y brinca luego, y bala[59] 75 alegremente, mimosa, igual que una mujer ...

Entre los niños, Platero es de[60] juguete. ¡Con qué paciencia sufre sus locuras! ¡Cómo va despacito, deteniéndose, haciéndose el tonto, para que ellos no se caigan! ¡Cómo los asusta, iniciando, de pronto, un trote falso![61] 80

¡Claras tardes del otoño moguereño![62] Cuando el aire puro de octubre afila los límpidos sonidos, sube del valle un alborozo[63] idílico de balidos, rebuznos, de risas de niños, de ladreos y de campanillas ...

CXXXII. La muerte

Encontré a Platero echado en su cama de paja, blandos los 85 ojos y tristes. Fui a él, lo acaricié hablándole, y quise que se levantara ...

---

[52] **cabra**   goat
[53] **hace ... hocicos**   pretends to bite his nose
[54] **cuernos de pita**   cactus horns
[55] **la embiste**   charges at her
[56] **tirando ... carga**   pulling with her teeth at the tips of the reeds he is carrying
[57] **clavellina ... margarita**   pink flower ... daisy
[58] **le topa en el testuz**   butts him in the head
[59] **balar**   to bleat
[60] **es de**   is like
[61] **iniciando ... un trote falso** pretending to break into a trot
[62] **moguereño**   in Moguer (the author's native town)
[63] **un alborozo ... rebuznos**   an idyllic joy of baas and brays

El pobre se removió todo bruscamente, y dejó una mano arrodillada[64] ... No podía ... Entonces le tendí su mano en el suelo, lo acaricié de nuevo con ternura, y mandé venir a su médico. 90

El viejo Darbón, así que lo hubo visto, sumió[65] la enorme boca desdentada hasta la nuca[66] y meció[67] sobre el pecho la cabeza congestionada, igual que un péndulo.

—Nada bueno, ¿eh? 95

No sé qué contestó... Que el infeliz se iba ... Nada[68] ... Que un dolor ... Que no sé qué raíz mala[69] ... La tierra, entre la yerba ...

A mediodía, Platero estaba muerto. La barriguilla de algodón[70] se la había hinchado como el mundo, y sus patas, 100 rígidas y descoloridas, se elevaban al cielo. Parecía su pelo rizoso[71] ese pelo de estopa apolillada[72] de las muñecas viejas, que se cae, al pasarle la mano, en una polvorienta tristeza ...

Por la cuadra[73] en silencio, encendiéndose[74] cada vez que pasaba por el rayo de sol de la ventanilla, revolaba[75] una bella 105 mariposa de tres colores ...

CXXXV. Melancolía

Esta tarde he ido con los niños a visitar la sepultura de Platero, que está en el huerto de la Piña, al pie del pino redondo y paternal. En torno, abril había adornado la tierra húmeda de grandes lirios amarillos. 110

Cantaban los chamarices[76] allá arriba, en la cúpula verde, toda pintada de cenit azul,[77] y su trino[78] menudo, florido y

---

[64] **dejó una mano arrodillada** got one leg kneeling
[65] **sumir** to draw in (*lit.*, to sink)
[66] **nuca** nape of the neck
[67] **mecer** to swing, to rock
[68] **Nada** Nothing could be done.
[69] **Que ... raíz mala** that some poisonous root ...
[70] **barriguilla de algodón** his little cotton belly
[71] **rizoso** curly

[72] **estopa apolillada** moth-eaten flax
[73] **cuadra** stable
[74] **encendiéndose** catching the light (referring to the subject of the sentence, **una bella mariposa**)
[75] **revolaba** fluttered
[76] **chamarices** titmice (small birds)
[77] **cenit azul** zenith blue
[78] **su trino ... reidor** their slight trills, gay and flowering

reidor, se iba en el aire de oro de la tarde tibia, como un claro
sueño de amor nuevo.

Los niños, así que iban llegando, dejaban de gritar. Quietos   115
y serios, sus ojos brillantes en mis ojos, me llenaban de preguntas
ansiosas.

—¡Platero, amigo!—le dije yo a la tierra—: si, como
pienso, estás ahora en un prado del cielo y llevas sobre tu lomo
peludo[79] a los ángeles adolescentes, ¿me habrás, quizá, olvidado?   120
Platero, dime: ¿te acuerdas aún de mí?

Y, cual contestando a mi pregunta, una leve mariposa
blanca, que antes no había visto, revolaba insistentemente, igual
que un alma, de lirio en lirio ...

EXERCISES

I. Cuestionario

A. Platero

1. ¿Cómo es Platero?
2. ¿Qué hace Platero en el prado?
3. ¿Qué hace cuando su amo lo llama?
4. ¿Qué le gusta comer?
5. ¿Dónde pasea el amo los domingos? ¿Por qué se paran los
   hombres del campo?
6. ¿Qué símiles y colores utiliza el autor en su retrato de Platero?
   Explique por qué.

B. Mariposas blancas

1. ¿Le parece poética la descripción de la noche?
2. ¿Cómo hace el autor casi vivo o humano el camino?
3. ¿Qué elemento realista se introduce de pronto?
4. ¿Quién es este hombre?
5. ¿Qué busca?
6. ¿Qué contraste se crea con la introducción de este hombre?

---

[79] **lomo peludo**   furry back

C. La púa

1. ¿Qué comenzó a hacer Platero entrando en la dehesa?
2. ¿Qué le había pasado?
3. ¿A dónde lo lleva el amo?
4. ¿Cómo está personificado el arroyo?
5. ¿Cómo muestra Platero su gratitud?

D. La tísica

1. ¿Por qué es "triste" la silla en que está sentada la niña?
2. ¿Por qué no sale la niña al campo?
3. ¿A qué se compara su voz?
4. ¿Tiene ella miedo a Platero? Explique.
5. ¿Cómo se porta Platero con ella?
6. ¿Qué parecía la niña con su hábito puro?

E. Alegría

1. ¿Con quiénes juega Platero?
2. ¿Qué impresión de Platero nos deja su juego con Diana?
3. ¿Cómo sufre Platero las locuras de los niños?
4. ¿Es realmente alegre el mundo de Platero?
5. Este capítulo es de una estructura admirable. Señale Ud. por qué.

F. La muerte

1. ¿Cómo era Platero en su cama de paja?
2. ¿Con qué descripción exagerada describe el autor la reacción del médico?
3. ¿Cómo se diferencian el médico y el poeta?
4. ¿Qué elementos realistas se encuentran en la descripción de la muerte de Platero?
5. ¿Es eficaz (*effective*) la imagen con la que el capítulo termina?

G. Melancolía

1. ¿A dónde ha ido el amo con los niños?
2. ¿Es triste o alegre la canción de los pájaros?
3. ¿Es dulce o amarga la atmósfera que crea el autor?
4. ¿Cuál es la pregunta que hace el amo a la sepultura?
5. ¿Cómo se le contesta?
6. Compare usted el final de este capítulo con el del capítulo anterior.

II. Translation

Translate the following sentences. They are grouped under capital letters which refer, as above, to the individual chapters.

A. Platero

1. Platero is as soft as cotton.
2. He likes to caress the little flowers in the meadow.
3. When I call him, he comes to me with a happy little trot.
4. They say that he eats oranges, grapes, and figs.
5. He is tender like a child, but all know that he is steel.

B. Mariposas blancas

1. The poet uses dark colors to describe the foggy night.
2. Behind the church tower there is a road that seems to be alive.
3. I like the picture of the man whose ugly face is seen in the light of the cigar.
4. He comes down to examine (**revisar**) the saddle bags, but he finds nothing.
5. The master doesn't have to pay the tax.

C. La púa

1. Platero suddenly began to limp.
2. He could hardly (**apenas**) walk on the burning sand.
3. I pulled out the long, green thorn, and took him to the brook.
4. The running water licked the wound with its long tongue.

D. La tísica

1. The poor girl is sitting in the middle of the cold bedroom.
2. The doctor had ordered her to go out to the country.
3. She cannot take the sun because she is sick and tired.
4. She is very happy when she goes for a ride on Platero.
5. Platero seemed to know that he was carrying a fragile flower.

E. Alegría

1. Platero's best friends are a dog, a goat, and the children.
2. The dog runs in front of Platero, sounding its little bell.
3. Platero goes slowly so that the children will not fall.
4. How he likes to play with them!

F. La muerte

1. Platero tried to get up but could not.
2. I sent for the doctor.
3. The doctor's enormous toothless mouth dropped when he saw the poor animal.
4. A beautiful butterfly flitted through the rays of the sun.

G. Melancolía

1. The children and I visited Platero's grave.
2. There are large, yellow irises that adorn the damp earth.
3. Birds are singing in the warm afternoon.
4. The children stopped shouting on arriving.
5. I wonder if Platero has forgotten his master.

‍‍

Jorge Luis Borges
1899–1986

Poet, essayist, and short story writer, Jorge Luis Borges is probably the most influential contemporary writer in the Spanish-speaking world and one of the most cosmopolitan and universal figures in world literature. Born in Argentina, he lived there until the age of fourteen, when his family moved to Switzerland. Here he received a French education that complemented the English training he had received earlier at the hands of his British grandmother. His years of literary apprenticeship from 1918 to 1921 were spent among the experimentalist poets of France, Switzerland, and Spain, and upon returning to Buenos Aires in 1921 he became the leader of the vanguard poets of that city. Gradually moving into prose with essays and stories, he won Argentina's highest literary prize, the Premio Nacional de Literatura, for his collection of stories, *El Aleph* (1949). A man of vast erudition, Borges has translated into Spanish works by Melville, Kafka, Faulkner, and Virginia Woolf, among others. With his book *Ficciones* he won in 1961 the prestigious Formentor international prize for literature, awarded by publishers from Germany, Spain, the United States, France, England, and Italy.

Borges's stories are a marvelous combination of fantasy and metaphysical themes, and he is a master of the detective story. The suspense and unexpected endings suggest the art of Poe and Kafka. An example of this is the story that follows, *El Evangelio según Marcos*, taken from the collection *El informe de Brodie* (1970).* According to the author himself, it is the best in the book.

* Buenos Aires: Emecé Editores. Copyright © 1970 by Emecé Editores, Buenos Aires. Reprinted by permission of Emecé Editores.

El Evangelio según Marcos[1]

El hecho sucedió[2] en la estancia[3] La Colorada, en el partido[4]
de Junín, hacia el sur, en los últimos días del mes de marzo de
1928. Su protagonista fue un estudiante de medicina, Baltasar
Espinosa. Podemos definirlo por ahora como uno de tantos
muchachos porteños,[5] sin otros rasgos dignos de nota que[6] esa   5
facultad oratoria que le había hecho merecer más de un premio
en el colegio inglés de Ramos Mejía y que[7] una casi ilimitada
bondad. No le gustaba discutir;[8] prefería que el interlocutor
tuviera razón y no él. Aunque los azares del juego[9] le intere-
saban, era un mal jugador, porque le desagradaba ganar. Su   10
abierta[10] inteligencia era perezosa; a los treinta y tres años le
faltaba rendir una materia[11] para graduarse, la que más lo
atraía. Su padre, que era librepensador, como todos los señores
de su época, lo había instruido en la doctrina de Herbert
Spencer,[12] pero su madre, antes de un viaje a Montevideo, le   15
pidió que todas las noches rezara el Padrenuestro[13] e hiciera la
señal de la cruz. A lo largo de los años no había quebrado[14]
nunca esa promesa. No carecía de coraje;[15] una mañana había
cambiado, con más indiferencia que ira, dos o tres puñetazos[16]
con un grupo de compañeros que querían forzarlo a participar   20
en una huelga[17] universitaria. Abundaba,[18] por espíritu de

---

[1] The Gospel according to St. Mark
[2] **El hecho sucedió** The event
took place
[3] **estancia** ranch
[4] **partido** district
[5] **porteños** name given to natives
of Buenos Aires
[6] **rasgos ... que** characteristics
worthy of note except
[7] **que** except
[8] **discutir** to argue
[9] **los azares del juego** gambling
chances
[10] **abierta** clear, broad

[11] **le faltaba ... materia** he needed
to pass a course
[12] English philosopher (1820–1903),
who called himself an agnostic,
considering God unknowable
[13] **rezara el Padrenuestro** say the
Lord's prayer
[14] **quebrar** to break
[15] **No ... coraje** He didn't lack
courage
[16] **puñetazos** blows
[17] **huelga** strike
[18] **Abundaba (en)** He was teeming
(with)

aquiescencia,[19] en opiniones o hábitos discutibles:[20] el país le importaba menos que el riesgo[21] de que en otras partes creyeran que usamos plumas;[22] veneraba a Francia pero menospreciaba[23] a los franceses.... Cuando Daniel, su primo, le propuso 25 veranear[24] en La Colorada, dijo inmediatamente que sí, no porque le gustara el campo sino por natural complacencia[25] y porque no buscó razones válidas para decir que no.

El casco[26] de la estancia era grande y un poco abandonado; las dependencias del capataz,[27] que se llamaba Gutre, estaban 30 muy cerca. Los Gutres eran tres: el padre, el hijo, que era singularmente tosco,[28] y una muchacha de incierta paternidad. Eran altos, fuertes, huesudos,[29] de pelo que tiraba a rojizo[30] y de caras aindiadas.[31] Casi no hablaban. La mujer del capataz había muerto hace años. 35

Espinosa, en el campo, fue aprendiendo cosas que no sabía y que no sospechaba. Por ejemplo, que no hay que galopar cuando uno se está acercando a las casas y que nadie sale a andar a caballo sino para cumplir con una tarea. Con el tiempo llegaría a distinguir los pájaros por el grito. 40

A los pocos días, Daniel tuvo que ausentarse a[32] la capital para cerrar una operación[33] de animales. A lo sumo, el negocio le tomaría una semana. Espinosa, que ya estaba un poco harto[34] de las *bonnes fortunes*[35] de su primo y de su infatigable interés por las variaciones de la sastrería,[36] prefirió quedarse en la estancia, con 45 sus libros de texto. El calor apretaba[37] y ni siquiera la noche traía

---

[19] **aquiescencia** acceptance
[20] **discutibles** questionable
[21] **riesgo** risk
[22] **creyeran...plumas** people might think that we wear feathers (i.e., that we are still savages)
[23] **menospreciaba** he looked down on
[24] **veranear** to spend the summer
[25] **complacencia** willingness to please
[26] **casco** main building
[27] **dependencias del capataz** foreman's quarters

[28] **tosco** coarse, uncouth
[29] **huesudos** bony
[30] **que tiraba a rojizo** which tended to be reddish
[31] **aindiadas** Indian-like
[32] **ausentarse a** to be away in
[33] **operación** business deal
[34] **harto** fed up
[35] **bonnes fortunes** good luck (French)
[36] **variaciones de la sastrería** changes in tailoring
[37] **apretaba** was getting oppressive

un alivio. En el alba, los truenos[38] lo despertaron. El viento zamarreaba las casuarinas.[39] Espinosa oyó las primeras gotas y dio gracias a Dios. El aire frio vino de golpe. Esa tarde, el Salado se desbordó.[40]   50

Al otro día, Baltasar Espinosa, mirando desde la galería los campos anegados,[41] pensó que la metáfora que equipara[42] la pampa con el mar no era, por lo menos esa mañana, del todo falsa, aunque Hudson había dejado escrito que el mar nos parece más grande, porque lo vemos desde la cubierta del barco y no   55 desde el caballo o desde nuestra altura. La lluvia no cejaba;[43] los Gutres, ayudados o incomodados por el pueblero,[44] salvaron buena parte de la hacienda,[45] aunque hubo muchos animales ahogados. Los caminos para llegar a La Colorada eran cuatro: a todos los cubrieron las aguas. Al tercer día, una gotera[46]   60 amenazó la casa del capataz; Espinosa les dio una habitación que quedaba en el fondo, al lado del galpón de las herramientas.[47] La mudanza[48] los fue acercando; comían juntos en el gran comedor. El diálogo resultaba difícil; los Gutres, que sabían tantas cosas en materia de campo, no sabían explicarlas. Una noche, Espinosa   65 les preguntó si la gente guardaba algún recuerdo de los malones,[49] cuando la comandancia[50] estaba en Junín. Le dijeron que sí, pero lo mismo hubieran contestado a una pregunta sobre la ejecución de Carlos Primero....

En toda la casa no había otros libros que una serie de la   70 revista *La Chacra*, un manual de veterinaria, un ejemplar de lujo del Tabaré,[51] una *Historia del Shorthorn en la Argentina*, unos cuantos relatos eróticos o policiales y una novela reciente: *Don*

[38] **el alba, los truenos**   dawn, the thunder
[39] **zamarreaba las casuarinas**   was shaking the beefwood trees
[40] **se desbordó**   overflowed
[41] **anegados**   flooded
[42] **equipara**   equated
[43] **cejar**   to cease, let up
[44] **pueblero**   (the green) city dweller
[45] **hacienda**   cattle

[46] **gotera**   leak
[47] **galpón de las herramientas**   tool shed
[48] **la mudanza**   the moving (of their quarters)
[49] **malones**   surprise attacks (by Indians)
[50] **comandancia**   military headquarters
[51] **Tabaré**   an epic poem

Segundo Sombra.[52] Espinosa, para distraer[53] de algún modo la sobremesa inevitable, leyó un par de capítulos a los Gutres, que eran analfabetos.[54] Desgraciadamente, el capataz había sido tropero[55] y no le podían importar las andanzas[56] de otro. Dijo que ese trabajo era liviano,[57] que llevaban siempre un carguero[58] con todo lo que se precisa y que, de no haber sido[59] tropero, no habría llegado nunca hasta la Laguna de Gómez, hasta el Bragado y hasta los campos de los Núñez, en Chacabuco....

Espinosa, que se había dejado crecer la barba, solía demorarse[60] ante el espejo para mirar su cara cambiada y sonreía al pensar que en Buenos Aires aburriría a los muchachos con el relato de la inundación del Salado. Curiosamente, extrañaba[61] lugares a los que no iba nunca y no iría: una esquina de la calle Cabrera en la que hay un buzón, unos leones de mampostería[62] en un portón[63] de la calle Jujuy, a unas cuadras del Once, un almacén con piso de baldosa[64] que no sabía muy bien donde estaba. En cuanto a sus hermanos y a su padre, ya sabrían por Daniel que estaba aislado[65]—la palabra, etimológicamente, era justa—por la creciente.[66]

Explorando la casa, siempre cercada[67] por las aguas, dio con una Biblia en inglés. En las páginas finales los Guthrie—tal era su nombre genuino—habían dejado escrita su historia. Eran oriundos[68] de Inverness,[69] habían arribado[70] a este continente, sin duda como peones,[71] a principios del siglo diecinueve, y se

[52] The most famous novel about gaucho life, written by Ricardo Güiraldes (1886–1927)
[53] **distraer...la sobremesa** to entertain in some way the after dinner conversation
[54] **analfabetos** illiterate
[55] **tropero** cattle driver
[56] **andanzas** adventures
[57] **liviano** light, trivial
[58] **carguero** beast of burden
[59] **de no haber sido** if he hadn't been
[60] **solía demorarse** was wont to linger

[61] **extrañaba** he missed
[62] **mampostería** irregularly shaped stones
[63] **portón** gate
[64] **baldosa** tiles
[65] **aislar** (from **isla,** island) to isolate
[66] **la creciente** flood
[67] **cercada** surrounded
[68] **oriundos** natives
[69] **Inverness** a port city in Scotland
[70] **arribar** to arrive
[71] **peones** laborers, farm hands

habían cruzado con indios. La crónica cesaba hacia mil ocho-
cientos setenta y tantos; ya no sabían escribir. Al cabo de unas
pocas generaciones habían olvidado el inglés; el castellano,   100
cuando Espinosa los conoció, les daba trabajo. Carecían de fe,
pero en su sangre perduraban, como rastros[72] oscuros, el duro
fanatismo del calvinista y las supersticiones del pampa. Espinosa
les habló de su hallazgo[73] y casi no escucharon.

Hojeó[74] el volumen y sus dedos lo abrieron en el comienzo del 105
Evangelio según Marcos. Para ejercitarse en la traducción y
acaso para ver si entendían algo, decidió leerles ese texto después
de la comida. Le sorprendió que lo escucharan con atención y
luego con callado interés. Acaso la presencia de las letras de oro
en la tapa[75] le diera más autoridad. Lo llevan en la sangre, pensó. 110
También se le ocurrió que los hombres, a lo largo del tiempo, han
repetido siempre dos historias: la de un bajel[76] perdido que busca
por los mares mediterráneos una isla querida, y la de un dios que
se hace crucificar en el Gólgota.[77] Recordó las clases de elocución
en Ramos Mejía y se ponía de pie para predicar las parábolas.[78] 115

Los Gutres despachaban[79] la carne asada y las sardinas para
no demorar el Evangelio.

Una corderita[80] que la muchacha mimaba[81] y adornaba con
una cintita celeste[82] se lastimó con un alambrado de púa.[83] Para
parar la sangre, querían ponerle una telaraña;[84] Espinosa la curó 120
con unas pastillas.[85] La gratitud que esa curación despertó no
dejó de asombrarlo. Al principio, había desconfiado de los
Gutres y había escondido en uno de sus libros los doscientos
cuarenta pesos que llevaba consigo; ahora, ausente el patrón, él
había tomado su lugar y daba órdenes tímidas, que eran 125
inmediatamente acatadas.[86] Los Gutres lo seguían por las piezas

---

[72] **perduraban, como rastros
oscuros**   persisted, like hidden
traits
[73] **hallazgo**   find, discovery
[74] **hojear**   to leaf or glance through
[75] **tapa**   cover
[76] **bajel**   ship
[77] **Gólgota**   Golgotha, the place
where Jesus was crucified
[78] **predicar las parábolas**   to
preach the parables

[79] **despachaban**   would quickly
finish
[80] **corderita**   little lamb
[81] **mimaba**   babied
[82] **cintita celeste**   little blue ribbon
[83] **se lastimó ... púa**   hurt itself on
a strand of barbed wire
[84] **telaraña**   spider web
[85] **pastillas**   pills
[86] **acatadas**   obeyed

y por el corredor, como si anduvieran perdidos. Mientras leía, notó que le retiraban las migas[87] que él había dejado sobre la mesa. Una tarde los sorprendió hablando de él con respeto y pocas palabras. Concluido el Evangelio según Marcos, quiso leer 130 otro de los tres que faltaban; el padre le pidió que repitiera el que ya había leído, para entenderlo bien. Espinosa sintió que eran como niños, a quienes la repetición les agrada más que la variación o la novedad. Una noche soñó con el Diluvio,[88] lo cual no es de extrañar;[89] los martillazos[90] de la fabricación del arca[91] 135 lo despertaron y pensó que acaso eran truenos. En efecto, la lluvia, que había amainado,[92] volvió a recrudecer.[93] El frío era intenso. Le dijeron que el temporal[94] había roto el techo del galpón de las herramientas[47] y que iban a mostrárselo cuando estuvieran arregladas las vigas.[95] Ya no era un forastero[96] y todos 140 lo trataban con atención y casi lo mimaban. A ninguno[97] le gustaba el café, pero había siempre una tacita para él, que colmaban de azúcar.

El temporal ocurrió un martes. El jueves a la noche lo recordó[98] un golpecito suave en la puerta que, por las dudas,[99] él 145 siempre cerraba con llave. Se levantó y abrió: era la muchacha. En la oscuridad no la vio, pero por los pasos notó que estaba descalza[100] y después, en el lecho, que había venido desde el fondo, desnuda. No lo abrazó, no dijo una sola palabra; se tendió junto a él y estaba temblando. Era la primera vez que conocía a 150 un hombre. Cuando se fue, no le dio un beso; Espinosa pensó que ni siquiera sabía cómo se llamaba. Urgido[101] por una íntima razón que no trató de averiguar,[102] juró que en Buenos Aires no le contaría a nadie esa historia.

[87] **le retiraban las migas**   they took away the crumbs
[88] **Diluvio**   (biblical) Flood
[89] **lo cual ... extrañar**   which is not surprising
[90] **martillazos**   hammer-blows
[91] **arca**   ark
[92] **amainado**   let up
[93] **recrudecer**   to grow worse
[94] **temporal**   storm
[95] **arregladas las vigas**   (when the) beams were fixed

[96] **forastero**   stranger
[97] **A ninguno**   i.e., none of them liked
[98] **lo recordó**   he was awakened by (a light tap)
[99] **por las dudas**   just in case
[100] **descalza**   barefoot
[101] **Urgido**   Impelled
[102] **averiguar**   to look into, to ascertain

El día siguiente comenzó como los anteriores, salvo que el 155
padre habló con Espinosa y le preguntó si Cristo se dejó matar
para salvar a todos los hombres. Espinosa, que era librepensador
pero que se vio obligado a justificar lo que les había leído, le
contestó:

—Sí. Para salvar a todos del infierno. 160

Gutre le dijo entonces:

—¿Qué es el infierno?

—Un lugar bajo tierra donde las ánimas arderán[103] y
arderán.

—¿Y tambien se salvaron los que le clavaron[104] los clavos? 165

—Sí—replicó Espinosa, cuya teologia era incierta.

Había temido que el capataz le exigiera cuentas[105] de lo
ocurrido anoche con su hija.

Después del almuerzo, le pidieron que releyera los últimos
capítulos. 170

Espinosa durmió una siesta larga, un leve sueño interrum-
pido por persistentes martillos[106] y por vagas premoniciones.
Hacia el atardecer se levantó y salió al corredor. Dijo como si
pensara en voz alta:

—Las aguas están bajas. Ya falta poco.[107] 175

—Ya falta poco—repitió Gutre, como un eco.

Los tres lo habían seguido. Hincados[108] en el piso de piedra le
pidieron la bendición.[109] Después lo maldijeron, lo escupieron y
lo empujaron[110] hasta el fondo. La muchacha lloraba. Cuando
abrieron la puerta, vio el firmamento.[111] Un pájaro gritó; pensó: 180
Es un jilguero.[112] El galpón estaba sin techo; habían arrancado
las vigas[113] para construir la Cruz.

---

[103] **las ánimas arderán**　the souls
will burn
[104] **clavaron**　nailed (**clavo,** nail)
[105] **le exigiera cuentas**　would
demand from him an explanation
[106] **martillos**　hammers
[107] **Ya falta poco**　It won't be long
now
[108] **Hincados**　Kneeling
[109] **la bendición**　his blessing
[110] **lo maldijeron, lo escupieron y lo**

empujaron　they cursed him, spit
on him, pushed him ("And they
smote him on the head with a reed
and did spit upon him." St. Mark,
15, v. 19.)
[111] **firmamento**　sky
[112] **jilguero**　goldfinch (often kept as
a cage bird)
[113] **habían arrancado las**
vigas　they had torn away the
beams

EXERCISES

I. Cuestionario

1. ¿Cuáles son los rasgos más salientes (*outstanding*) del carácter y la personalidad de Baltasar Espinosa?
2. ¿Qué instrucción contradictoria había recibido de sus padres?
3. ¿Adónde fue a pasar el verano? ¿Por qué?
4. ¿Quiénes habitan la estancia? Describa a los primeros miembros de la familia Gutre que llegaron a América.
5. ¿Qué rastros (*vestiges*) de su herencia perduran todavía en los Gutres?
6. ¿Cómo son importantes estos rastros para explicar el final del cuento?
7. ¿Cómo era el temporal (*storm*) que vino de golpe?
8. ¿Puede Ud. pensar en cómo el temporal influye en el desenlace (*outcome*)?
9. ¿Por qué decidió Baltasar leerles a los Gutres el Evangelio según Marcos?
10. ¿Les gusta o no que Baltasar se lo lea?
11. Describa lo que pasa con la corderita. ¿Qué importancia tiene este episodio?
12. ¿Cómo reemplaza Baltasar al patrón ausente? ¿Lo toman a mal los Gutres? Explique.
13. ¿Por qué le pregunta el padre a Baltasar si Cristo se dejó matar para salvar a todos los hombres?
14. ¿Por qué no dijo nada el padre de lo ocurrido con su hija?
15. Explique por qué mataron a Espinosa.
16. ¿Justifican estas razones el final inesperado?

II. Word formation

1. The opposite meaning of a word is often obtained by using the prefix **in-** or its variants: **im-, i-, ir-.**
   Examples from the text:

   incierto (*cierto*)
   ilimitado (*limitado*)

Observe the spelling in other examples:

mortal: **inmortal;**
religioso: **irreligioso**

2. The prefix **des-** is also frequently used. Examples from the text:

confiar: **desconfiar**
agradar: **desagradar**

3. Occasionally the adverb **poco** must be used:

común: **poco común.**

Give the antonym of the boldface words in the sentences below. Consult a dictionary when in doubt.

1. María es una muchacha **contenta.**
2. Oí ayer una conferencia **elocuente.**
3. Su última carta era **ilegible.**
4. Vi una película muy **moral.**
5. Eso es una gran **ventaja.**
6. La aldea era **accesible.**
7. Su pulso es **regular.**
8. Perdió la vida por su **honra.**
9. La novela fue escrita por un autor **conocido.**
10. Creo que la sentencia es **justa.**

B. Formation of families of words through the use of suffixes.

Using the suffix **-ero** to denote the person, and **-ería** the place (of business), supply the missing words according to the examples. Be careful of changes in spelling in some words.

THING	PERSON	PLACE
libro	**librero**	**librería**
pan	**panadero**	**panadería**
papel		
sombrero		
tabaco		
ropa		
barba		
reloj		
zapato		
carne		**carnicería**

Answer in Spanish:

1. ¿Dónde trabaja un tendero?
2. ¿Cómo se llama una persona que cuida el jardín?
3. ¿Qué se encuentra en una gallinería?
4. ¿Dónde trabaja una lavandera?
5. ¿Por qué quieren los niños al chocolatero?
6. ¿Dónde pasa el cocinero la mayor parte de su tiempo?
7. Después de graduarse en ingeniería, una persona es _____.
8. ¿Cómo se llama el lugar donde trabaja un carpintero?

III. Subjunctive review

In the sentences below, taken from the text, select between the indicative and subjunctive forms of the verbs in parentheses:

1. No le gustaba discutir; prefería que el interlocutor (**tenía razón, tuviera razón**) y no él.
2. Aunque el juego le (**interesaba, interesara**), era un mal jugador.
3. Su madre le pidió que todas las noches (**rezara, rezaría**) el Padrenuestro.
4. Los Gutres salvaron buena parte de la hacienda, aunque (**hubo, hubiera**) muchos animales ahogados.
5. Sus hermanos y su padre sabrían por Daniel que (**estaba, estuviera**) aislado.
6. Le sorprendió que lo (**escuchaban, escucharan**) con atención.
7. Acaso la presencia de las letras de oro en la tapa del libro le (**diera, daba**) más autoridad.
8. Los Gutres lo seguían por las piezas y por el corredor, como si (**andaban, anduvieran**) perdidos.

IV. Idiom review

Review the following common expressions before translating the sentences below:

tener razón	*to be right*
carecer de	*to lack*
volver a + *inf.*	*to do (something) again*
soñar con	*to dream of or about*

dar con   *to come across*
no dejar de + *inf.*   *not to fail to, never to stop*

1. (While) exploring the house, Espinosa came upon a Bible in English.
2. In the beginning he dreamed about returning to the city, but now the country does not displease him.
3. The Gutres lacked faith, but their ancestors **(antepasados)** had been fanatical Calvinists.
4. The father asked Espinosa to read the gospel again.
5. After he cured the little lamb **(corderita),** the Gutres didn't fail to show their respect at every moment.
6. Was Espinosa right in his interpretation of the gospel?

Miguel Delibes

1920–

Unlike some writers at the start of their literary careers who never live up to the promise of their good first novels, Miguel Delibes established himself with each succeeding work as one of the most prolific and outstanding men of contemporary Spanish letters. Born in Valladolid, he was for many years a professor at the Escuela de Comercio in that city, and editor of the newspaper *El norte de Castilla*.

When only twenty-seven years old, Delibes made his name nationally known with his first novel, *La sombra del ciprés es alargada*, which won the important Nadal Prize for 1947. Other prizes awarded him have been the Premio Nacional de Literatura and the Premio "Juan March," and in 1975 he was elected to the Spanish Academy of Letters.

There is an interesting dualism to be noted in the development of Delibes' work. Some of his early novels seemed to indicate that he would follow the path of **tremendismo;*** yet, in his third novel, *El camino* (1950), considered by many to be one of his best, seriousness and pessimism give way to a delightful freshness and naturalness, to gentle humor and human tenderness. His keen delineation of the adolescent character, predominant in *El camino*, is a characteristic of the major part of his production.

Characteristic, too, is the consummate artistry of his prose. His style is simple and direct, but also poetic. You will discover his skill as a narrator in the intensely human, moving, and sensitive short story that follows. Loneliness is never harder to bear than "on a night like this."

---

* See introduction to Cela, p. 52.

En una noche así

Yo no sé qué puede hacer un hombre recién salido de la
cárcel, en una fría noche de Navidad y con dos duros en el
bolsillo. Casi lo mejor si, como en mi caso, se encuentra solo, es
ponerse a silbar[1] una banal canción infantil y sentarse al relente[2]
del parque a observar cómo pasa la gente y los preparativos de la   5
felicidad de la gente. Porque lo peor no es el estar solo, ni el
hiriente frío de la Nochebuena,[3] ni el terminar de salir de la
cárcel, sino el encontrarse uno a los treinta años con el hombro
izquierdo molido por el reuma,[4] el hígado trastornado,[5] la boca
sin una pieza[6] y hecho[7] una dolorosa y total porquería. Y   10
también es mala la soledad, y la conciencia de la felicidad
aleteando[8] en torno pero sin decidirse a entrar en uno. Todo eso
es malo como es malo el sentimiento de todo ello y como es
absurda y torpe[9] la pretensión de reformarse uno de cabo a
rabo[10] en una noche como ésta, con el hombro izquierdo molido   15
por el reuma y con un par de duros en el bolsillo.

La noche está fría, cargada de nubes grises, que amenazan
nieve. Es decir, puede nevar o no nevar, pero que nieve o no
nieve no remediará mi reuma, ni mi boca desdentada,[11] ni el
horroroso vacío de mi estómago. Por eso fui a donde había   20
música y me encontré a un hombre con la cara envuelta en una
hermosa bufanda,[12] pero con un traje raído,[13] cayéndosele a
pedazos.[14] Estaba sentado en la acera, ante un café brillan-
temente iluminado y tenía entre las piernas, en el suelo, una
boina negra, cargada de monedas de poco valor. Me aproximé a   25
él y me detuve a su lado sin decir palabra, porque el hombre

[1] **silbar**   to whistle
[2] **al relente**   in the dampness
[3] **hiriente...Nochebuena**   biting
cold of Christmas Eve.
[4] **molido por el reuma**   consumed
by rheumatism
[5] **hígado trastornado**   liver in bad
shape
[6] **pieza**   (*here*) tooth

[7] **hecho...porquería**   having
become a complete and pitiful mess
[8] **aletear**   to flutter
[9] **torpe**   stupid
[10] **de cabo a rabo**   from head to foot
[11] **desdentada**   toothless
[12] **bufanda**   muffler
[13] **raído**   threadbare
[14] **caerse a pedazos**   to fall to pieces

interpretaba en ese momento en su acordeón "El Danubio Azul," y hubiera sido un pecado interrumpirle. Además, yo tenía la sensación de que tocaba para mí, y me emocionaba el que[15] un menesteroso[16] tocase para otro menesteroso en una noche como ésa. Y al concluir la hermosa pieza le dije: 30

—¿Cómo te llamas?

Él me miró con las pupilas semiocultas entre los párpados,[17] como un perro implorando para que no le den puntapiés.[18] Yo le dije de nuevo: 35

—¿Cómo te llamas?

Él se incorporó y me dijo:

—Llámame Nicolás.

Recogió la gorra,[19] guardó las monedas en el bolsillo y me dijo: 40

—¿Te parece que vayamos andando?[20]

Y yo sentía que nos necesitábamos el uno al otro, porque en una noche como ésa un hombre necesita de otro hombre y todos[21] del calor de la compañía. Y le dije: 45

—¿Tienes familia?

Me miró sin decir nada. Yo insistí y dije:

—¿Tienes familia?

Él dijo, al fin:

—No te entiendo. Habla más claro.

Yo entendía que ya estaba lo suficientemente claro, pero le 50 dije:

—¿Estás solo?

Y él me dijo:

—Ahora estoy contigo.

—¿Sabes tocar andando?—le dije yo.

—Sé—me dijo. 55

Y le pedí que tocara "Esta noche es Nochebuena" mientras caminábamos, y los escasos transeúntes rezagados,[22] nos mira-

---

[15] **el que** the fact that (keep on the lookout for this throughout the story)
[16] **menesteroso** needy person
[17] **párpados** eyelids
[18] **puntapiés** kicks
[19] **Recogió la gorra** He picked up his cap

[20] **¿Te...andando?** What do you say we take a walk?
[21] **todos** Supply **necesitan**
[22] **transeúntes rezagados** lagging pedestrians

ban con un poco de recelo,[23] y yo, mientras Nicolás tocaba, me
acordaba de mi hijo muerto y de la Chelo y de dónde andaría la
Chelo y de dónde andaría mi hijo muerto. Y cuando concluyó   60
Nicolás, le dije:

—¿Quieres tocar ahora "Quisiera ser tan alto como la luna,
ay, ay"?

Yo hubiera deseado que Nicolás tocase de una manera
continua, sin necesidad de que yo se lo pidiera, todas la piezas   65
que despertaban en mí un eco lejano, o un devoto recuerdo, pero
Nicolás se interrumpía a cada pieza y yo había de[24] rogarle que
tocara otra cosa en su acordeón, y para pedírselo había de volver
de mi recuerdo a mi triste realidad actual, y cada incorporación
al pasado me costaba un estremecimiento[25] y un gran dolor.   70

Y así andando, salimos de los barrios[26] céntricos y nos ha-
llamos más a gusto en pleno foco[27] de artesanos y menestrales.[28]
Y hacía tanto frío que hasta el resuello[29] del acordeón se
congelaba en el aire como un girón[30] de niebla blanquecina.
Entonces le dije a Nicolás: 75

—Vamos ahí dentro. Hará menos frío.

Y entramos en una taberna destartalada,[31] sin público, con
una larga mesa de tablas de pino sin cepillar[32] y unos bancos tan
largos como la mesa. Hacía bueno allí y Nicolás se recogió[33] la
bufanda. Vi entonces que tenía media cara sin forma, con la   80
mandíbula inferior quebrantada[34] y la piel arrugada y recogida[35]
en una pavorosa cicatriz.[36] Tampoco tenía ojo en ese lado. Él me
vio mirarle y me dijo:

—Me quemé.

---

[23] **recelo**   misgiving, suspicion
[24] **yo había de**   Note this strong use
of **haber de,** having the force of
tener que.
[25] **estremecimiento**   trembling
[26] **barrios**   areas, quarters
[27] **foco**   core, center
[28] **menestrales**   workmen
[29] **resuello . . . se
congelaba**   breathing . . . froze

[30] **girón**   strip
[31] **destartalada**   shabby-looking
[32] **tablas de pino sin cepillar**
rough pine boards
[33] **se recogió**   removed
[34] **mandíbula . . . quebrantada**   a
broken lower jaw
[35] **arrugada y recogida**   shriveled
and drawn
[36] **cicatriz**   scar

Salió el tabernero, que era un hombre enorme, con el cogote[37] recto y casi pelado[38] y un cuello ancho, como de toro. Tenía facciones abultadas[39] y la camisa recogida por encima de los codos. Parecía uno de esos tipos envidiables, que no tienen frío nunca.

—Iba a cerrar—dijo.

Y yo dije:

—Cierra. Estaremos mejor solos.

Él me miró y, luego, miró a Nicolás. Vacilaba. Yo dije:

—Cierra ya. Mi amigo hará música y beberemos. Es Nochebuena.

Dijo Nicolás:

—Tres vasos.

El hombrón,[40] sin decir nada, trancó[41] la puerta, alineó tres vasos en el húmedo mostrador de zinc y los llenó de vino. Apuré[42] el mío y dije:

—Nicolás, toca "Mambrú se fue a la guerra," ¿quieres?

El tabernero hizo un gesto patético. Nicolás se detuvo. Dijo el tabernero:

—No; tocará antes "La última noche que pasé contigo." Fue el último tango que bailé con ella.

Se le ensombreció la mirada de un modo extraño. Y mientras Nicolás tocaba, le dije:

—¿Qué?[43]

Dijo él:

—Murió. Va para tres años.[44]

Llenó las vasos de nuevo y bebimos, y los volvió a llenar y volvimos a beber, y los llenó otra vez y otra vez bebimos; después, sin que yo dijera nada, Nicolás empezó a tocar "Mambrú se fue a la guerra," con mucho sentimiento. Noté que me apretaba la garganta y dije:

—Mi chico cantaba esto cada día.

---

[37] **cogote** back of the neck
[38] **recto y casi pelado** straight and almost bare
[39] **abultadas** massive
[40] **hombrón** husky fellow

[41] **trancar** to bar, to bolt
[42] **apurar** to finish
[43] **¿Qué?** What happened (to her)?
[44] **Va para tres años.** It's almost three years ago.

El tabernero llenó otra vez los vasos y dijo, sorprendido:

—¿Tienes un hijo que sabe cantar?

Yo dije:

—Le tuve.   120

Él dijo:

—También mi mujer quería un hijo y se me fue sin conseguirlo. Ella era una flor, ¿sabes? Yo no fui bueno con ella y se murió. ¿Por qué será que mueren siempre los mejores?

Nicolás dejó de tocar. Dijo: 125

—No sé de qué estáis hablando. Cuando la churrera[45] me abrasó la cara la gente bailaba "La morena de mi copla." Es de lo único que me acuerdo.

Bebió otro vaso y tanteó[46] en el acordeón "La morena de mi copla." Luego lo tocó ya formalmente.[47] Volvió a llenar los vasos   130 el tabernero y se acodó en el mostrador. La humedad y el frío del zinc no parecían transmitirse a sus antebrazos desnudos, sólidos como troncos. Yo le miraba a él, y miraba a Nicolás, y miraba al resto del recinto despoblado[48] y entreveía en todo ello un íntimo e inexplicable latido[49] familiar. A Nicolás le brillaba el ojo   135 solitario con unos fulgores extraños. El tabernero dulcificó su dura mirada, y después de beber, dijo:

—Entonces ella no me hacía ni fu ni fa.[50] Parecía como si las cosas pudieran ser de otra manera, y a veces yo la quería y otras veces la maltrataba, pero nunca me parecía que fuera ella nada   140 extraordinario.[51] Y luego, al perderla, me dije: "Ella era una flor." Pero ya la cosa no tenía remedio[52] y a ella la enterraron y el hijo que quería no vino nunca. Así son las cosas.

En tanto duró su discurso, yo me bebí un par de copas; por supuesto, con la mayor inocencia. Yo no buscaba en una noche   145 como ésta la embriaguez,[53] sino la sana y caliente alegría de Dios y un amplio y firme propósito de enmienda. Y la música que

---

[45] **churrera**   woman who makes and sells **churros,** a foodstuff like fritters or crullers

[46] **tantear**   to try out, to test

[47] **formalmente**   seriously

[48] **recinto despoblado**   deserted room

[49] **latido**   beat

[50] **no hacer(le) ni fu ni fa**   to not matter (to him) one way or the other

[51] **nada extraordinario**   anything very special

[52] **la cosa . . . remedio**   But it was now too late

[53] **embriaguez**   drunkenness

Nicolás arrancaba del acordeón estimulaba mis rectos impulsos y me empujaba a amarle a él, a amar al tabernero y a amar a mi hijo muerto y a perdonar a la Chelo su desvío.[54] Y dije: 150
—Cuando el chico cayó enfermo yo dije a la Chelo que avisara al médico y ella me dijo que un médio costaba diez duros. Y yo dije: "¿Es dinero eso?" Y ella dijo: "Yo no sé si será dinero o no, pero yo no lo tengo." Y yo dije, entonces: "Yo tampoco lo tengo, pero eso no quiere decir que diez duros sean dinero."   155
Nicolás me taladraba[55] con su ojo único, enloquecido por el vino. Había dejado de tocar y el acordeón pendía desmayado[56] de su cuello, sobre el vientre, como algo frustrado o prematuramente muerto. El instrumento tenía mugre[57] en las orejas y en las notas y cn los intersticios del fuelle;[58] pero sonaba bien, y   160
lo demás no importaba. Y cuando Nicolás apuró otra copa, le bendije interiormente, porque se me hacía[59] que bebía música y experiencia y disposición para la música. Le dije:
—Toca "Silencio en la noche," si no estás cansado.
Pero Nicolás no me hizo caso; quizás no me entendía. Su   165
único ojo adquirió de pronto una expresión ausente. Dijo Nicolás:
—¿Por qué he tenido yo en la vida una suerte tan perra?[60] Un día yo vi en el escaparate[61] de una administración de loterías[62] el número 21 y me dije: "Voy a comprarle;[63] alguna vez ha de tocar   170
el número 21." Pero en ese momento pasó un vecino y me dijo: "¿Qué miras en ese número, Nicolás? La lotería no cae en los números bajos." Y yo pensé: "Tiene razón; nunca cae la lotería en los números bajos." Y no compré el número 21 y compré el 47.234.   175
Nicolás se detuvo y suspiró. El tabernero miraba a Nicolás con atención concentrada. Dijo:
—¿Cayó, por casualidad, el gordo[64] en el número 21?

---

[54] **desvío**   running away
[55] **taladrar**   to drill, to pierce
[56] **desmayado**   lifeless
[57] **mugre**   dirt
[58] **intersticios del fuelle**   creases of the bellows
[59] **se me hacía**   I imagined
[60] **perra**   hard, bitter

[61] **escaparate**   (display) window
[62] **administración de loterías**   place where lottery tickets are sold
[63] **comprarle**   Note the pronoun **le** instead of **lo.**
[64] **el gordo**   first prize

A Nicolás le brillaba, como de fiebre, el ojo solitario. Se
aclaró la voz con un carraspeo[65] y dijo: 180
—No sé; pero en el 47.234 no me tocó ni el reintegro.[66] Fue
una cochina[67] suerte la mía.

Hubo un silencio y los tres bebimos para olvidar la negra
suerte de Nicolás. Después bebimos otra copa para librarnos, en
el futuro, de la suerte perra. Entre los tres iba cuajando[68] un casi   185
visible sentimiento de solidaridad. Bruscamente, el tabernero nos
volvió la espalda y buscó un nuevo frasco en la estantería.[69]
Entonces noté yo debilidad en las rodillas, y dije:
—Estoy cansado; vamos a sentarnos.

Y nos sentamos, Nicolás y yo en el mismo banco y el   190
tabernero, con la mesa por medio, frente a nosotros; y apenas
sentados, el tabernero dijo:
—Yo no sé qué tenía aquella chica que las demás no tienen.
Era rubia, de ojos azules, y a su tiempo, se movía bien. Era una
flor. Ella me decía: "Pepe, tienes que vender la taberna y   195
dedicarte a un oficio más bonito." Y yo le decía: "Sí, encanto."[70]
Y ella me decía: "Es posible que entonces tengamos un hijo." Y
yo le decía, "Sí, encanto." Y ella decía: "Si tenemos un hijo,
quiero que tenga los ojos azules como yo." Y yo le decía: "Sí,
encanto." Y ella decía...   200
Balbucí[71] yo:
—Mi chico también tenía los ojos azules y yo quería que
fuese boxeador. Pero la Chelo se plantó[72] y me dijo que si el chico
era boxeador ella se iba. Y yo le dije: "Para entonces ya serás
vieja; nadie te querrá." Y ella se echó a llorar. También lloraba   205
cuando el chico se puso malito[73] y yo, aunque no lloraba, sentía
un gran dolor aquí. Y la Chelo me echaba en cara[74] el que yo no
llorase, pero yo creo que el no llorar deja el sentimiento dentro y
eso es peor. Y cuando llamamos al médico, la Chelo volvió a
llorar porque no teníamos los diez duros y yo le pregunté: "¿Es   210

---

[65] **carraspeo**   hoarse grunt
[66] **el reintegro**   what I paid for it
[67] **cochina**   filthy
[68] **cuajar**   to take shape
[69] **estantería**   shelf
[70] **encanto**   delight; (translate)
      darling

[71] **balbucir**   to stammer
[72] **se plantó**   balked
[73] **malito**   (diminutive of **malo**) sick
[74] **me echaba...llorase**
      reproached me for not crying

dinero eso?'' El chico no tenía los ojos azules por entonces, sino pálidos y del color del agua. El médico, al verlo, frunció el morro[75] y dijo: "Hay que operar en seguida." Y yo dije: "Opere." La Chelo me llevó a un rincón y me dijo: "¿Quién va a pagar todo esto? ¿Estás loco?" Yo me enfadé: "¿Quién ha de 215 pagarlo? Yo mismo," dije. Y trajeron una ambulancia y aquella noche yo no me fui a echar la partida,[76] sino que me quedé junto a mi hijo, velándole. Y la Chelo lloraba en un rincón, sin dejarlo un momento.

Hice un alto[77] y bebí un vaso. Fuera sonaban las campanas 220 anunciando la misa del Gallo.[78] Tenían un tañido[79] lejano y opaco aquella noche y Nicolás se incorporó y dijo:

—Hay nieve cerca.

Se aproximó a la ventana, abrió el cuarterón,[80] lo volvió a cerrar y me enfocó su ojo triunfante: 225

—Está nevando ya—dijo—. No me he equivocado.

Y permanecimos callados un rato, como si quisiésemos escuchar desde nuestro encierro el blando posarse[81] de los copos sobre las calles y los tejados. Nicolás volvió a sentarse y el tabernero dijo destemplado:[82] 230

—¡Haz música!

Nicolás ladeó la cabeza y abrió el fuelle del acordeón en abanico. Comenzó a tocar "Adiós, muchachos, compañeros de mi vida." El tabernero dijo:

—Si ella no se hubiera emperrado[83] en pasar aquel día con su 235 madre, aún estaría aquí, a mi lado. Pero así son las cosas. Nadie sabe lo que está por[84] pasar. También si no hubiera tabernas el chófer estaría sereno[85] y no hubiera ocurrido lo que ocurrió. Pero el chófer tenía que estar borracho y ella tenía que ver a su madre y los dos tenían que coincidir en la esquina precisamente, y nada 240 más. Hay cosas que están escritas y nadie puede alterarlas.

---

[75] **frunció el morro**   pursed his lips
[76] **echar la partida**   to play (e.g., cards)
[77] **hacer un alto**   to stop
[78] **misa del Gallo**   midnight Mass
[79] **tañido**   sound, tone
[80] **cuarterón**   shutter
[81] **posarse de los copos**   landing of the flakes

[82] **destemplado**   irritably
[83] **emperrarse**   to be obstinate, to insist
[84] **estar por**   to be ready to, to be about to
[85] **sereno**   sober

Nicolás interrumpió la pieza. El tabernero le miró airado[86] y dijo:

—¿Quieres tocar de una vez?[87]

—Un momento—dijo Nicolás—. El que yo no comprara el 245
décimo[88] de lotería con el número 21 aquella tarde fue sólo culpa
mía y no puede hablarse de mala suerte. Ésta es la verdad. Y si la
churrera me quemó es porque yo me puse debajo de la sartén.[89]
Bueno. Pero ella estaba encima y lo que ella decía es que lo
mismo que me quemó pudo ella coger una pulmonía[90] con el aire 250
del acordeón. Bueno. Todo son pamplinas[91] y ganas de enredar[92]
las cosas. Yo le dije: "Nadie ha pescado una pulmonía con el
aire de un acordeón, que yo sepa." Y ella me dijo: "Nadie abrasa
a otro con el aceite de freír los churros." Yo me enfadé y dije:
"¡Caracoles, usted a mí!"[93] Y la churrera dijo: "También pude 255
yo pescar una pulmonía con el aire del acordeón."

A Nicolás le brillaba el ojo como si fuese a llorar. Al tabernero
parecía fastidiarle el desahogo[94] de Nicolás.

—Toca; hoy es Nochebuena—dijo.

Nicolás sujetó entre sus dedos el instrumento. Preguntó: 260

—¿Qué toco?

El tabernero entornó[95] los ojos, poseído de una acuciante[96] y
turbadora nostalgia:

—Toca de nuevo "La última noche que pasé contigo", si no
te importa. 265

Escuchó en silencio los primeros compases[97] como apro-
bando. Luego dijo:

—Cuando bailábamos, ella me cogía a mí por la cintura en
vez de ponerme la mano en el hombro. Creo que no alcanzaba a
mi hombro porque ella era pequeñita y por eso me agarraba por 270
la cintura. Pero eso no nos perjudicaba[98] y ella y yo ganamos un

---

[86] **airado**   angrily
[87] **de una vez**   once and for all
[88] **décimo**   tenth part of a lottery
ticket
[89] **sartén**   frying pan
[90] **lo mismo que ... pulmonía**   just
as she burned me, she could have
caught pneumonia
[91] **pamplinas**   nonsense

[92] **enredar**   to tangle up
[93] **¡Caracoles, usted a mí!**   Darn it!
Enough of that!
[94] **desahogo**   relief, unburdening
[95] **entornar**   to half-close
[96] **acuciante**   sharp
[97] **compases** (singular **compás**)
measures (music)
[98] **perjudicar**   to hurt

concurso de tangos. Ella bailaba con mucho sentimiento el tango. Un jurado[99] le dijo: "Chica, hablas con los pies." Y ella vino a mí a que la besara en los labios porque habíamos ganado el concurso de tangos y porque para ella el bailar bien el tango 275 era lo primero y más importante en la vida después de tener un hijo.

Nicolás pareció despertar de un sueño.

—¿Es que no tienes hijos?—preguntó.

El tabernero arrugó la frente. 280

—He dicho que no. Iba a tener uno cuando ella murió. Para esos asuntos iba a casa de su madre. Yo aún no lo sabía.

Yo bebí otros vaso antes de hablar. Tenía tan presente a mi hijo muerto que se me hacía que el mundo no había rodado desde entonces. Apenas advertí la ronquera[100] de mi voz cuando dije: 285

—Mi hijo murió aquella noche y la Chelo se marchó de mi lado sin despedirse. Yo no sé qué temería la condenada[101] puesto que el chico ya no podía ser boxeador. Pero se fue y no he sabido de ella desde entonces.

El acordeón de Nicolás llenaba la estancia de acentos modu- 290 lados como caricias. Tal vez por ello el tabernero, Nicolás y un servidor[102] nos remontábamos[103] en el aire con sus notas, añorando[104] las caricias que perdimos. Sí, quizá fuera por ello, por el acordeón; tal vez por la fuerza evocadora de una noche como ésta. El tabernero tenía ahora los codos incrustados en las 295 rodillas y la mirada perdida bajo la mesa de enfrente.

Nicolás dejó de tocar. Dijo:

—Tengo la boca seca.

Y bebió dos nuevos vasos de vino. Luego apoyó el acordeón en el borde de la mesa para que su cuello descansara de la 300 tirantez[105] del instrumento. Le miré de refilón[106] y vi que tenía un salpullido[107] en la parte posterior del pescuezo.[108] Pregunté:

—¿No duele eso?

---

[99] **jurado**   judge (contest)
[100] **ronquera**   hoarseness
[101] **la condenada**   that wretched woman
[102] **un servidor**   yours truly (I)
[103] **remontarse**   to rise up, to soar
[104] **añorar**   to long for
[105] **tirantez**   strain
[106] **de refilón**   askance
[107] **salpullido**   rash
[108] **pescuezo**   neck

Pero Nicolás no me hizo caso. Nicolás sólo obedecía los mandatos imperativos. Ni me miró esta vez, siquiera. Dijo: 305
—Mi cochina suerte llegó hasta eso. Una zarrapastrosa[109] me abrasó la cara y no saqué ni cinco[110] por ello. Los vecinos me dijeron que tenía derecho a una indemnización, pero yo no tenía cuartos[111] para llevar el asunto por la tremenda.[112] Me quedé sin media cara y ¡santas pascuas![113]   310

Y volví a acordarme de mi hijo muerto y de la Chelo y pedí a Nicolás que interpretase "Al corro claro." Después bebí un trago para entonarme[114] y dije:
—En el reposo de estos meses he reflexionado y ya sé por qué la Chelo se fue de mi lado. Ella tenía miedo de la factura[115] del   315
médico y me dejó plantado[116] como una guarra.[117] La Chelo no me quería a mí. Me aguantó por el chico; si no, se hubiera marchado antes. Y por eso me dejó colgado con la cuenta del médico y el dolor de mi hijo muerto. Luego, todo lo demás. Para tapar[118] un agujero tuve que abrir otro agujero y me atraparon.   320
Ésa fue mi equivocación: robar en vez de trabajar. Por eso no volveré a hacerlo...

Me apretaba el dolor en el hombro izquierdo y sentía un raro desahogo hablando. Por eso bebí un vaso y agregué:
—Además...   325
El tabernero me dirigió sus ojos turbios[119] y cansados, como los de un buey.
—¿Es que hay más?—dijo irritado.
—Hay—dije yo—. En la cárcel me hizo sufrir mucho el reuma y para curarlo me quitaron los dientes y me quitaron las   330
muelas y me quitaron las anginas;[120] pero el reuma seguía. Y cuando ya no quedaba nada por quitarme me dijeron: "El 313 tome salicilato."[121]

---

[109] **zarrapastrosa**   shabby woman
[110] **ni cinco**   even a penny
[111] **cuartos**   money
[112] **por la tremenda**   to the bitter end
[113] **¡santas pascuas!**   That's it! I give up!
[114] **entonarme**   to intone; (translate) to clear my throat

[115] **factura**   bill
[116] **plantado**   jilted, thrown aside
[117] **guarra**   pig
[118] **tapar**   to cover up
[119] **turbios**   drowsy
[120] **anginas**   angina pains
[121] **tome salicilato**   Have (no. 313) take salicylate (a salt used in treating rheumatism).

—¡Ah!—dijo Nicolás.

Yo agregué: —El 313 era yo anteayer.   335

Y después nos quedamos todos callados. De la calle ascendía un alegre repiqueteo de panderetas[122] y yo pensé en mi hijo muerto, pero no dije nada. Luego vibraron al unísono las campanas de muchas torres, y yo pensé: "¡Caramba, es Nochebuena; hay que alegrarse!" Y bebí un vaso.   340

Nicolás se había derrumbado de bruces[123] sobre la mesa y se quedó dormido. Su respiración era irregular, salpicada de fallos y silbidos;[124] peor que la del acordeón.

EXERCISES

I. Cuestionario

1. ¿Quién es el narrador de esta historia?
2. ¿Por qué es más intensa su soledad esta noche?
3. ¿Qué tiempo hace?
4. ¿Dónde encuentra el narrador a Nicolás? ¿Por qué toca éste el acordeón?
5. ¿De qué se acordaba el narrador al oír tocar la canción?
6. ¿Por qué se van juntos él y Nicolás? ¿A dónde van?
7. ¿Cómo es la cara de Nicolás? ¿Qué le pasó?
8. ¿Por qué se entristece el tabernero al oír "La última noche que pasé contigo"?
9. ¿Tienen los tres hombres ganas de emborracharse esta noche?
10. ¿Sobre qué riñeron el narrador y la Chelo?
11. ¿A qué se refierc Nicolás cuando dice: "Fue una cochina suerte la mía"?
12. ¿Qué hace cuajar un sentimiento de solidaridad entre ellos?
13. ¿Qué le pasó al hijo del narrador?

---

[122] **repiqueteo de panderetas** sound of tambourines

[123] **derrumbarse de bruces** to fall face downward

[124] **fallos y silbidos** wheezes and whistlings

14. ¿Cómo se murió la esposa del tabernero? ¿Con qué actitud aceptó éste aquella muerte?
15. ¿Echa Nicolás la culpa a la churrera por su mala suerte?
16. ¿Por qué no tiene hijos el tabernero?
17. ¿Por qué se fue la Chelo?
18. ¿Por qué fue encarcelado el narrador?
19. ¿Con qué nota se termina la historia: esperanza? ¿resignación? ¿pesimismo? ¿Qué efecto tiene el último párrafo?

II. Word substitution

Fill in the blank spaces in the sentences below, taken from or based on the text, with an appropriate expression or idiom from the following list:

volver a	dejar plantado	hacer un alto	echarse a
hacer caso a	lo mejor	dejar de	estar por
ponerse	sino		

1. Pedí a Nicolás que tocara otra canción, pero no me _____.
2. Llenó los vasos de nuevo y bebimos, y él los _____ llenar.
3. Nadie sabe lo que _____ pasar. Hay cosas que nadie puede alterar.
4. Nicolás _____ tocar porque tenía sed.
5. _____ en una noche así es buscar otro menesteroso y olvidar su tristeza.
6. No me molesta el frío de la Nochebuena _____ el encontrarme solo y malo.
7. Cuando el chico _____ malo yo dije a la Chelo que avisara al médico.
8. El narrador _____ en su relato y bebió otro vaso. Y después se quedaron todos callados.
9. La Chelo me _____ porque tenía miedo de la factura del médico.

III. Subjunctive review

Give the proper form of the verbs in parentheses, being careful to distinguish between the subjunctive and the indicative:

1. Yo dije a la Chelo que (**avisar**) al médico.
2. Después, sin que yo (**decir**) nada, Nicolás tocó otra canción.

3. Si ella no hubiera ido a ver a su madre, aún **(estar)** aquí.
4. Permanecimos callados un rato, como si **(querer)** escuchar el caer de la nieve.
5. Y ella decía: "Si **(tener)** un hijo, quiero que **(tener)** los ojos azules como yo."
6. Yo hubiera deseado que Nicolás **(tocar)** de una manera continua, sin necesidad de que yo se lo **(pedir).**
7. Y si la churrera me **(quemar)** es porque yo me puse debajo de la sartén.
8. Aquella noche yo no me fui a echar la partida, sino que me **(quedar)** junto a mi hijo.

IV. *Text review*

Indicate whether the following statements are true or false, and correct the false ones:

1. El narrador fue libertado de la cárcel porque era Navidad.
2. En la cárcel le sacaron todos los dientes.
3. Nicolás y él **hacen buenas migas** (*get along*) porque se necesitan el uno al otro.
4. Nicolás perdió a su esposa hace tres años.
5. Nicolás habla más por su acordeón que por su voz.
6. La mujer del tabernero le dejó porque no le gustaba a éste bailar con ella.
7. Cuanto más beben los tres hombres, tanto más se acuerdan de su negra suerte.
8. La Chelo dejó plantado al narrador cuando su hijo se hizo boxeador.
9. Nicolás es fatalista.
10. La historia se termina porque no hay más vino que tomar.

V. *Translation*

1. Most Spaniards go to church on Christmas Eve even though it is cold.
2. I asked him to play that song, but he paid no attention to me.
3. The sad thing is being alone and sick when others are happy.
4. The men recalled their bad luck and continued drinking.
5. She was afraid that the doctor would ask for too much money.
6. If the driver had not been drunk, my wife would still be alive.

A Selection of Poetry

A Note on Spanish Versification

Whereas in English poetry each line has a definite number of metrical feet, the meter of Spanish verse depends upon a definite number of syllables, so that a line is designated as being of eight syllables (octosyllabic), of eleven syllables (hendecasyllabic), etc. As you read or recite poetry, you must be careful to take into account the following:

A. If a word ends in a vowel and precedes another word beginning with a vowel, the two vowels are run together to form one syllable (syneresis):

1   2   3 4 5 6 7

cuando⌣esperamos saber

B. If the word at the end of a line has the stress on the last syllable, like **saber,** an extra syllable is added to the count; thus, the line of poetry shown in (A) is considered to contain not seven syllables but eight.

C. Likewise, if the last word of a line has the stress on the antepenult (third syllable from the end), one syllable is subtracted; thus:

antes de llegar a Córdoba

is counted as an octosyllabic line.

There are two kinds of rhyme in Spanish: *consonance*, which is the identity of the last stressed vowel and any letters that follow it (bes*aba*–brot*aba*, cant*ar*–m*ar*), and *assonance*, which is the identity of the last stressed vowel, and of a following unstressed vowel, if there is one. Any consonants coming after the stressed vowel need not be identical, as they must in the case of consonance. An example of assonance in *o* would be: **algodón, voz, flor, sol,** etc.; in *e-a:* **vereda, sierras, serena,** etc. With octosyllabic verse, assonance occurs only in the even lines.

Rubén Darío

1867–1916

Toward the end of the nineteenth century a new literary
school, called modernism, began to take shape in both
Spanish America and Spain. Inspired by French poetic
doctrines—Parnassianism and symbolism—and also by their
own early and classical poetry, the modernists sought above
all perfection and refinement of form and content. In contrast
to the literary realism of the times, their poetry revealed an
exquisiteness and sensuousness of tone, colorful and musical
nuances, delicate impressionism, and complete freedom of
metrical forms and rhythmic patterns. The poet in whom the
innovations were most completely and definitely established
was the Nicaraguan Rubén Darío, often called the leader of
modernism. As one critic puts it, Darío opened the door to
contemporary Spanish poetry.

Rubén Darío's fame rests primarily on three works. *Azul* (1888)
is a collection of short stories and some poems, mostly dealing
with fantastic and idealistic impressions. In 1896, *Prosas
profanas* (*Nonsacred Poems*: **prosa** was used by some early poets
to refer to poems, usually religious in nature, written in
Spanish as opposed to Latin) established Darío as the leading
exponent of modernism. In this work, he achieves brilliant
effects of sound and music through various combinations of
new and old forms and cadences. A refined sensuousness,
colorful evocations of the exotic past, verses sculpted with the
purity of marble, are other characteristic notes.

In his *Cantos de vida y esperanza* (1905), physical love as a
theme of inspiration yields to love and pride of all that
is Spanish—race, history, literature, and art. There is
optimism, as the title suggests, faith in life, and Christianity.

The following selections by Rubén Darío are reprinted from
his *Poesías completas.**

* Madrid: Editorial Aguilar,1954

198

Selected Poems

I. *Rima VII**

---

*The meter and assonance (in **e-a**), the rhythm and content, all suggest the traditional Spanish ballad.*

Llegué a la pobre cabaña
en días de primavera.
La niña triste cantaba,
la abuela hilaba[1] en la rueca.[2]

—¡Buena anciana, buena anciana, 5
bien haya[3] la niña bella,
a quien desde hoy amar juro[4]
con mis ansias[5] de poeta!—

La abuela miró a la niña,
la niña sonrió a la abuela. 10
Fuera, volaban gorriones[6]
sobre las rosas abiertas.

Llegué a la pobre cabaña
cuando el gris otoño empieza.
Oí un ruido de sollozos[7] 15
y sola estaba la abuela.

—¡Buena anciana, buena anciana!—
Me mira y no me contesta.

---

[1] **hilar**   to spin
[2] **rueca**   distaff
[3] **bien haya**   blessed be
[4] **jurar**   to swear (word order: **juro amar**)

[5] **ansia**   yearning, longing
[6] **gorrión**   sparrow
[7] **sollozo**   sob

* Originally published in Rubén Darío, *Otoñales.*

Yo sentí frío en el alma
cuando vi sus manos trémulas,
su arrugada y blanca cofia,[8]   20
sus fúnebres tocas[9] negras.

Fuera, las brisas errantes
llevaban las hojas[10] secas.

[8] **arrugada y blanca cofia**   [9] **fúnebres tocas**   mourning clothes
   wrinkled and white hair-net   [10] **hoja**   leaf

II. *Para una cubana*

*This and the following sonnet, both originally from Prosas profanas,
are* **sonetos de arte menor,** *that is, sonnets in which the verses do not
exceed eight syllables, instead of the customary eleven syllables.*

Miré, al sentarme a la mesa
bañado[1] en la luz del día
el retrato de María,
la cubana-japonesa.

El aire acaricia[2] y besa,   5
como un amante lo haría,
la orgullosa bizarría[3]
de la cabellera espesa.[4]

Diera un tesoro el Mikado
por sentirse acariciado   10
por princesa tan gentil,[5]

Digna[6] de que un gran pintor
la pinte junto a una flor
en un vaso de marfil.[7]

[1] **bañar**   to bathe   [5] **gentil**   elegant
[2] **acariciar**   to caress   [6] **digna**   worthy
[3] **orgullosa bizarría**   proud nobility [7] **marfil**   ivory
[4] **cabellera espesa**   thick (head of)
   hair

III. *Mía*

Note how the simple pronoun **mía,** *because of the feeling with which the poet uses it, becomes so exalted a symbol of possession that it is converted to a proper noun, the name of his beloved.*

Mía: así te llamas.
¿Qué más harmonía?
Mía: luz del día;
Mía: rosas, llamas.[1]

¿Qué aromas derramas[2]   5
en el alma mía,
si sé que me amas,
¡Oh Mía!, ¡oh Mía!

Tu sexo fundiste[3]
con mi sexo fuerte,   10
fundiendo dos bronces.

Yo, triste; tú, triste . . .
¿No has de ser, entonces,
Mía hasta la muerte?

[1] **llama**   flame (of love)
[2] **derramar**   to pour out
[3] **fundir**   to fuse, to cast (bronze)

EXERCISES

I. *Cuestionario*

(The Roman numerals refer to the poems.)

1. ¿Cuándo llegó el poeta a la cabaña? **(I)**
2. ¿Por qué vino? **(I)**
3. ¿Cuándo volvió el poeta? ¿Qué oyó? **(I)**
4. ¿Cómo sabe que se ha muerto la niña? **(I)**

5. ¿Cuál es el papel de la naturaleza en este poema? **(I)**
6. ¿Cómo es María? **(II)**
7. ¿Le parece a usted tan real como cualquier otra persona? **(II)**
8. ¿Cómo debe pintarla un gran pintor? **(II)**
9. ¿Tiene ella misma una cualidad de marfil? **(II)**
10. ¿Qué significa Mía para el poeta? **(III)**
11. ¿Está feliz o triste el poeta? **(III)**
12. ¿Por qué ha de ser ella del poeta hasta la muerte? **(III)**

II. Comprehension

Complete the following by selecting the appropriate word or words in parentheses, according to the poems:

1. La niña triste sonrió cuando llegó **(la primavera, la abuela, el poeta).**
2. El poeta volvió a la cabaña en **(primavera, invierno, otoño).**
3. Sintió frío en el alma cuando vio las **(hojas secas, tocas negras).**
4. El retrato de María está **(escondido, robado, bañado)** en la luz del día.
5. María tiene la cabellera **(espesa, rubia, falsa).**
6. Debe ser pintada en un vaso de **(agua, vino, marfil).**
7. Mía derrama **(dolor, aromas)** en el alma del poeta.
8. Has de ser mía hasta **(la mañana, la muerte).**

III. Word substitution

Fill the blank space in the sentences below with the appropriate word from the following list. Make any necessary changes in spelling.

el gorrión	**haber de**	**dar**	**triste**
la luz	**la hoja**	**digno**	**acariciar**

1. La niña dejó de ser _____ al oír las palabras del poeta.
2. Le gustaría al poeta _____ la cabellera de María.
3. El poeta dice metafóricamente que su amada es _____ del día.
4. Los _____ simbolizan la felicidad de la niña.

5. El poeta la siente dentro de sí y sabe que ella _____ ser suya para siempre.
6. En otoño las _____ secas significan con frecuencia la muerte.
7. La belleza de María es _____ de que un gran pintor la pinte.
8. ¿Cuánto _____ un rico por sentirse amado por la princesa?

Antonio Machado y Ruiz
1875–1939

The leading poet of the Generation of '98* was Antonio Machado. He was born in Sevilla but spent most of his life in Castilla. For some years he served as a teacher of French in the ancient city of Soria, where his wife's death, a tragic blow from which he never fully recovered, took place. During the Civil War he remained loyal to the Republican cause, and died shortly before the end of that terrible conflict. Today his reputation is as great as, if not greater than, it has ever been.

Machado's best known collection of poems is called *Campos de Castilla* (1912). Like the man ("mysterious and silent" in the words of Rubén Darío) and the countryside of Castilla, which he describes so often, the poetry of Machado is sober, austere, melancholy, simple in its unadornment, quite unlike that of the modernists. (The relative scarcity of metaphors in his poetry is noticeable). Although his critical attitude, especially towards his country's **abulia,** or apathy, and his style place him among the writers of the Generation of '98, we must keep in mind that Machado was not a social historian; he was a poet, as you will see, intensely human, sensitive, personal, philosophical. He deals with eternal themes, such as time, death, and love.

You will also find that one of the most recurrent themes in the poems that follow is remembrance of the past. According to Machado, however, one does not remember the past, one dreams it. The past experience is considered as something fluid; modified by time and by one's whole conscience, it becomes converted into a form of dream. Thus, in Machado's conception, memory is evoked only by **el sueño.**

---

* See introduction to Pío Baroja, p. 1.

Selected Poems

I.

One of Machado's best known poems. Note its simplicity of language and its visual effect.

La plaza tiene una torre,[1]
la torre tiene un balcón,
el balcón tiene una dama,
la dama una blanca flor.
Ha pasado un caballero   5
—¡quién sabe por qué pasó!—,
y se ha llevado[2] la plaza,
con su torre y su balcón,
con su balcón y su dama,
su dama y su blanca flor.[3]   10

[1] **torre**   tower
[2] **llevarse**   to take, to carry away
[3] Literally, of course, what the knight took away was not the square, etc., but rather, perhaps, the image of all that is tangibly expressed in the first four verses.

II.*

---

*With regret and even a touch of bitterness, the poet "dreams" his lost youth, a youth **"sin amor"**; nevertheless, he is anxious to repeat this dream.*

La primavera besaba
suavemente[1] la arboleda,[2]
y el verde nuevo brotaba[3]
como una verde humareda.[4]

* Originally from Antonio Machado y Ruiz, *Galerías*.

Las nubes iban pasando   5
sobre el campo juvenil . . .
Yo vi en las hojas temblando[5]
las frescas lluvias de abril.

Bajo ese almendro[6] florido,
todo cargado[7] de flor   10
—recordé—, yo he maldecido[8]
mi juventud[9] sin amor.

Hoy, en mitad de la vida,
me he parado a meditar . . .
¡Juventud nunca vivida,   15
quién te volviera a soñar![10]

[1] **suavemente**   gently, softly
[2] **arboleda**   grove
[3] **brotar**   to bud, to burst forth
[4] **humareda**   smoke
[5] **temblando**   (Read) **yo vi temblando** . . .
[6] **almendro**   almond tree

[7] **cargado**   loaded, full
[8] **maldecido**   past participle of **maldecir,** to curse
[9] **juventud**   youth
[10] **quién te volviera a soñar**   if I could only dream you again

III.*

This is one of Machado's most beautiful and moving poems. The beloved appears so real in the dream that the poet wonders if she is not still present.

Soñé que tú me llevabas
por una blanca vereda,[1]
en medio del campo verde,
hacia el azul de las sierras,[2]
hacia los montes azules,   5
una mañana serena.

[1] **vereda**   path   [2] **sierras**   mountain ranges
* Originally from Antonio Machado y Ruiz, *Campos de Soria.*

Sentí tu mano en la mía,
tu mano de compañera,
tu voz de niña en mi oído[3]
como una campana[4] nueva,   10
como una campana virgen
de un alba[5] de primavera.
¡Eran tu voz y tu mano,
en sueños, tan verdaderas!...
Vive, esperanza,[6] ¡quién sabe   15
lo que se traga[7] la tierra!

[3] **oído**   ear
[4] **campana**   bell
[5] **alba**   dawn

[6] **esperanza**   hope
[7] **tragar(se)**   to swallow (i.e.,
    perhaps she is still alive.)

IV.*

*This poem is on the death of Machado's wife Leonor, to whom he had
been married for only three years. Note the delicate restraint, and how the
words move lightly and silently through the poem, like Death through the
house.*

Una noche de verano
—estaba abierto el balcón
y la puerta de mi casa—
la muerte en mi casa entró.
Se fue acercando[1] a su lecho[2]   5
—ni siquiera[3] me miró—,
con unos dedos muy finos,
algo muy tenue[4] rompió.

[1] **se fue acercando** = **se acercó
    poco a poco**
[2] **su lecho**   her bed

[3] **ni siquiera**   not even
[4] **tenue**   thin, delicate

* Originally from Antonio Machado y Ruiz, *Campos de Soria*.

Silenciosa y sin mirarme,
la muerte otra vez pasó   10
delante de mí. ¿Qué has hecho?
La muerte no respondió.
Mi niña quedó tranquila,
dolido[5] mi corazón.
¡Ay, lo que la muerte ha roto[6]   15
era un hilo[7] entre los dos!

---

[5] **dolido**   aching, grieving.   [7] **hilo**   thread
[6] **roto**   past participle of **romper,** to
break

V. *Hastío*[1]*

Boredom is a common emotional note in the dreams. The clock and water are used in many of Machado's poems as symbols of monotonous time and of man's temporal anguish.

Pasan las horas de hastío
por la estancia[2] familiar,
el amplio cuarto sombrío
donde yo empecé a soñar.

Del reloj arrinconado,[3]   5
que en la penumbra clarea,[4]
el tictac acompasado[5]
odiosamente golpea.[6]

---

[1] **hastío**   tedium, boredom   [4] **que ... clarea**   which lights up in
[2] **estancia**   (sitting) room   the darkness
[3] **arrinconado**   in a corner (The   [5] **acompasado**   rhythmic, measured
phrase goes with the subject of the   [6] **odiosamente golpea**   hatefully
sentence, **el tictac acompasado,**   ticks away
line 7.)
* Originally from Antonio Machado y Ruiz, *Los grandes inventos.*

Dice la monotonía
del agua clara al caer: 10
un día es como otro día;
hoy es lo mismo que ayer.

Cae la tarde. El viento agita[7]
el parque mustio y dorado[8]...
¡Qué largamente[9] ha llorado   15
toda la fronda marchita![10]

---

[7] **agitar**   to stir
[8] **mustio y dorado**   melancholy and golden

[9] **¡Qué largamente...!**   for how long a time
[10] **fronda marchita**   withered foliage

VI.*

This beautiful poem is one of many concerning Soria and Castilla, most of them bitter in tone. Note, however, that there is a contrast between present decay and past glory. Pick out the words and images that evoke this contrast.

¡Soria fría, *Soria pura,*
cabeza de Extremadura,[1]
con su castillo guerrero[2]
arruinado, sobre el Duero;
con sus murallas roídas[3]   5
y sus casas denegridas![4]

¡Muerta ciudad de señores
soldados o cazadores;[5]
de portales con escudos
de cien linajes hidalgos,[6]   10

---

[1] coat of arms of Soria, on the Duero river (Extremadura, in the Middle Ages, referred to any part of Castilla that bordered on enemy territory.)

[2] **guerrero**   warlike
[3] **roídas**   crumbling
[4] **denegridas**   blackened (by age)
[5] **cazadores**   hunters
[6] **linajes hidalgos**   noble families

* Originally from Antonio Machado y Ruiz, *Campos de Soria.*

y de famélicos galgos,[7]
de galgos flacos y agudos,[8]
que pululan[9]
por las sórdidas callejas,
y a la medianoche ululan,   15
cuando graznan las cornejas![10]

¡Soria fría! La campana
de la Audiencia[11] da la una.
Soria, ciudad castellana
¡tan bella! bajo la luna.   20

[7] **famélicos galgos**   ravenous
greyhounds
[8] **agudos**   gaunt
[9] **pulular**   to swarm (Note the
lyrical effect of the alliteration. Cf.
below, line 15, **ulular,** to howl.)

[10] **graznan las cornejas**   the eagle
owls croak
[11] **Audiencia**   Courthouse

EXERCISES

I. Cuestionario

(The Roman numerals refer to the poems.)

1. Describa usted la plaza. **(I)**
2. ¿Qué tienen en común los cuatro primeros versos y los cuatro
   últimos? **(I)**
3. ¿Qué adjetivos y sustantivos señalan la primavera? **(II)**
4. ¿Qué recordó el poeta? **(II)**
5. ¿Qué evoca el poeta? **(III)**
6. ¿Qué colores se destacan en la primera estrofa? **(III)**
7. ¿Parece real o irreal la amada? **(III)**
8. ¿Quién entró en casa del poeta? ¿Cuándo? **(IV)**
9. ¿Qué ha hecho la muerte? **(IV)**
10. En el poema, ¿para qué sirve el tictac del reloj? **(V)**
11. ¿Qué otro símbolo hay para el hastío? **(V)**
12. ¿Cuál es el estado actual de Soria? **(VI)**

13. ¿Cuáles son algunas de las imágenes que señalan este estado? **(VI)**
14. ¿Qué contraste se ve en la última estrofa? **(VI)**

II. *Text review*

State whether the following are true or false:

1. El sueño es un tema común en la poesía de Machado.
2. No hay plazas en los pueblos de España.
3. El caballero no hizo caso a la dama que estaba en el balcón.
4. La primavera trae recuerdos de la juventud.
5. El poeta se alegra de que su juventud haya sido sin amor.
6. La voz de la amada es como una campana.
7. El poeta rechaza (*rejects*) la mano de su amada.
8. La muerte está personificada en el poema.
9. La muerte entró en la casa y rompió el cristal.
10. El tictac del reloj es bueno para la insomnia del poeta.
11. Ya no se ven los escudos de hidalgos en Soria.
12. El poeta teme a los galgos flacos y famélicos.

III. *Translation*

1. Hungry dogs are running through the ruined city.
2. There is a woman sitting on the balcony with a flower in her hand.
3. The tick-tock of the dining room clock symbolizes the boredom of my life.
4. The bell in the church tower strikes midnight every night.
5. I saw death in front of me, but I didn't know what it was looking for.
6. I felt her hand in mine, and she was so beautiful beneath the moon.

Federico García Lorca

1899–1936

García Lorca is undoubtedly the most widely admired Spanish poet and dramatist of modern times. He was born and grew up in a village near Granada. From 1929 to 1930 he spent time in New York, staying at Columbia University. His brutal and inexplicable murder at the hands of a firing squad on August 19, 1936 (while visiting his home), shocked the entire world.

Among the plays on which García Lorca's international fame rests are his rural tragedies: *Bodas de sangre* (1933), *Yerma* (1934), and *La casa de Bernarda Alba*, finished shortly before his death. These are intense, powerful, poetic representations of the suffering and frustration of Spanish women, in whom passion and earthly reality are portrayed.

García Lorca is best known for his mature poetry, which conveys the popular spirit and traditions of Andalusia—the folklore, the gypsies, the bullfighters, the color, the trembling notes of the guitar, the personal tragedy and death. The lament of the gypsy Andalusian music, the "deep song" (**cante jondo**), charged with the atmosphere of blood and death, is hauntingly captured in *Canciones* (1927), *Poema del cante jondo* (*Poem of the Deep Song*), and above all in the longer poems of *Romancero gitano* (*Book of Gypsy Ballads*), 1928.

Lorca's dynamic and dramatic world is revealed to us in a personal style, with bold, experimental images and metaphors flashing with dazzling colors. He creates a new reality that encompasses both the world of the senses and the visionary world of his mind expressed in symbols. In the poems that follow, selected from *Primeras canciones* (1951)* and *Poema del*

* Buenos Aires, Argentina: Editorial Losada, 1951.

cante jondo*, you will find some of these symbols, particularly those for death, a theme which is repeated again and again in his poetry and his dramatic works.

Sometimes, behind the apparent simplicity, the visual impression of the images and symbols may seem elusive or unreal, but you will still feel the emotion and pathos of the poems, as well as enjoying their musicality.

---

* As found in Federico García Lorca, *Obras completas* (Madrid: Editorial Aguilar, 1957).

Selected Poems

I. *Canción de jinete*[1]*

This very popular poem is charged with mystery and drama. Note that the ending repeats the beginning, and in other poems the first verse serves as a refrain. This obsessive reiteration is a dominant note of the Andalusian "deep song."

Córdoba
Lejana y sola.

Jaca[2] negra, luna[3] grande,
y aceitunas en mi alforja.[4]
Aunque sepa los caminos   5
yo nunca llegaré a Córdoba.

Por el llano,[5] por el viento,
Jaca negra, luna roja.
La muerte me está mirando
desde las torres de Córdoba.   10

¡Ay qué camino tan largo!
¡Ay mi jaca valerosa!
¡Ay que la muerte me espera,
antes de llegar a Córdoba!

Córdoba.   15
Lejana y sola.

[1] **jinete**   horseman, rider
[2] **jaca**   pony
[3] **luna**   symbol associated with death
   in Lorca
[4] **aceitunas en mi alforja**   olives in
   my saddlebag
[5] **llano**   plain

* Reprinted from Lorca, *Primeras canciones* (Buenos Aires: Editorial Losada, 1951).

II. *Sorpresa*[*]

Poetry and music blend harmoniously in this poem of tragic intensity.

Muerto se quedó en la calle
con un puñal[1] en el pecho.
No lo conocía nadie.
¡Cómo temblaba el farol![2]
Madre.   5
¡Cómo temblaba el farolito
de la calle!
Era madrugada.[3] Nadie
pudo asomarse a[4] sus ojos
abiertos al duro aire.   10
Que muerto se quedó en la calle
con un puñal en el pecho
y no lo conocía nadie.

[1] **puñal**   dagger
[2] **farol**   The street lamp (or its variants) is often found in the poems as a witness to tragedy.

[3] **madrugada**   dawn
[4] **asomarse a**   to look into

III. *Malagueña*[1][**]

Into the tavern with its atmosphere of tragic foreboding, Death enters the swinging doors just like one of the regular patrons.

La muerte
entra y sale
de la taberna.

[*] Originally from Lorca, *Poema del cante jondo*. Reprinted from Lorca, *Obras completas* (Madrid: Editorial Aguilar, 1957).
[1] **Malagueña,** inhabitant of Málaga. Also, in music, sweeping rhythmic song and dance of the province of Málaga.[**] Ibid.

Pasan caballos negros
y gente siniestra 5
por los hondos[2] caminos
de la guitarra.

Y hay un olor a sal[3]
y a sangre de hembra[4]
en los nardos[5] febriles 10
de la marina.

La muerte entra y sale
y sale y entra
la muerte
de la taberna. 15

[2] **hondo**   deep
[3] **sal**   salt
[4] **hembra**   woman

[5] **nardo (de la marina)**   sea lily
(spike with lilylike petals, very
fragrant)

IV. *Clamor*[1]*

You will note in the beginning verses of this poem a "correspondence"
or synthesis of color and sound: the bronze of the bells transfers its color
tonality to the towers and to the wind, which pick up their sound. Death
appears again in this poem, personified as a bride.

En las torres
amarillas
doblan[2] las campanas.
Sobre los vientos
amarillos 5
se abren las campanadas.[3]

[1] **clamor**   knell, toll
[2] **doblar**   to toll
* Ibid.

[3] **campanada**   ringing of a bell

Por un camino va
la muerte, coronada
de azahares marchitos.[4]
Canta y canta   10
una canción
en su vihuela[5] blanca,
y canta y canta y canta.

En las torres amarillas
cesan las campanas.   15
El viento con el polvo
hace proras[6] de plata.

---

[4] **azahares marchitos**   withered orange blossoms

[5] **vihuela**   guitar

[6] **prora**   (poetic for **proa,** prow) The wind makes silvery prows out of dust.

EXERCISES

I. Cuestionario

(*The Roman numerals refer to the poems.*)

1. ¿Qué palabras o imágenes sugieren el tema del poema? **(I)**
2. ¿Cómo es la muerte en este poema? **(I)**
3. ¿En qué sentido es el poema una "canción"? **(I)**
4. ¿Quién se quedó muerto en la calle? **(II)**
5. ¿Por qué "temblaba" el farol? **(II)**
6. Al final del poema, ¿cuál es el efecto o el valor de la repetición del comienzo? **(II)**
7. ¿Cómo es la muerte en este poema? **(III)**
8. ¿Qué pasa por los hondos caminos? ¿Qué sugiere el poeta por esto? **(III)**
9. ¿Qué tiene que ver el título con el poema? **(III)**
10. ¿Por qué están doblando las campanas? **(IV)**
11. ¿Cómo es posible que los vientos sean "amarillos"? **(IV)**
12. ¿Cómo aparece la muerte? ¿Qué hace? **(IV)**

II. Text review

Select the appropriate word or words in parentheses, based on the poems:

1. Para comer, el jinete lleva consigo **(queso, aceitunas, gazpacho).**
2. Aunque **(sé, sepa)** los caminos, yo nunca llegaré a Córdoba.
3. La muerte me está **(hablando, mirando)** desde las torres de Córdoba.
4. **(Borracho, alegre, muerto)** se quedó en la calle.
5. ¡Cómo temblaba **(la madre, el farolito)** en la calle!
6. Era **(tarde, anochecer, madrugada)** cuando vieron al muerto en la calle.
7. **(El cervecero, el tabernero, la muerte)** entra y sale de la taberna.
8. No es raro oír **(sonar, doblar, resonar)** las campanas en los pueblos hispánicos.

III. Translation

1. A black moon means death.
2. No one knew that he was dead in the street.
3. If she were not pretty, they wouldn't speak to her.
4. Death resembles many kinds of persons in these poems.
5. Andalusian life is clearly seen and felt in Lorca's poems.
6. One can hear the music of guitars and the note of lament **(lamento)** in these verses.

Pablo Neruda

1904–1973

One of the greatest Hispanic poets of this century is the Chilean Pablo Neruda, who at the age of nineteen became the outstanding young poet of his country with the publication of a volume of erotic verses, *Veinte poemas de amor y una canción de desesperación*. That same year Neruda began a career in the Chilean Foreign Service as consul in the Far East, in Buenos Aires, and in Spain from 1934 to 1936. When that republic fell, he was soon sent to France to help the Spanish refugees get to the Americas. In the last two years of his life he also served as ambassador to France.

During the five years he spent in the Orient, Neruda expressed his sense of alienation and isolation in what many critics believe to be his most important work, *Residencia en la tierra*, published in two parts in 1933 and 1935, a series of hermetic and surrealistic visions of a disintegrating universe. Some years later the publication of his monumental *Canto general* (1950) was mainly responsible for creating the image of the poet as a politically committed writer, champion of exploited workers and Indians, denouncer of imperialism and defender of socialism.

Pablo Neruda's involvement in social justice and political decency, however, was already evident in the third volume of *Residencia en la tierra*, entitled *Tercera residencia*,* published in 1947. It shows a poet deeply affected by the Spanish Civil War (1936–1939) and the murder of his friend, Federico García Lorca, especially in the poems of Part IV, **"España en el corazón."** The poet's cry of anger and horror at the destruc-

---

* Buenos Aires, Argentina: Editorial Losada, 1958.

tion and murder committed by the nationalist forces is heard in such poems from *Tercera residencia* as **"El general Franco en los infiernos"** and **"Explico algunas cosas,"** the intensely moving and personal poem that follows.

Pablo Neruda, like his compatriot Gabriela Mistral in 1945, received the Nobel Prize for Literature in 1971.

Selected Poems

*Explico algunas cosas**

Preguntaréis: Y dónde están las lilas?
Y la metafísica cubierta de amapolas?[1]
Y la lluvia que a menudo golpeaba
sus palabras llenándolas
de agujeros[2] y pájaros?   5

Os voy a contar todo lo que me pasa.

Yo vivía en un barrio
de Madrid, con campanas,
con relojes, con árboles.
Desde allí se veía   10
el rostro seco[3] de Castilla
como un océano de cuero.[4]

                        Mi casa era llamada
la casa de las flores, porque por todas partes
estallaban geranios:[5] era   15
una bella casa
con perros y chiquillos.
                        Raúl, te acuerdas?
Te acuerdas, Rafael?
                        Federico[6], te acuerdas   20

---

[1] **la metafísica...amapolas**   the
metaphysics covered with poppies
[2] **agujeros**   holes, gullies
[3] **el rostro seco**   the dry face
[4] **cuero**   leather
[5] **estallaban geranios**   it was
bursting with geraniums

[6] **Federico**   García Lorca, the
world-renowned murdered poet
(see the preceding selections in this
book)

debajo de la tierra,
te acuerdas de mi casa con balcones en donde
la luz de Junio ahogaba[7] flores en tu boca?

                              Hermano, hermano!

Todo   25
era grandes voces, sal de mercaderías,[8]
aglomeraciones de pan palpitante,[9]
mercados de mi barrio de Argüelles con su estatua
como un tintero[10] pálido entre las merluzas:
el aceite llegaba a las cucharas,   30
un profundo latido[11]
de pies y manos llenaba las calles,
metros, litros, esencia
aguda de la vida,

                      pescados hacinados,[12]   35
contextura de techos[13] con sol frío en el cual
la flecha se fatiga,[14]
delirante marfil fino[15] de las patatas,
tomates repetidos[16] hasta el mar.

Y una mañana todo estaba ardiendo   40
y una mañana las hogueras[17]
salían de la tierra
devorando seres,[18]
y desde entonces fuego,
pólvora[19] desde entonces,   45
y desde entonces sangre.

Bandidos con aviones y con moros,[20]
bandidos con sortijas[21] y duquesas,

---

[7] **ahogaba**   drowned
[8] **sal de mercaderías**   salty goods
[9] **aglomeraciones...palpitante** heaps of throbbing bread
[10] **tintero...merluzas**   pale inkwell among the hake (fish)
[11] **latido**   beat, throbbing
[12] **hacinados**   piled up
[13] **contextura de techos**   pattern of roofs

[14] **la flecha se fatiga**   the arrow tires
[15] **delirante marfil fino**   delirious delicate ivory
[16] **repetidos**   stretching out
[17] **hogueras**   bonfires
[18] **seres**   people (*lit.*, beings)
[19] **pólvora**   gunpowder
[20] **moros**   Moors
[21] **sortijas...**   rings and duchesses

bandidos con frailes negros bendiciendo[22]
venían por el cielo a matar niños,   50
y por las calles la sangre de los niños
corría simplemente, como sangre de niños.

Chacales[23] que el chacal rechazaría,[24]
piedras que el cardo[25] seco mordería escupiendo,
víboras[26] que las víboras odiaran!   55

Frente a vosotros he visto la sangre
de España levantarse
para ahogaros en una sola ola
de orgullo y de cuchillos!

Generales   60
traidores:[27]
mirad mi casa muerta,
mirad España rota:[28]
pero de cada casa muerta sale metal ardiendo
en vez de flores,   65
pero de cada hueco[29] de España
sale España[30]
pero de cada niño muerto sale un fusil con ojos,
pero de cada crimen nacen balas[31]
que os hallarán un día el sitio   70
del corazón.

Preguntaréis por qué su poesía
no nos habla del sueño, de las hojas,
de los grandes volcanes[32] de su país natal?

Venid a ver la sangre por las calles,   75
venid a ver
la sangre por las calles,
venid a ver la sangre
por las calles!

---

[22] **frailes negros bendiciendo**   black friars blessing
[23] **chacal**   jackal
[24] **rechazar**   to repel, repulse (Note the alliteration in this line.)
[25] **el cardo...escupiendo**   the dry thistle would have spat out
[26] **víboras**   vipers
[27] **traidores**   traitorous
[28] **rota**   destroyed
[29] **hueco**   ditch (*lit.*, hollow)
[30] **sale España**   Spain will rise again
[31] **balas**   bullets
[32] **volcanes**   volcanoes

EXERCISES

I. Cuestionario

1. ¿Cómo era la casa en que vivía el poeta en Madrid?
2. ¿Qué impresión sacamos por esta descripción?
3. ¿A qué se compara el símil *(simile)* "como un océano de cuero"?
4. ¿Cómo personaliza el poeta el recuerdo de aquel tiempo?
5. ¿De dónde viene el bullicio *(noise)* y la animación del barrio en el que vivía?
6. ¿Por qué cambia de repente este cuadro de paz y alegría?
7. ¿Cuáles son algunas metáforas que el poeta utiliza para describir el cambio?
8. ¿Quiénes son los "chacales" y "víboras"?
9. ¿Qué promete el poeta respecto de España al final del poema?
10. El poema puede dividirse en dos partes. ¿Dónde? ¿Cuál es el tema de cada parte?
11. ¿Qué imagen se repite para captar la brutalidad de los Nacionalistas?
12. ¿Qué otros ejemplos de este recurso *(device)* —la repetición— encuentra Ud.? ¿Son eficaces?

II. Word substitution

From the list below, fill the blank spaces with the appropriate word or words. Make any necessary grammatical changes.

un fusil	**la sangre**	**mercados**	**traidor**
arder	**rostro seco**	**ahogaros**	**repetido**
bandidos	**geranios**	**mercaderías**	

1. Por todas partes de mi casa estallaban _____.
2. Pero de cada niño muerto sale _____ que os matará.
3. Desde mi barrio se veía _____ de Castilla.
4. Generales _____, mirad España rota.
5. Los _____ del barrio estaban llenos de _____, con tomates _____ hasta el mar.
6. Una mañana todo estaba _____.

7. _____ con aviones venían a matar niños.
8. España se levantará para _____ en una ola de orgullo y de cuchillos.

III. Translation

1. I don't write about lilacs now because of what happened to me in Madrid.
2. There is only the blood of children that flows through the streets.
3. Spain will rise **(salir)** again from the fires to kill the bandits.
4. Dear friend, beneath the earth, do you remember that beautiful house with dogs and children?
5. They are murderers **(asesinos)** who are hated by murderers themselves.

Vocabulary

The following are not included in the vocabulary: a small number of easily recognizable cognates; many expressions occurring only once and already translated in a footnote; articles, pronouns, numerals, days and months; most diminutives and adverbs ending in **-mente;** and the feminine forms of most adjectives. Gender is not indicated for masculine nouns ending in **-o,** or for feminine nouns in **-a, -dad, ión, -tad, -tud**.

The following abbreviations are used: *adj.*, adjective; *adv.*, adverb; *coll.*, colloquial; *excl.*, exclamation; *f.*, feminine gender; *inf.*, infinitive; *m.*, masculine gender; *n.*, noun; *prep.*, preposition; *v.*, verb.

A

abajo down, below; *excl.* down with!

abandonar to abandon, to forsake

abanico fan

abatido dejected

abatimiento depression, dejection

abogado lawyer

abrasar to burn

abrazar to embrace

abrazo hug, embrace

abrigo coat

abrir to open

absorber to absorb

abuela grandmother

abuelo grandfather

abulia apathy

aburrimiento boredom

aburrir to bore; **-se** to get bored

abusar to go too far, to impose

acabar to finish, to end; **−se** to come to an end

acariciar to caress; to love

acaso perhaps; **por —** by chance

aceite *m.* oil

aceituna olive

acelerar to accelerate

acento accent, tone

acera sidewalk

acerca de about, concerning

acercar to bring near, to bring closer (together); **−se a** to approach

acertar to guess right, to be right; **— a** + *inf.* to succeed in; to happen to

aclarar to clear, to make clear

acodar to lean the elbow upon

acomodarse to comply, to adapt oneself

acompañante *m.* companion, attendant

acompañar to accompany

acordar to agree; **—se de** to remember

acordeón *m.* accordion

acostar to put to bed; **—se** to go to bed, to lie down

acostumbrar to accustom, to be accustomed

actitud attitude

activar to activate, to expedite

acto act

actriz actress

actual present, at the present time

actualidad present time; **en la —** at the present time

acudir to come, to come up

acuerdo agreement; **estar de —** to agree

adelantarse to move forward

adelante forward, go ahead!; come in!

además besides, moreover

adentro inside

adicional additional

adivinar to guess, to figure out

adjetivo adjective

admirar to admire; to surprise; **—se** to wonder

admitir to admit

adolescencia adolescence

adorar to adore

adornar to adorn

adquirir to acquire

advertir to notice, to observe; to advise; to warn

afectar to affect

afición fondness, taste, inclination

aficionado fond (of), devoted (to)

afilado sharp

afilar to sharpen

afirmar to affirm, to assert

afligir to afflict, to distress, to grieve

afrenta affront

afueras *f.* outskirts, suburbs

agacharse to squat, to crouch

agarrar to grasp, to seize

ágil agile

agitar to shake, to stir, to wave

agradar to please

agradecer to be grateful (for), to thank (for)

agregar to add

agua water

aguantar to endure, to tolerate

aguardar to await

agudo sharp, acute

agujero hole

ahí there

ahogar to choke, to suffocate; to drown

ahogo m. shortness of breath, suffocation; tightness (*of the chest, etc.*); sorrow, affliction

ahora now; **hasta —** see you soon

aire *m.* air, importance

álamo poplar

alargar to lengthen; to stretch

alarmarse to become alarmed

alcance al — de within reach of

alcanzar to reach; **— a** + *inf.* to manage to

aldea village

aldeano *adj.* village, rural, county; villager

alegre gay

alegría joy, happiness

alejar to remove to a distance, to put aside

aleluya hallelujah

alemán German

alfombra rug

alfombrar to carpet
algo something, somewhat
alguno some, someone, any
alianza alliance
aliar to ally; **—se** to join, become allied with
aliento breath
alimentación food, nutrition
alimentar to feed, to nourish
alimento food, nourishment
alinear to line up
alivio relief
allá there; **por —** thereabouts, back there; **más — de** beyond
alma soul
almacén store
almendro almond tree
almohada pillow
almorzar to eat lunch
alquilar to rent
alrededor around; **— de** around, about; **a su —** around him; *n.pl.*, outskirts
alterar to alter, to change
altivo proud, haughty, arrogant
alto tall, high; **en lo —** at the top, on top (of); **en —** raised
altozano hillock, knoll
altura height
alumbrar to light, to light up
alumno pupil
alzar to raise, to lift
amable friendly, kind, amiable
amado *m.f.* beloved, loved one
amanecer *m.* dawn, daybreak; **al —** at daybreak; *v.* to dawn
amante lover; *adj.* fond, loving
amar to love
amargar to spoil; to embitter
amargo bitter, dolorous
amargura bitterness
amarillento yellowish
amarillo yellow
amarrar to moor, to tie up

ámbar amber; dark orange-yellow color
ambicionar to be ambitious for, to strive for
ambiente *m.* atmosphere, environment; place, area
ambulancia ambulance
amenazar to threaten
amigo friend
amistad friendship
amo master
amonestar to admonish
amor *m.* love
amoroso amorous, loving, affectionate
amplio ample, full
anarquista anarchist
ancho wide
anciano old, ancient
andaluz Andalusian
andar to go, to walk, to travel; to be (healthy)
anécdota anecdote
ángulo angle, corner
angustia anguish
anhelo yearning, longing
animar to animate, to enliven
ánimo spirit, courage
anormal abnormal
anotar to write down, to make note of
ansia yearning, anxiety
ansioso anxious
ante before
anteayer day before yesterday
antebrazo forearm
antes before, rather
anticuado antiquated, obsolete
antiguo ancient, old, former
anunciar to announce; to advertise
anuncio announcement, advertisement
añadir to add

año   year
apacible   peaceful, tender
apagar   to put out, to extinguish; to soften (*colors*)
aparato   apparatus, appliance
aparecer   to appear
aparición   appearance
apartar   to push away, to take aside; — to move away, to withdraw
aparte   aside (*remark*)
apenas   scarcely, hardly
apetecer   to long for
apetito   appetite
apetitoso   appetizing
aplastar   to flatten; to crush
aplaudir   to applaud
aplicado   industrious
apoyar   to lean; to rest
apreciar   to appreciate; to appraise
aprender   to learn
aprensión   apprehension, strange idea
apresurado   hurried, quick
apretar   to squeeze; to press; to tighten
aprieto   jamming, crush, difficulty
aprobar   to approve
aprovechar   to profit by, to make good use of
aproximarse   to come near
aptitud   aptitude
apurar   to empty, to drain; to consume
árabe   Arab; Arabic
árbol *m.*   tree
arboleda   grove
arcaico   archaic, old
arder   to burn
ardiente   burning, ardent
arena   sand
argentino   silvery

argumentar   to argue; to dispute
arma   arm, weapon; — **de fuego** firearm
armario   closet
arquitecto   architect
arrancar   to tear away, to pull out
arrastrar   to drag
arreglar   to adjust; to arrange; to fix
arrepentir   to repent; **–se** to repent, to regret
arriba   above, upstairs
arrimarse a   to lean against
arrodillado   kneeling
arrodillarse   to kneel down
arrojar   to throw
arroyo   brook, stream
arruga   wrinkle, crease, fold
arrugar   to wrinkle; to crease
arruinar   to ruin, to destroy
artesano   artisan, laborer
articular   to articulate, to utter
artículo   article
artístico   artistic
arzobispado   archbishopric
asar   to roast
ascensor   elevator
ascetismo   asceticism
asegurar   to assure; to assert
asesinar   to murder, to assassinate
asesinato   murder
así   thus, so; — **que** as soon as, as; so that
asignatura   course (*in school curriculum*)
asimismo   likewise, also
asir   to seize, to grasp; **–se** to take hold
asistir   to assist; — **a** to attend
asociar   to associate; to take as partner
asomar   to show, to stick out, to appear; **–se a** to peep into

asombro fear; amazement; wonder
aspecto aspect, face, look
aspirante applicant, candidate
aspirar to draw in; to inhale
asunto matter, business, affair
asustar to frighten; —se to be or become frightened
atacar to attack
ataque *m.* attack
atardecer *m.* late afternoon; *v.* to draw towards evening
atención attention; **llamar** — to attract attention
atender to attend, to attend to, to take care of; to pay attention to
atener to abide, to depend; —se a to abide by, to rely on
atento attentive
aterrar to terrify
atormentar to torment
atractivo attractiveness, charm
atraer to attract
atrapar to catch
atrás back; **hacia** — backwards
atravesar to cross, to go through
atrever to dare; —se a + *inf.* to dare to
atrevido bold, daring
atropellar to knock down
atroz atrocious
augurio augury, omen
aun (aún) even, still, yet
aunque although, even though
aurora aurora, dawn
ausencia absence
ausente absent
austero austere
autoridad authority, power
auxilio help
avanzar to advance
aventurarse to risk, to take a chance on

avergonzar to shame, to embarrass; —se to be ashamed
averiguar to find out, to ascertain
ávidamente avidly
avisar to advise; to inform
¡ay! alas!; **¡ay de mí!** woe is me!
ayer yesterday
azahar *m.* orange flower
azorar to upset, to disturb
azul blue

B

bachillerato secondary school diploma
bahía bay
bailar to dance
bajar to go down; to lower
bajo low; *prep.* under; *adv.* below
bala bullet
balancear to rock, to swing; —se to rock
balcón *m.* balcony, large window
bananero *adj.* banana
banano banana tree
banco bench
bandeja tray
bandido bandit
bando flock, band
bandolero brigand, robber, highwayman
banqueta stool
bañar to bathe, to dip
baño bath
barato cheap
barba beard
bárbaro barbarous, wild
barca boat
barco ship
barranda railing
barricada barricade
barrio suburb, quarter, district

basar   to base
bastante   enough, rather
bastar   to suffice, to be enough
bastón   cane, walking stick
bayoneta   bayonet
beber   to drink
bebida   drink
bello   beautiful
bendecir   to bless
bendito   blessed
beneficio   benefit
benigno   benign, mild
besar   to kiss
beso   kiss
biblia   Bible
biblioteca   library
bien   well; very; **más —**   rather
bigote *m.*   moustache
billete *m.*   bill; ticket
bizquear   to squint; to cross one's eyes
blanco   white
blandir   to brandish
blando   soft
blandura   softness, gentleness
blanquecino   whitish
bloquear   to block; to stick (tight)
bobada   foolishness, nonsense
boca   mouth
bocado   morsel, mouthful
boda   marriage, wedding
boina   beret
bola   ball
bolsa   purse, bag
bolsillo   pocket, (small) bag
bombero   fireman
bondad   kindness, **tener la —
   (de)**   please
bonito   pretty
bordar   to embroider
borde *m.*   edge, shore
borracho   drunk
botella   bottle
botón   button; stem (of a watch)

boxeador *m.*   boxer
boxear   to box
brazo   arm
breve   brief, small, short
brillante   shinning, bright, brilliant
brillar   to gleam, to shine
brincar   to jump, to gambol
brisa   breeze
broma   joke, jest
bronce *m.*   bronze
brusco   brusque, sudden
Bruselas   Brussels
brutalidad   brutality, stupidity
bruto   brute,   brutish,   stupid,
   rough
bueno   good, fine, O.K., well, then
buey *m.*   ox, steer
bufanda   scarf, muffler
burgués   bourgeois, middle-class
burla   ridicule, joke, jest, trick, deception; **hacer burla de**   to make fun of
burlador *m.*   seducer of women
burro   ass, donkey
buscar   to seek, to look for; **en busca de**   in search of
búsqueda   search
butaca   armchair, easy chair
buzón   mailbox, letter-drop

C

cabalgata   procession
caballería   cavalry
caballero   knight, nobleman, gentleman
caballo   horse
cabaña   cabin, hut
cabellera   head of hair
cabello   hair
caber   to have room for, to fit; to befall; to remain
cabeza   head

cabo end; **al —** finally
cada each, every
cadáver *m.* corpse
caer to fall; **–se** to fall down
café *m.* coffee, café
cafetería bar, restaurant
caja box
cajón *m.* chest, drawer, desk
cala cove, inlet
calentar to heat, to warm
cálido warm, hot
caliente warm, hot
callado silent
callar to be quiet; to keep silent
calle *f.* street
calleja side street, alley
calma calm
calor *m.* heat, warmth
calzada street, rooad
calzar to put shoes on
cama bed
cámara camera
camarera waitress
cambiar to change; to exchange
cambio change, exchange; **en — ** on the other hand; **a —** in exchange
camello camel
caminar to walk; to move; to go
camino path, road, journey; **— de** on the way to
camisa shirt; **– de dormir** night shirt
campamento camp, encampment
campana bell
campanilla little bell; bell flower
campesino farmer, peasant
campo field; country, countryside
canción song
caníbal cannibal
cansado tired
cantar to sing; *m.* song
cantidad quantity
cañuela fescue grass

caos *m.* chaos
capa cape
capataz *m.* overseer, foreman
capaz capable
capitán *m.* captain
capricho caprice, whim
cara face
carácter *m.* character
característico characteristic
caramba *excl.* confound it! gracious!
carbón *m.* coal
cárcel *f.* jail
carcelero jailer
carecer to lack
carga load, burden; cargo
cargar to load
caricatura caricature
caricia caress; **hacer caricias** to pat
cariciar (acariciar) to love; to caress
caridad charity, love
cariño love, affection
carne *f.* meat, flesh
caro dear, expensive
carrera race, course, career, road
carretera highway, road
carta letter, playing card
cartera wallet; briefcase; bag
cartero mailman, postal clerk
casa house, firm
casar to marry; **–se** to marry, to get married
casi almost
caso case, thing, situation; **hacer — a** to heed, to pay attention to
castigo punishment
castillo castle
casualidad chance; **por —** by chance
causa cause; **a – de** because of
causar to cause

cautivo　captive
cebolla　onion
ceder　to yield
cegador　blinding
cegar　to blind
ceguera　blindness
celebrar　to celebrate; to welcome; to be glad
celos *m.pl.*　jealousy; **tener —** to be jealous
celoso　jealous
cementerio　cemetery
cemento　cement, concrete
cena　supper
censo　census
centavo　cent
céntimo　cent (*one hundredth of a peseta*)
céntrico　downtown, centric
cepillo　brush
cerca　near, nearby; **— de**　near, close to; closely
cercano　near, close
cerradura　lock, bolt
cerrar　to close
certeza　certainty
Cervantes (1547–1616)　creator of *Don Quijote*
cerveza　beer
cesar　to cease, stop; **— de** + *inf.* to stop (doing something)
ciego　blind; blind person
cien (ciento)　hundred
ciencia　science, knowledge; **a — cierta**　with certainty
cierto　sure, certain; **por —** surely; **de —** certainly
cifra　cipher, figure
cintura　waist
cinturón *m.*　belt
círculo　circle
cita　reference, quotation; appointment

ciudad　city
ciudadano　citizen
civilización　civilization
clamar　to exclaim, to cry out
clarear　to light, to give light to
claro　clear, bright, light (in color); obvious, of course; **a las claras**　clearly
clase *f.*　class, kind
clavar　to stick, to nail
cliente *m.*　client, customer
clientela　clientele, customers
clima *m.*　climate, weather
cloroformo　chloroform
cobarde　coward
cobrar　to collect; to recover
coche *m.*　car, automobile
coche-cama　*m.* sleeping car (train)
cochino　dirty, filthy
cocina　kitchen, cuisine
codiciar　to covet
codo　elbow
coger　to pick; to seize, grasp; to take; to come upon
coincidir　to coincide; to meet
cojear　to limp
cojo　lame, crippled
colección　collection
coleccionista *m.*　collector
colegio　school
cólera　anger
colgado　hanging
colgar　to hang
colmar　to heap up; to fill
colocar　to place, to put
colonia　colony
color *m.*　color
colorado　red
combate *m.*　combat
combatir　to combat, to fight
comedor　dining room
comentario　commentary

comenzar to begin
comer to eat
comercio trade, commerce
cometer to commit
cómico comical, ludicrous
comida meal, food
comienzo beginning
como like, as, as if, since; **¿cómo?** how?; **¡cómo!** what!
compañera, compañero companion, friend, schoolmate
compañía company, society
comparar to compare
compasión compassion, sympathy
compatriota compatriot; countryman
competir to compete
complacer to please, to humor
completo complete; **por —** completely
complicar to complicate
comportar to tolerate; **—se** to conduct oneself, to act
comprar to buy
comprender to understand
común common
comunicar to communicate
concebir to conceive
conceder to grant
concentrar to concentrate
conciencia conscience, consciousness, awareness
concluir to conclude
concretar to make concrete; to explain
concurrir to gather; to come together
concurso contest
condenar to condemn, to damn; to convict
condición condition, state, status

conducir to lead, to conduct; to drive
confesar to confess
confiado trustworthy, confiding
confianza confidence
confiar to entrust
confundir to confuse
congelarse to congeal; to freeze
congestionar to congest
congregar to gather together
conjunto whole, aggregate; *adj.* united, connected
conmovido moved, stirred
conocedor (de) expert in, familiar with; *m.* connoisseur, expert
conocer to know; to distinguish
conocimiento knowledge; consciousness
conque and so, so then
conquista conquest
consagrar to consecrate
consciente conscious
consecuencia consequence
conseguir to obtainn, to get
consejo advice; council
consentir to consent; **— en** to consent to
conservar to conserve, to keep
consideración consideration
considerar to consider
constante constant
constituir to constitute; to establish
constructor *m.* builder
consuelo consolation, joy, comfort
consultar to consult; to advise
consumar to consummate
consumición a drink, food
contar to count; to relate, to tell
contemplar to contemplate; to witness, to see
contener to contain

contento   content, happy
contestar   to answer
continuar   to continue
continuo   continuous; **de —** continuously
contra   against, versus
contrabando   contraband, smuggling
contraer   to contract
contrario   contrary, opposite; **de lo —**   on the contrary
contribuir   to contribute
convaleciente   convalescent
convencer   to convince
conveniente   suitable, fit, advantageous
conversar   to converse
convertir   to convert
convidar   to invite
copa   cup, drink, glass, treetop
copiar   to copy, to imitate
copla   ballad, popular song
copo   flake
corazón *m.*   heart
corbata   tie
cordón *m.*   shoelace
corona   crown
coronar   to crown; to cap
coronel *m.*   colonel
corredor *m.*   hall, corridor
corregir   to correct
correo   mail; **echar al —**   to mail
correr   to run; to travel; **— mucho mundo**   to travel a lot
corretear   to race around
corrida   course, race; **— de toros**   bullfight
corriente *adj.*   common, ordinary; running; *f.*   current, stream; **estar al — de**   to know, to keep up with
corro   circle, ring
cortar   to cut
corte *f.*   court

corto   short
cosa   thing; **— de**   about
cosecha   harvest
costa   cost; coast, shore
costar   to cost
costumbre *f.*   custom, habit; **de —**   usual
crear   to create
crecer   to grow, to increase
crecido   large, big, full-fledged
creciente   crescent; growing
crédulo   credulous
creer   to believe; to think
creíble   credible, believable
creyente   believer
criada   servant, maid
criado   servant
criatura   creature; infant
crimen *m.*   crime
cristal *m.*   crystal, pane of glass, mirror, eyeglass
cristiano   Christian
Cristo   Christ
crítico   critic; *adj.* critical
crónica   chronicle; article
crucifijo   crucifix
cruz *f.*   cross
cruzar   to cross; to crossbreed
cuaderno   notebook
cuadra   stable; (city) block
cuadro   painting, portrait
cuajar   to take shape
cual   like, as, as if
cualidad   quality
cualquiera   some, any; someone, anyone
cuando   when; **de — en —, de vez en —**   from time to time
cuanto   as much as, whatever, all that which; (*plural*) those who; **en —**   as soon as; **unos cuantos**   some few; **en – a**   as for, with regard to
cuartear   to quarter; to split

cuartilla sheet of paper
cuarto room; quarter
cubano Cuban
cubierta cover; deck (of a ship)
cubierto covered
cubrir to cover
cucaracha cockroach
cucharilla teaspoon
cuchillo knife
cuello neck, collar
cuenta bill, account; **darse —**
 de to realize
cuento short story
cuerda string, rope; spring (of a
 watch)
cuerno horn
cuero leather, rawhide
cuerpo body; corps
cuidado care; **con —** carefully
cuidar to be careful, to take care
 (of)
culpa fault, guilt; **echar la —**
 a to blame
culpable guilty, blamable
cultivar to cultivate
culto cult
cultura culture
cumplir to execute; to fulfill
cura cure, care; *m.* priest
curación cure, healing
curar to cure, to heal; to recover
curiosidad curiosity; **tener —** to
 be curious
curso course

Ch

champaña champagne; **vino de**
 — champagne
chaqueta jacket
charlar to chat, to talk
chico child, youngster, lad; *coll.*
 "old boy"; *adj.* small
chillar to shriek

chimenea chimney, fireplace
chismorrear to gossip
chispa spark
chocar to shock; **— con** to col-
 lide
chófer *m.* driver
churro fritter

D

dama lady
Danubio Danube river
dañar to injure, to harm
daño *m.* injury, harm
dar to give; to strike (*the hour*); **—**
 con to come upon; **–se** to
 occur; **— a** to face
data fact; datum
de of, with, from
debajo de beneath, under
deber to owe; to have to; *n.*, duty
debido just, reasonable, proper
débil weak
debilidad weakness
decadente decadent
decepción deception, disap-
 pointment
decidir to decide; **–se** to decide,
 to be determined
decisivo decisive
declinación fall
dedicar to devote; to dedicate
dedo finger
defender to defend
defensa defense
definir to define
defraudar to disappoint, to cheat
dejar to leave, to abandon;
 –se to allow oneself; **—**
 de + *inf.* to cease, to stop; **no**
 — de + *inf.* to not fail to; **—**
 plantado to jilt
delantal *m.* apron

delante before, in front; **por —
de** in front of; **— de (a)** in
front of
delgado thin, slender
delicioso delicious, delightful,
charming
demás other, rest of; **lo —** the
rest
demasía excess; **en —** too
much, excessively
demasiado too, too much
demócrata democratic
demorar to delay; to linger
demostrar to demonstrate, to
prove; to teach
denotar to denote, to indicate
dentro inside, within; **— de** inside (of)
denunciar to denounce, accuse;
to report (a crime)
depender (de) to depend (on)
derecha right hand, right side; **a
la —** to the right, on the right
derecho right, straight; *m.* right,
privilege
derivar to derive
derramar to pour out, to scatter,
to spill
derribar to bear down (on), de-
molish
derrumbar to crumble, to collapse
desacuerdo discord, disagree-
ment
desafiar to challenge, to defy
desagradable disagreeable
desagrado displeasure
desahogo unburdening, relief
desaparecer to disappear
desarrollo development
desayunar to breakfast; **— se** to
have breakfast
descalzo barefoot

descansar to rest
descanso rest
descender to descend
descolgar to take down
descolorir to discolor
desconcertar to disconcert, to
disturb
desconfianza distrust
desconfiar (de) — to distrust, to
doubt, to suspect
desconocer not to know, not to
recognize
desconocido unknown; unknown
person
descontar to discount; to deduct
descubrir to discover, to uncover;
—se to take off one's hat
desde since, from, after; **—
que** since
desdén *m.* disdain, scorn
desdentado toothless
desdichado wretch, unfortunate
person
desear to want, to desire
desesperación despair, despera-
tion
desesperarse to despair
desespero despair; impatience
desfilar to march, to file by
desgracia misfortune, disgrace;
por - unfortunately
desgraciado unfortunate, un-
lucky
deshojar to tear leaves off or out
desierto deserted; *m.* desert
desmán *m.* excess, mishap
desnudar to undress
desnudo naked, bare
desolación desolation
despacho office, study
despacio slow, slowly; **despacito
(dim.)** very slowly
despacioso sluggish, slow

despedirse to leave, to say goodbye

despertar to awake; **—se** to wake up

despreciar to despise; to scorn; to rebuff

desprecio scorn; contempt

despreocupado unworried, unconcerned

después after, later

destacar(se) to stand out

destello sparkle, flash

destinar to destine

destino destiny, fate

destrozar to destroy, to break to pieces, to shatter

desván *m.* attic, garret

desvendarse to take a bandage off

detalle *m.* detail

detener to stop, to hold back, to check; **—se** to stop

determinado definite, specific

detrás de behind

devastador devastating, crushing

devoción devotion

devolver to return

devoto devout, devoted

día *m.* day; **de —** in the daytime

diablo devil

diálogo dialogue

diamante *m.* diamond

dicha happiness, good fortune

dicho saying

dichoso happy, fortunate

diente *m.* tooth

diferente different

dificultar to make difficult

difuso diffused

digno worthy

Dios *m.* God; **por —, Dios mío** for heaven's sake, goodness, etc.

dirección address; direction

director *m.* director, editor, manager

dirigir to turn, to direct; **—se** to go

discípulo disciple, pupil

discurso discourse, speech

discusión discussion

disgusto displeasure, annoyance

disminuir to diminish

disparar to shoot, to fire (a gun)

disparo shot (of a gun)

dispensario dispensary

disperso dispersed, scattered

displicente disagreeable, peevish

disputar to dispute, to debate; to argue over

distancia distance

distinción distinction

distinguir to distinguish; **—se** to be different

distraer to distract; **—se** to amuse oneself

diván *m.* sofa, divan

diverso different, varied

divertido amusing

divertir to amuse; **—se** to have a good time

divino divine

doblar to turn (*a corner*); to fold, to bend

docena dozen

dócil docile

documental *m.* documentary film

dólar *m.* dollar

doler to hurt, to grieve; **—se** to be sorry, to be distressed

dolor *m.* pain, grief; **— de cabeza** headache

dolorido sorrowful, painful

doloroso painful, pitiful

domicilio residence

dominar to dominate, to control

domingo Sunday

dominio dominion, self-control
don *m.* gift, talent
donde where
dormir to sleep
dormitar to doze
drama *m.* play, drama
duda doubt
dudar to doubt
dueño(-a) owner, proprietor
dulce sweet, gentle, pleasant, soft
dulcificar to soften
dulzura sweetness, gentleness
duque duke
durar to last
dureza harshness, hardness
duro hard, harsh; *m.* coin worth five pesetas

E

ea *excl.* hey!
echar to throw, to hurl, to lie down; **echarle a uno en cara** to accuse, reproach; — **a** to start to, to begin; — **al correo** to mail
eco echo
edad *f.* age; era, epoch
edén *m.* Eden (*biblical and figurative*)
edificio building, edifice
efectivamente really, actually
efecto effect; **en** — indeed, as a matter of fact
eficaz effective
ejemplar *m.* copy (*of book*)
ejemplo example; **por** — for example
ejercer to exercise
ejercicio exercise
ejercitar to practice; to exercise
ejército army

elaborado elaborated, wrought
elegir to choose, to elect
elevar to elevate; —**se** to rise, to ascend
emancipar to emancipate, to free
embajador *m.* ambassador
embargo embargo, restriction; **sin** — nevertheless
emborrachar to intoxicate, to get drunk
embustero liar
eminente eminent
emoción emotion
emotivo emotive, emotional
empedrado paved
empeñarse (en) to insist (on)
empezar to begin
empleado employee, clerk
emplear to employ; to use
empleo use; job
empujar to push, to impel
enamorado *m.* lover, suitor
enamorar to enamor, to inspire love in
encaje *m.* lace; inlay
encantador enchanting, charming
encantar to delight, charm
encanto charm, fascination, delight
encargar to entrust, to order; —**se de** to take charge of, to be entrusted with
encarnado red; **ponerse** — to blush
encender to light
encendido bright, inflamed red
encerrar to shut in, to lock up, to confine
encierro confinement, prison
encima above; **por**—**de** over
encontrar to find
encuentro meeting, encounter

enderezar to straighten
enemigo enemy
enérgicamente energetically
enfadar to annoy, to anger; **–se** to get angry
enfermar to get sick
enfermedad sickness, illness
enfocar to focus
enfrente in front, opposite; **de —** opposite
engañar to deceive, to cheat
engaño deceit, fraud, mistake
enloquecer to drive crazy, to madden
enmienda correction, amends
enojado cross, angry
enrojecer to redden, to blush; **–se** to turn red
enrollar to roll up, to wind
ensalada salad
ensayo essay
enseñanza teaching, instruction, eduation
enseñar to teach; to show
ensombrecer to darken; **–se** to become sad, to grow dark
ensueño dream, daydream
entender to understand; to believe; **–se con** to get along with, to get to know
enterar to inform, to acquaint, to advise; **–se** to find out
entero entire, whole
enterrar to bury
entonces then; **para —** by that time; **en ese —** at that time
entrada entrance; admission ticket
entrar to go in, to enter
entre between, among
entreabrir to open partly
entregar to deliver, to hand over
entrever to glimpse; to suspect

entristecer to sadden; **–se** to become sad
enviar to send
envidia envy
envidiable enviable
envidioso envious
envolver to wrap; to wrap up
epistolar epistolary, by letter
época epoch, era
equivocación mistake
equivocarse to be mistaken, to make a mistake
errabundo wandering
errante wandering, roving
escalar to climb, to scale
escalera stairway, stair, ladder
escalón *m.* step, rung
escandalizar to scandalize, offend, shock; **por —** for creating a disturbance
escándalo noise, uproar
escapar to save, to escape; **–se a** to escape from (*a person*)
escaso scant, scarce, few
escena scene, incident, episode
esconder to hide, to conceal
escondrijo hiding place
escribir to write; **— a máquina** to type
escritor *m.* writer
escritorio writing desk
escrupuloso scrupulous
escrutar to scrutinize
escuchar to listen to
escudo coat of arms, escutcheon
escuela school
esfuerzo effort
eso that; **— de** that business (matter) of; **— de** about
espacio space
espada sword
espalda back
espanto fear

espantoso   fearful, frightful
español   Spanish
especial   special
especialidad   specialty
especie   kind, sort, species
específico   specific
espectáculo   spectacle
espectador *m.*   spectator
espejo   mirror
esperanza   hope
esperar   to hope; to wait; to expect
espeso   thick
espiar   to spy; to be on the lookout for
espíritu *m.*   spirit, ghost
espiritual   spiritual
espuela   spur
espuma   foam
esquina   corner
estabilidad   stability
establecer   to establish
establecimiento   establishment; place of business
estación   station, season
estacionar   to park (*a car*); **—se** to park
estadística   statistics
estado   state
estafar   to defraud, to cheat
estancia   ranch; stay; room
estar   to be; **— por**   to be in favor of
estatua   statue
estilo   style
estimular   to stimulate
estirar   to stretch (out)
estómago   stomach
estorbar   to hinder, to obstruct
estrechar   to tighten; to hug, to squeeze
estrecho   narrow, close
estrella   star
estremecer   to shake

estrépito   din, deafening noise
estridente   strident
estrofa   stanza
estudiante   student
estudio   study
estudioso   studious
estupefacto   dumbfounded, stupefied
estupidez *f.*   stupidity
estúpido   stupid
estupor *m.*   stupor, amazement, dumbfoundedness
eterno   eternal
eufórico   euphoric, feeling good
Europa   Europe
evitar   to avoid; to prevent
evocador   evocative
exacto   exact, faithful, complete
exagerar   to exaggerate
examinar   to examine, to look over
exasperar   to exasperate
excesivo   excessive
excitar   to arouse, to excite
exclusivo   exclusive
exigir   to require, to demand
existir   to exist
éxito   end, success
experiencia   experience, experiment
explicación   explanation
explicar   to explain
explotar   to exploit
expulsar   to expel, to expulse, to drive out
exquisito   exquisite, excellent
extasiar   to enrapture
éxtasis *m.*   ecstasy, rapture
extender   to stretch out; to spread
externo   external, outside
extinción   extinction
extranjero   foreign, foreigner; **por el —**   abroad

extraño strange, rare
extremado extreme, excessive

F

facción feature (*facial*)
fachada façade
fácil easy, loose, wanton
falda skirt, fold, slope
fallecer to die
falso false
falta lack, mistake; **hacer** — to need, to be necessary
faltar to need, to lack; ¡**no faltaba más!** That's the limit! The very idea!
fama fame, reputation
familia family
familiar domestic, homelike, familiar, plain; *n. m.* member of a family
fanático fanatic
fanatismo fanaticism
fantasma *m.* phantom, ghost
farmacia pharmacy, drugstore
farol *m.* street lamp
farsa farce, absurdity
fascinar to fascinate
fase *f.* phase
fastidiar to annoy; to bore
fatalista fatalist, fatalistic
fatiga fatigue, hardship
fatigado fatigued, tired
fatigoso tiresome
fe *f.* faith
febril feverish
felicidad happiness
felicitar to congratulate
feliz happy
femenino feminine
fenómeno phenomenon
feo ugly
feria fair; market; deal, agreement

feroz ferocious
ferrocarril *m.* railroad, railway
fértil fertile
fiebre *f.* fever
fiel faithful
fieltro felt
fiera wild animal
fiesta feast, festival, festivity, celebration
figura figure, face, countenance
figurar to figure; to represent; —**se** to imagine
fijarse to imagine; — **en** to notice
fijo fixed
fila row, line
filosofía philosophy
filósofo philosopher
fin *m.* end; **al** — finally; **por** — finally; **al** — **y al cabo** after all
final *m.* end
finca property, farm
fino fine, delicate, thin, slender
firma signature
firme firm, hard
fisionómico facial
flaco weak, thin
flor *f.* flower, blossom; **en** — in bloom
florecer to flower, to bloom
florido flowery, elegant
flotar to float
fondo back, depth, bottom, background
forastero outsider, stranger
forma form, way
fortuna fortune
forzar to break open; to force
fotografía photograph; **hacer** — to photograph
fotógrafo photographer
fracaso failure, collapse

fragancia fragrance
frágil fragile, frail
francés French, Frenchman
franco frank, open
frasco bottle, flask
frase *f.* phrase, sentence
fraternidad fraternity
fray brother (*religious*)
frecuente frequent
freír to fry
frente *f.* forehead; **— a —** face to face; **— a** in front of
fresco fresh, cool; *n.* fresh air, coolness
frotar to rub
frustrar to frustrate, to thwart
fruta fruit
fuego fire
fuelle *m.* bellows
fuente *f.* fountain
fuera out, outside; **de —** outside; **por —** on the outside
fuerte strong, severe
fuerza force, strength, power; **a — de** by dint of
fugitivo fugitive, fleeting
fulgor *m.* brilliance, flash
fumar to smoke
función function; show, performance
funcionar to function, to work
fundir to fuse, to blend, to unite; to cast (*metal*)
fúnebre funereal, gloomy
furor *m.* furor, rage
fusil *m.* gun
futuro future

G

gabardina gabardine; raincoat
gabinete cabinet; study
gafas eye glasses

galán *m.* suitor
galante gallant
galería hall
gallina hen; *m.f.* a chicken-hearted person
galopar to gallop (a horse)
galpón *m.* shed
gana desire; **tener ganas de + inf.** to feel like
ganancia gain, advantage
ganar to gain; to win; to make (*money*)
garaje garage
gastar to spend; to waste; to wear out
gato cat
generación generation
género kind, sort, genre
generoso generous
genio temperament, genius, talent
gente *f.* people, servants, retinue
gesto grimace, gesture
gigante giant; gigantic
gitano gypsy
gobierno government
golondrina swallow
golpe *m.* knock, blow; **golpecito** (**dim.**) tap **de un—** suddenly
golpear to hit, strike; to pound
gordo fat, greasy, coarse
gorra cap
gorrión *m.* sparrow
gota drop
gozar to enjoy; **— de** to enjoy
gracia gracefulness, elegance, graciousness; charm
gracias thanks, thank you
gracioso attractive, witty
grande big, large, great; *n.* grandee
granizo hail
grato pleasing

grave grave, serious

gris gray

gritar to cry out, to shout, to scream

griterío shouting

grito cry, shout

grotesco grotesque

grueso thick, heavy, big

guapo pretty; handsome

guardar to keep; to hide

guardia *m.* guard, policeman

guardián *m.* guardian

guerra war; **dar —** to annoy

guerrero warrior, soldier

guía guide; **— de teléfonos** telephone directory

guiar to guide

guisar to cook

guitarra guitar

guitarrista guitarist, guitar player

gustar to be pleasing

gusto pleasure, taste; **a —** to one's liking, at ease

H

haber to have; **hay, había, hubo,** etc. there is (are), there was (were), etc.; **—que** + *inf.* to be necessary (impersonal); **de**+ *inf.* to be (supposed) to; **he aquí** here is, this is

hábil clever, skillful, able

habitación room

habitante *m.f.* inhabitant

habitar to inhabit, live in; to occupy

hace ago

hacer to do, to make; **—de** to act as, to play (a role); **—se** to become; **hacérsele a uno** to seem ... to one

hacia to, toward

hambre *f.* hunger **pasar —** to go hungry

hartar to gratify, to satisfy

hasta *adv.* even; *prep.* until, till, to, up to

hay there is (are); **¿qué—?** What's the matter?

he aquí here is, behold

hechicero bewitching, enchanting

hecho fact, deed, event

helar to freeze

helecho fern

henar *m.* hayfield

heredar to inherit

herencia heritage

herir to hurt, to wound

hermana sister

hermoso beautiful

héroe *m.* hero

heroico heroic

hierro iron

hígado liver

hija daughter, child

hijo son, child

hinchar to swell

hinojos de — on one's knees

hipnotizar to hypnotize

hipócrita hypocritical; *m.* and *f.* hypocrite

historia history

hocico snout, nose (*animal*)

hogar *m.* hearth, home, house

hoja leaf, blade; page, sheet of paper

¡hola! hello! *also, a shout to draw someone's attention*

hombre man; *excl.* you don't say! gosh!, etc.

hombro shoulder

honrado honorable, honest

honrar to honor

hora hour; **a primera —** very early
horizonte *m.* horizon
horroroso horrid, horrible
hospitalario hospitable
hostil hostile
hoy today
huerta vegetable garden
huerto orchard, garden
hueso bone
huésped *m.,f.* guest; lodger; host
huevo egg
huir to flee
humanidad humanity
humedecer to moisten, dampen
húmedo wet, damp
humildad humility
humilde humble
humillar to humiliate, to humble
humo smoke
hundir to sink; to overwhelm; to destroy

I

idioma *m.* language, dialect
iglesia church
ignominia ignominy
ignorar to be ignorant of, not to know
igual equal, same; **— que** like; **de — a —** as equal(s)
igualar to equalize, to make equal
igualdad equality
iluminado lighted
ilusión illusion
ilustre distinguished, illustrious
imagen *f.* image
imitar to imitate
impacientarse to grow impatient
impaciente impatient
imparcial impartial
impedir to prevent, to hinder

imperativo imperative, dictatorial
imperfecto imperfect, imperfect tense
impertinencia impertinence
implorar to implore
importar to be important, to matter
impregnar to impregnate, saturate
impresión impression, idea
impresionar to make an impressions; to impress
impresionista impressionistic
impulso impulse, movement
impuro impure
inasequible inaccessible
incapaz incapable
incendio fire
incertidumbre *f.* uncertainty
inclinar to incline; to bow; to slope; to induce
incluso *adv.* even, besides, including
incomodar to inconvenience, bother; to annoy
incómodo uncomfortable
incomprensión incomprehension
inconveniente *m.* obstacle, difficulty; **tener — en** to object, to mind
incorporación association
incorporarse to sit up; **— a** to join
increíble incredible
incrustar to incrust
inculpar to blame, to accuse
indeciso undecided
indefectible unfailing, indefectible
indemnización indemnity
indicar to indicate
índice *m.* index finger; index
indigno unworthy, contemptible

indio Indian
inequívoco unequivocal, unambiguous
inescrutable inscrutable
inesperado unexpected
inexplicable unexplainable, inexplicable
infalible infallible
infancia infancy
infantil infantile, childlike
infeliz unfortunate, unhappy; *n.* poor soul, wretch
inferior inferior, lower
infernal infernal
infierno hell
infinito infinite
influir to influence; **– en** to have an influence on
información information, report investigation
informar to inform, to advise; to report
ingenio talent, skill
ingenuidad ingenuousness
Inglaterra England
inglés England, Englishman
ingratitud ungratefulness
inmensidad immensity, infinity
inmenso immense
inmortal immortal
inmóvil motionless
inocencia innocence
inseguro uncertain, shaky
insinuar to insinuate; to interrupt
insistente insistent
insistir to insist
insolente insolent
inspirar to inspire, to instill; **–se en** to be inspired by
instante moment, instant
instigador *m.* instigator
instinto instinct
instruir to instruct
insultar to insult

inteligencia intelligence, understanding
intensificar to intensify
intenso intense, deep
intentar to attempt; to try, to intend
intento intent, purpose; attempt
interés *m.* interest
interesar to interest; **–se** to be interested in
interpretar to interpret; to play
interrogar to interrogate, to ask
intervenir to intervene
interrumpir to interrupt
íntimo intimate
intriga intrigue
introducir to introduce; to lead in
intuición intuition
inundación flood, inundation
inútil unless
invadir to invade
inventar to invent
invierno winter
involuntario involuntary
ir to go; **¡vamos!** come on, let's see; **no les va bien** things aren't going well with them; **— de visita** to pay a visit
ira anger
ironía irony
irreal unreal
irritado irritated, irritable
irritar to irritate
isla island
italiano Italian
izquierdo left; **a la izquierda** to the left, on the left

J

jabón *m.* soap
jaca pony
jamás ever, never

japonés —esa Japanese
jardín *m.* garden
jefe chief
jinete *m.* horseman, rider
joven young
joya jewel
judío Jewish; *m.* Jew
juego game
jugar to play; **—se** to gamble, to risk
juguete *m.* toy
juicio judgment, wisdom
juicioso judicious, wise
juntar to join, to bring together
junto next; joined, united
juramento oath
jurar to swear
justicia justice
justificar to justify
justo just; exact, correct
juvenil juvenile, youthful
juventud *f.* youth

L

laberinto labyrinth
labio lip
ladear to tilt; to lean
lado side, direction; **de un —** on the one hand
ladrillo brick
lago lake
lágrima tear
lamentable lamentable
lamentarse to lament, to wail
lamer to lick
lance *m.* critical moment, incident, episode, event
lancha barge, launch
lanzar to throw; to hurl; **—se** to dash
largo long, abundant; **a lo —**

de through, in the course of; **pasar —** to pass along
lástima pity; **es —** it's a pity
latido beat, throb
latino Latin
lavabo washroom, lavatory
lavar to wash
lazarillo (blind man's) guide
lector reader
lectura reading
leer to read
lejano distant
lejos far off; **a lo —** in the distance
lengua language, tongue
lenguaje *m.* language, idiom, speech
lente *m. & f.* lens
lento slow
león *m.* lion
letra letter, handwriting
levantar to raise; **—se** to get up
leve light, slight
libertad liberty, freedom
librar to free, liberate
librepensador *m.* freethinker
librería bookstore
librero bookseller
ligero light, slight
lila lilac
limpiabotas shoeshine boy (man)
limpiar to clean
límpido limpid
limpio clean, pure; *m.* a (shoe) shine
linaje *m.* lineage, offspring
lindo pretty
línea line
lirio iris, lily
lista list
listo ready, clever
literario literary
litro liter

lo de the matter of
lobo wolf
local *m.* place, premises
localizar to localize; to locate
loco mad
locura madness
lodo mud
lógica logic
lógico logical
lograr to get, to obtain; to succeed
Londres London
lotería lottery
lucha fight, struggle
luchar to struggle; to fight
lucir to shine
luego then, well then, next, soon, afterward; **— que** as soon as; **desde —** of course, naturally
lugar *m.* place; **tener —** to take place; **en primer —** first, in the first place
lujo luxury; **de —** luxurious, deluxe
luminoso luminous
luna moon
luz *f.* light, learning
llama flame
llamar to call; to knock
llanto weeping, crying
llanura plain
llave *f.* key
llegada arrival
llegar to arrive; **— a** + *inf.* to get to, to succeed in
llenar to fill; to satisfy
lleno full
llevar to carry, to take, to keep, to wear (*clothes*); **-se** to get along; to take away; **— a cabo** to carry out, to execute
llorar to cry
llover to rain
lluvia rain

M

machete machete; cane knife
macizo flower bed, clump, mass
madera wood, timber, lumber
madrugada dawn
maduro mature
maestra teacher
maestro teacher, master
magnate magnate
magnífico magnificent
majestuoso majestic
mal badly; *m.* evil, harm, wrong
maldito cursed
malhumorado ill-humored, peeved
manejar to manage; to handle
malo bad
maltratar to mistreat
mamar to suck, to nurse
manchar to spot, to stain
mandar to order, to send
mandato mandate, command
manera manner, way; **de una —** in a way; **a — de** like
manía mania, fixed idea
mano *f.* hand; **darse la —** to shake hands
mantener to maintain, to keep; **-se** to stay, to keep
manto cloak, mantle
mañana morning, tomorrow; **muy de —** very early
máquina machine, typewriter; **— de escribir** typewriter; **por —** mechanically; **— fotográfica** camera
mar *m. f.* sea
maravilla wonder, marvel; **hacer maravilla** to do wonders
maravilloso marvelous, wonderful
marcar to mark; to stress

marcha   walk, step, march; departure; **poner en —**   to start to go
marchar   to go; to run; **—se**   to go, to leave
mareo   seasickness, dizziness
marfil *m.*   ivory
margen *m.*   edge, border
marido   husband
mármol   marble
mas   but
más   more; **— bien**   rather; **por — que** + *subjunctive*   no matter how much; **no … — que**   only
masa   mass, common people
máscara   mask
materia   matter; material; subject
material   material, physical
matrimonio   marriage; married couple
mayor   greater, greatest
mayoría   majority
mecánico   mechanical
mecanógrafo   typist
mecer   to swing; to rock
mediano   moderate, medium
medianoche *f.*   midnight
medicina   medicine
médico   doctor
medio   means, way, environment, half, middle, midway; **por —** in between
mediodía   noon
meditación   meditation
meditar   to meditate
meditativo   meditative
mejilla   cheek
mejoría   improvement
melancolía   melancholy
melancólico   sad, melancholy
melífluo   mellifluent
memoria   memory
mencionar   to mention
mendigo   beggar

menor   least; minor
menos   less, fewer, least, except; **(por) lo —**   at least; **cuando —**   at least
mensaje *m.*   message, errand
mensajero   messenger
mentir   to lie
menudo   small; **a —**   often
mercadería   merchandise, goods
mercado   market
merecer   to deserve, to merit
mermelada   jam; marmalade
mesa   table
meter   to put, to place
método   method
metro   meter; subway
mezcla   mixture, blend
miedo   fear; **tener —**   to be afraid
mientras   while, as long as, meanwhile; **— tanto**   in the meantime
milagro   miracle
milpa   cornfield
millón *m.*   million
mimar   to spoil, to pamper
mimoso   pampered, spoiled; loving
ministerial   pertaining to a minister or ministry of a country
ministerio   ministry
minucioso   minute; meticulous
minúsculo   small
minuto   minute
mirada   look, glance
mirar   to look at; to look
misa   mass
miserable   miserable, wretched, mean
miseria   wretchedness, poverty
misericordia   mercy
mismo   same, very, self; **lo — que**   the same as

misterio mystery
misterioso mysterious
mitad half
moda fashion, mode, style
modesto modest
modo way, manner; **de — que** so that; **de un —** in (such) a way; **de este otro —** something else; **de malos modos** in an unfriendly way; **de todos modos** at any rate
modular to modulate
mojar to wet, to soak, to moisten
moler to grind; to consume; to waste
molestar to disturb, to bother; **—se en** to take the trouble to
molesto annoying; disturbed
momento moment; **por momentos** at any moment; **de un — a otro** at any moment
moneda coin
monotonía monotony
monótono monotonous
montaña mountain
montar to mount, to ride
monte *m.* mountain, woods
morado mulberry, dark purple
moral moral, ethical
morder to bite
moreno dark
moribundo dying
morir(se) to die
mortificar to mortify, to torment
mosca fly
mostrador *m.* counter, bar
mostrar to show
mover to move
muchedumbre *f.* crowd, mod
mudo silent
muela molar tooth
muerte *f.* death
mujer woman, wife

multitud multitude
mundo world, globe; **correr —** to travel
muñeca doll; wrist
muralla wall
murmullo murmur
murmurar to murmur, to whisper
muro wall
músico musician
mutuo mutual

N

nacer to be born
nacimiento birth
nacional national
nada nothing; **— más que** nothing but
nadar to swim, to float
nadie nobody
naranja orange
nariz *f.* nose, nostril
narrador *m.* narrator
narrar to narrate
naturalidad naturalness
naturaleza nature
navegar to sail
Navidad Christmas
necedad foolishness, stupidity
necesidad necessity
necesitado needy, poor person
necesitar to need, to necessitate; **— de** to have need of
negar to deny, to refuse; **—se a** to refuse
negocio business, deal
negocios business
negro black
nervioso nervous
nevar to snow
neworleansiano of New Orleans
ni neither, nor, not even

niebla fog, mist
nieto grandson, grandchild
nieve *f.* snow
ninguno no, none
niña child, girl, darling
niño child, boy
noche *f.* night; **de —** at night
Nochebuena Christmas Eve
nombramiento appointment
nombre *m.* name
noreste northeast
Noruega Norway
notar to notice
noticia news, notice, information
novedad something new, change
novela novel, story
novia sweetheart, fiancée, bride
novio sweetheart, fiancé, groom
nube *f.* cloud
nublado cloudy
nuevamente again
nuevo new; **de —** again
número number; issue (of a publication)

O

obedecer to obey
objetivo objective
objeto object
obligar to oblige
obra work, writings
obrar to work; to perform, to execute
obrero worker
obstinado obstinate
obstinarse to be obstinate; to persist
ocasión occasion, opportunity
ocasionar to occasion, cause
océano ocean
ocultar to conceal

ocupar to occupy; **—se de** to be busy with, to pay attention to
ocurrir to occur, to happen; **— sele a uno** to occur (to one)
odiar to hate
odio hate, hatred
ofender to offend, to bother
oficial *m.* officer
oficina office; **— de correos** post office
oficio work, occupation, office, function
ofrecer to offer
ofrecimiento offer
oído ear
oír to hear; **— hablar de** to hear about; **— decir que** to hear that
ojeada glance
ojo eye
ola wave
oler to smell; **— a** to smell of or like
olor *m.* odor
olvidar to forget
olvido forgetfulness, oblivion
operación operation
operar to operate
opresión oppression
opuesto opposite
oratorio oratorical
orden *m.* order; *f.*, command
ordenar to order; **por —** in order
oreja ear, flange
orgullo pride
orgulloso proud, conceited
orientar to orient, orientate
oro gold
orquesta orchestra
oscuridad darkness, obscurity
oscuro dark; **a oscuras** in darkness

otoño fall, autumn
otro other, another
óxido oxide; rust

P

paciencia patience
paciente patient
padecer to suffer from; to put up with
padre father
paja straw
paganizar to paganize
pagar to pay
país *m.* country
paisaje *m.* landscape, countryside
pájaro bird
palabra word
palacio palace
palco box (seat)
palidecer to turn pale
palidez *f.* paleness, pallor
pálido pale
paliza beating
palma palm (tree); palm (of hand)
palo stick, whack, blow
palpar to touch, to feel, to grope
pan *m.* bread
pánico panic
pantalón trousers
pañuelo handkerchief, shawl
Papa Pope
papel *m.* paper, role, part
paquete *m.* package, bundle
par *m.* pair, couple
para for, by; — **sí** to oneself
paradero whereabouts
paradoja *f.* paradox
paraíso paradise
parar to stop; **—se a** + *inf.* to stop (doing something)
pardo brown, dark gray

parecer to seem, to appear; **parecerse a** to resemble; **a su —** in your opinion; **¿qué (tal) le parece ... ?** What do you think (of) ... ?; **al —** apparently
parecido resembling, like, similar
pared *f.* wall
pareja pair, couple
pariente relative
París Paris
parlamentario parliamentary
párpado eyelid
parque *m.* park
párrafo paragraph
parroquiano parishioner; customer
parte *f.* part; **por otra —** on the other hand; **de vuestra —** on your part; **la mayor — de** most of
particular particular, special, peculiar
partida departure
partir to leave, to set out
parto childbirth
pasado past
pasajero fleeting, transitory
pasar to pass, to spend, to happen; **¿qué le pasa?** What's the matter?; **pase** come in
pasear to stroll, to walk; to ride; **—se** to take a walk, to stroll
paseo walk, ride, stroll; **dar —** to take a ride
pasillo hall
paso step
pastel *m.* pastry, cake
paterno paternal
patético pathetic
patrón *m.* landlord; owner; boss
pavoroso frightful
paz *f.* peace

peca freckle
pecado sin
pecho breast, chest, heart
pedazo piece
pedir to ask, to request
pedregoso stony, rocky
peinar to comb; **—se** to comb one's hair
pelear to fight, quarrel
película film
peligro danger
pelo hair; **tomar el —** to make fun of, to kid
pena pain, hardship, sorrow
pender to hang; to dangle
péndulo pendulum
penetrar to penetrate, to enter
pensamiento thought
pensar to think
péñola pen, quill pen
peor worse, worst
pequeño small
pera pear
percibir to perceive
perder to lose
perdurar to last
peregrinación pilgrimage, course of life
perezoso lazy
perfecto perfect
perfilar to profile; to outline
periódico newspaper
periodista *m.* newspaperman, journalist
permanecer to remain
permiso permission; **con —** excuse me
permitir to permit
perplejo perplexing
perra dog; **—suerte** hard luck
perro dog
perseguir to pursue
persiana venetian blind

personaje *m.* character (*in a play, story*)
personalidad personality
perspectiva perspective, prospect
pertinente pertinent, relevant
perturbar to disturb
pesar *m.* grief; **a — de** in spite of
pesar to weigh; to cause regret, sorrow
pescador fisherman
pescar to fish, to fish for
peso weight; **sin —** limp; Spanish-American monetary unit
pestaña eyelash
petaca tobacco pouch, cigar case
pétalo petal
Petrarca Petrarch (1304–1374), *great Italian poet and humanist*
pez *m.* fish
piadoso pious, merciful
picar to prick, to bite; to burn
pie *m.* foot; **en —** standing, up and about; **de —** standing
piedad piety, pity, mercy
piedra stone, rock
piel *f.* leather, skin
pierna leg
pieza piece, musical composition; room
pino pine tree
pintar to paint; to portray
pintor *m.* painter, artist
pintoresco picturesque
pirámide *f.* pyramid
pisar to step on
piso floor, story (*of a building*)
pitillo cigarette
placer *m.* pleasure
plantado: dejar — to jilt, to leave in the lurch
plantar to plant; to put, place
plata silver
plato dish, plate, course (meal)

playa   beach
plaza   square
plebiscito   plebiscite
pleno   full
pliego   sheet of paper
plomar   to seal with lead
pluma   pen, feather
pobreza   poverty
poco   little; (*plural*) few; **al —** soon
poderoso   powerful, mighty
poema *m.*   poem
poesía   poetry
poeta *m.*   poet
policía   police; *m.* policeman
polonés   Polish; *m.* Pole
polvo   dust
polvoriento   dusty
poner   to put; **—se a** + *inf.* to begin to, to start to; **—se** to become; **—se de pie** to stand up
por   by, for, through, along, because of
porfía   obstinacy, persistence
pormenor *m.*   detail
portera   janitress
porvenir *m.*   future
posar   to perch, to put; to put down
poseer   to possess
posesión   possession
posible   possible
postal *f.*   postcard
postrar   to prostrate; to weaken, exhaust
postulado   postulate, doctrine
práctica   practice, skill, experience
pradera   meadow, pasture land
prado   meadow
precio   price
precipitadamente   hastily, hurriedly

precipitar   to precipitate, to hasten
precisamente   precisely; at the same time
precisar   to need; to be necessary
preciso   necessary, precise
predominar   to predominate, to stand out
preferible   preferable
preguntar   to ask
prematuro   premature
premio   prize, award
prender   to grasp
prensa   press (newspaper)
preocupación   preoccupation, worry
preparativo   preparation
preparatorio   preparatory
presencia   presence
presentar   to present; to appear
presión   pressure
preso   arrested, imprisoned; *n.* prisoner
prestar   to lend; to render, to do
prestigio   prestige
pretender   to pretend to, to claim; to try to; to try to get, to seek; to want
pretensión   presumption, effort
pretexto   pretext, excuse
prever   to foresee
primavera   Spring
primero   first, in the first place
primitivo   primitive, original
primo   cousin
príncipe *m.*   prince
principiar   to begin
pro   profit, benefit; **en — de** in favor of
probar   to prove; to test
procesión   procession
procurar   to try; to strive for
producto   product

profano profane, worldly
profesión profession
profundo profound, deep
progresar to progress
progreso progress
prohibir to prohibit, to forbid
promesa promise
prometer to promise
prominente prominent, outstanding
promontorio promontory
pronto soon; **de —** suddenly
pronunciar to pronounce, to deliver (a speech)
propiedad property
propietario(a) owner
propio own, proper; same; himself, herself, etc; characteristic, suitable
proponer to propose
propósito purpose, intention
protagonista *m. f.* protagonist, principal character
proteger to protect
protestar to protest
proverbio proverb
provincia province
provinciano provincial
próximo next, near, close
proyectar to project
prudente prudent
prueba proof, test, trial
psicología psychology
público public, people
pueblo town, village, people, nation
puente *m.* bridge
puerta door
puerto port, mountain pass
pues then, well, well then
puesto stand, booth, place, post; **— que** since

pulsera bracelet
pulso pulse
punta point, tip
punto point; **a – de** on the point of
puñal *m.* dagger
pupila pupil (*of the eye*); eye
puro pure

Q

que who, whom, which, that; for, because
quebrantar to break
quedar(se) to remain, to stay
queja complaint, moan, lament
quejar to complain, to lament; **—se de** to complain about, of
quemar to burn
querer to wish, to want, to love; **— decir** to mean
querido dear
queso cheese
quitar to remove, to take away; to clear
quizá(s) perhaps

R

radiación radiation
rama branch
ramo branch, cluster, bouquet
ranilla sole
rapidez speed
rápido swift, rapid
raro rare, strange, odd
rasgo trait, characteristic
rato (short) time, while; **a ratos** from time to time
rayo beam, ray of light
raza race, lineage

razón reason; **tener —** to be right
razonable reasonable
razonar to reason
reaccionar to react
real real
realidad reality; **en —** really, truly
realizar to realize, to fulfill; to perform
reaparecer to reappear
rebaño herd, flock
recelo fear, misgiving
rechazar to reject, refuse
recién recently; **— casado** newlywed
reciente recent
recobrar to recover
recoger to pick up, to gather; to remove
recomendar to recommend
recompensa reward, recompense
reconocer to recognize; to examine
reconocimiento examination; recognition
recordar to remember
recorrer to run over; to go through
recostarse (en) to lean
recreo recreation, recess (*school*)
recto straight, right, honest
recuerdo memory, remembrance
red *f.* net, netting; grating
redactar to edit; to write; to draw up
redactor *m.* editor writer
redondo round
reemplazar to replace
referir to relate, to tell; **—se** to refer
reflejar to reflect

reflexionar to reflect, to think
reformar to reform; to mend; to improve
refrescar to refresh
refulgir to shine
regalar to give; to treat
regalo present, gift
regazo lap
regenerar to regenerate
regla rule
regocijarse to rejoice
regordete, (ta) chubby, plump
regresar to return
regreso return
regular fair, so-so, regular
rehusar to refuse, to reject
reina queen
reinar to rule, to reign
reino kingdom
reír to laugh
rejuvenecer to rejuvenate
relatar to relate, to narrate
relato story, narration
releer to read again, reread
religioso religious
reloj *m.* watch, clock
relucir to shine
remediar to remedy; to help; to prevent
remedio remedy, help; **no tener —** to be unavoidable
remoto remote
rendija crack, split
rendir to subdue; to surrender; **—se** to yield
reñir to quarrel
reparar (en) to notice
repartidor distributor, sorter
repasar to pass again
repente *m.* start; **de —** suddenly
repetir to repeat
replicar to answer

reponerse to recover
reportero reporter
reposo repose, rest
representar to represent; to act; to play
reprimenda reprimand
reprimir to repress
reproche *m.* reproach
repugnancia repugnance, antipathy
resbaladizo slippery
reservar to reserve
residencia residence, home
residir to reside
resistir to resist; to bear; to withstand
resonar to resound
respecto relation, respect; **— a** with respect to
respetable respectable
respeto respect
respetuoso respectful
respiración breathing
respirar to breathe
resplandor *m.* light
responder to answer; to correspond
resto rest, remainder
resuelto resolute, determined, quick
resultar to result, to turn out to be
retener to retain, to hold back
retirar(se) to retire, to withdraw
retorno return
retrasar to delay, to put off
retrato portrait, photograph
retroceder to back away; to go back
reuma *m. f.* rheumatism
reunir to unite, to gather
reventar to smash, to burst
reverente reverent

revés *m.* back
revisar to examine
revista magazine
revolar to flutter; to fly
revolotear to flutter, to flit
revolución revolution
rey *m.* king; **Reyes** Wise Men
rezar to pray
ridículo ridiculous; **en —** ridiculous
rígido stiff, rigid
rincón *m.* corner
río river
risa laugh, laughter
ritmo rhythm
robar to steal
roca rock
rodar to roll; to rotate
rodear to surround, to encircle
rodeo detour, evasion
rodilla knee
rogar to ask; to beg
rojo red
romano Roman
romántico romantic
romper to break
ronco hoarse, raucous
rondar to go around; to prowl
ropa clothes
rosa rose
rosado rose-colored
rosal *m.* rose bush
roso red
rostro face
roto torn
rozar to rub, to graze
rubio blond, fair, light
ruego request, entreaty
rufián *m.* scoundrel, ruffian
rugir to roar, to bellow
ruido noise
ruidoso noisy

ruiseñor *m.* nightingale
rumor *m.* rumor, murmur, sound
Rusia Russia

S

sábana sheet
saber to know; — **de** to learn, to hear of (from)
sabio wise, learned; *m.* learned man, scholar
saca sack
sacar to take out, to draw out; to bring forth
sacerdote *m.* priest
sacrificar to sacrifice
sacrificio sacrifice
sacro sacred
sacudir to shake
sagrado sacred, holy
sala living room, drawing room
salida exit, departure, way out
salir to leave, to go out
salón *m.* large hall *or* room
salpicar to spatter, to sprinkle
saltar to leap, to jump
salud *f.* health
saludable healthful
saludar to greet, to hail
salvar to save
salvo safety; — **que** except that
sanar to heal, to cure; to recover
sangrar to bleed
sangre *f.* blood
sangriento bloody
sano sound, healthy, good
santidad holiness
santo saintly; *m.* a saint
Satanás Satan
satisfecho satisfied; conceited
secar to dry
seco dry

secreto secret
sed *f.* thirst
seductor seducer; *adj.* seductive, captivating
seguida succession, series; **en** — immediately
seguir to follow; to continue
según according to
segundo *adj. n.* second
seguridad surety, safety, confidence
seguro sure, safe, certain; **de** — surely
selecto select, choice
sello stamp
semana week
semejante similar, such
semejanza similarity
semioculto half-hidden
sencillo simple; single
senda path
seno chest, bosom
sensación sensation
sensible sensitive, perceptible
sensitivo sensitive, sensual
sensual sensual, sensuous
sentar to seat; **-se** to sit down
sentido meaning
sentimiento feeling
sentir to feel; to regret
seña sign, mark
señal *f.* signal, sign
señalar to show, to point out
señor sir, lord, gentleman, master
señorial seignorial, noble
señorita mistress
señorito master
separar to separate
sepultura grave
ser to be; **sé** be (*commond*); *m.* being, person
sereno serene, calm; sober

seriedad   seriousness
serio   serious; **en —**   seriously
servicio   service
servidumbre *f.*   servitude
servir   to serve; **— para**   to be used for; **para —le**   at your service
severidad   severity
sexo   sex
sí   yes, indeed (*adds emphasis to a verb*)
siempre   always
sierra   mountain range
siglo   century
significación   significance
significado   significance, meaning
significar   to signify, to mean, to indicate; to be worth
significativo   significant
signo   sign, symbol
siguiente   following
sílaba   syllable
silbar   to whistle
silbido   whistle
silencio   silence
silencioso   silent
silla   chair; saddle
sillón *m.*   armchair, easy chair
simbolista   symbolist
simbolizar   to symbolize
simétrico   symmetrical
símil *m.*   simile
simpatía   sympathy, liking, friendliness, congeniality; **tener grandes — s**   to get along
simpático   likeable, pleasant
simplicidad   simplicity
simular   to simulate, feign
sin   without
sincero   sincere
singular   exceptional, extraordinary; singular
siniestro   sinister

sino   but (rather)
sintético   synthetic
siquiera   even, scarcely; **ni —**   not even
sirvienta   servant (*f*).
sistema *m.*   system
sitio   place, location
situar   to situate
soberbio   proud, superb
sobre   on, above; *n.m.* envelope
sobremanera   exceedingly
socialismo   socialism
socorro   aid, help
sofocar   to suffocate, to smother; to choke, to stifle; to extinguish
sol *m.*   sun
solar   solar
soldado   soldier
soledad   solitude, loneliness
soler   to be accustomed to
solicitar   to solicit, to ask
solicitud   solicitude
solidaridad   solidarity
solitario   solitary, alone
solo   alone, single, only, sole
sólo   only
soltar   to let loose, to let go
soltero   unmarried person
sombra   shade, darkness, shadow; ghost
sombrero   hat
sombrío   somber, dark, gloomy
someter   to submit; to subject
sonar   to sound; to ring
soneto   sonnet
sonreír   to smile
sonriente   smiling
sonrisa   smile
soñar   to dream; **— con**   to dream of *or* about
soplar   to blow
sopor *m.*   drowsiness; stupor, lethargy

soportar to support; to bear, endure
sorbo sip
sórdido sordid, dirty
sorprender to surprise
sorpresa surprise
sosegado calm, peaceful
sospecha suspicion
sospechar to suspect
sostener to support, hold up, sustain
suave smooth, soft, mellow, suave, gentle
subalterno subaltern, subordinate
subir to go up; to take up
súbito sudden; **de —** suddenly
subjetivo subjective
suceder to happen
suceso event
sucio dirty
sudar to perspire
sudor perspiration, sweat
sueldo salary, pay
suelo ground, floor
sueño dream, sleep
suerte *f.* luck, fortune
sufrir to suffer, to endure
sugerir to suggest
suicida *m.* suicide
suicidarse to commit suicide
sujetar to fasten, to hold
sumergir to submerge, to submerse
sumo high, great; **a lo —** at most
suntuoso sumptuous
supersticioso superstitious
suplicar to entreat, implore
suponer to suppose
supremo supreme
supuesto *past participle of* **suponer; por —** of course
surco furrow, rut

suspirar to sigh
sustantivo substantive, noun
sustituir to substitute, to replace
sutil subtle, thin, cunning, keen

T

taberna tavern, saloon
tabernero saloonkeeper
tabla board, plank
táctica tactics
tal such, so, as; **— cual** as such; **— vez** perhaps; **— como** just as; **un —** a certain
tamaño size
tampoco neither, nor
tan so; **tan ... como** as ... as
tanto so much; **en —** while; **tanto ... como** as much ... as; both... and; **por —** therefore
tardar to delay; to be late; **— en +** *inf.* to be long in
tarde *f.* afternoon; **buenas tardes** good afternoon, good by; *adv.* late
tarea task, job
tarjeta card
taza cup
techo roof; ceiling
telegrama *m.* telegram, dispatch; **poner un —** to send a telegram
tema *m.* theme; matter
temblar to tremble
tembloroso trembling
temperatura temperature
temporal *m.* storm
temprano early
tenacidad tenacity, firmness
tendencia tendency
tender to spread, to stretch, to reach out; **— a +** *inf.* to tend to; **— se** to lie down
tendero shopkeeper

tener to have; — **calor** to be warm; — **curiosidad** to be curious; — **frío** to be cold; — **hambre** to be hungry; — **horror a** to have a horror of; — **inconveniente** to object; — **la bondad** please; — **miedo** to be afraid; **no** — **remedio** to be unavoidable; — **razón** to be right; — **reparo** to be bashful; — **sed** to be thirsty; – **por costumbre** to be one's custom

teniente *n.* lieutenant

tenso tense, taut

tentación temptation

tentador tempting; temptor

teñir to dye; to shine, to polish

terminar to end, to finish

término end; term

termómetro thermometer

tertulia social gathering

terraza terrace; veranda

tesoro treasure

tibio lukewarm, tepid

tiempo time, weather; **a** — on time; **al poco** — soon, shortly; **al mismo** — at the same time; **¿qué tal** — **hace?** what's the weather like?; **de** — **a** — from time to time

tienda store, tent, shop

tierno tender, delicate

tierra land, ground, earth, dirt

timbre *m.* stamp, seal

tinieblas *f.* darkness

tinta ink

tío uncle

tiovivo merry-go-round

típico typical

tipo type, kind, model; (*coll.*) fellow, guy

tirar to throw, to draw, to pull; — **a** to resemble, to approach; — **de** to pull out

tiritar to shiver

titular to entitle

título title

toalla towel

tocar to touch; to ring (*a bell*); to play (*an instrument*); **tocarle a uno** to be one's turn, to fall to one's lot

todavía still, yet

todo all, everything; — **el mundo** everybody

tomar to take, to buy, to have (*beverage*); — **a mal** to take offense at

tono tone

tonto foolish, stupid; *m. f.* fool, dolt

torerillo young bullfighter

torero bullfighter

tormenta storm, tempest

tornar to return, to turn; — **a** + *inf.* to do something again

torno turn; **en** — **de** around; **en** — all around, about

toro bull

torpe stupid, dull, slow

torre *f.* tower

torrencial torrential

torrente *m.* torrent, avalanche

tostada slice of toast

tostar to burn; to tan

trabajar to work

trabajo work; job; difficulty; **costar** — to take a lot of effort, to be hard

tradicional traditional

traducir to translate

traer to bring

tragar to swallow

trágico tragic

trago swallow, drink

traición betrayal

traje *m.* suit; dress

trance *m.* critical moment

tranquilizar   to calm
tranquilo   calm, quiet
transcurrir   to pass
transmitir   to transmit
transparente   transparent
tranvía   trolley car
tras   behind, beyond; after
trastornar   to upset, to disturb
tratamiento   treatment
tratar   to treat; to handle; **—se de**   to be a question of, to deal with
trato   treatment; dealing, association
través   misfortune, reverse; **a — de**   through
travieso   mischievous
triángulo   triangle
tribu *f.*   tribe
triste   sad
tristeza   sadness
triunfar   to triumph
triunfo   triumph
tronco   trunk
tropezar   to hit, to stumble; **— con**   to run into, to encounter
trote *m.*   trot
trueno   thunder
tumba   tomb, grave
túnica   tunic
turbador   disturbing
turbar   to disturb, to trouble
turquesa   turquoise
Turquía   Turkey

U

úlcera   ulcer
últimamente   lately, recently
último   last, latest
ulular   to howl
uña   fingernail

único   unique, only, sole
unir   to unite, to join
unísono al —   in unison
usado   worn out, used, second-hand
usar   to use
utilizar   to utilize; to use

V

vaca   cow
vaciar   to empty
vacilar   to hesitate; to sway; to flicker (light)
vacío   empty; *m.* emptiness
vago   vague, lazy
vagón *m.*   railroad car
valer   to be worth, to cost; **— la pena**   to be worth while; **— más**   to be better
valeroso   valiant
valiente   bold, brave
valor *m.*   value, worth, validity; courage, fortitude
valle *m.*   valley
vanidad   vanity
vano   vain; **en —**   in vain
vapor   steam, vapor; mist; **a todo —**   at full steam
variar   to vary, to change
vario   various, varied
vasco   Basque
vaso   glass
vasto   vast, huge
¡vaya!   well! look here! what (a)!
vecino   neighbor, resident, tenant
vega   plain
vegetal   vegetal; *m.* vegetable (*plant*)
vehículo   vehicle
vela   vigil, candle
velar   to keep vigil, to watch over
velocidad   speed

veloz swift, rapid, fast
vena vein
venda bandage, blindfold
vendar to bandage; to cover the eyes
vendedor seller
vender to sell
vengarse to take revenge
vengativo avenging, vengeful
venir to come; **– bien** to suit, to fit
ventaja advantage, gain, profit
ventana window; ticket window
ventanal *m.* large window
ventilador *m.* fan
ventura happiness, luck
venturoso lucky, successful, prosperous
ver to see; **a —** let's see
verano summer
veras de — really
verdad truth; **de —** real
verdadero true, real, actual
verde *adj. n.* green
verdura verdure, greenness
verso verse, poetry
vértigo vertigo, dizziness
vespertino evening
vestíbulo vestibule, lobby
vestido clothing; suit, dress
vestir to dress; **—se** to get dressed
vez *f.* time; **de una —** once and for all; **en — de** instead of; **tal —** perhaps; **hacer las veces de** to serve as; **a veces** at times; **de — en cuando** from time to time; **cada — más** more and more; **una y otra —** repeatedly
vía road, way; **– férrea** railway track
viajar to travel

viaje *m.* trip, voyage, travel
viajero traveler
vibrar to vibrate
vicio vice, bad habit
vicioso vicious, harmful, overgrown
víctima victim
vida life
viejo old
Viena Vienna
viento wind
vientre *m.* belly
vino wine
violencia violence; **con —** violently
virgen new, chaste
virtud virtue, power, habit, disposition
virtuoso virtuous
visión vision
visita visit; **hacer una — a** to pay a visit to, to visit
vista view, sight, scene; **de —** by sight
visto evident, obvious; **por lo —** evidently, obviously
viudo widower
vivaracho vivacious, lively
vivir to live; **¡viva!** long live
vivo alive, lively, vivid
vociferar to yell
volar to fly
voluntad will
voluptuosidad voluptuousness
volver to return; to turn; **— a** + *inf.* to do something again; **— en sí** to regain consciousness; **—se** to turn into, to become; to turn around
voto vote
voz *f.* voice, shout, cry; **en – alta** out loud
vuelo flight

vuelta   turn, return;
   dar vueltas   to turn, to circle,
   to walk around; **dar la—a**
   to take a walk around;
   con — return (something
   borrowed
vulgar   vulgar, coarse

Y

ya   already, now; **— no**   no longer; **— que**   since, inasmuch as
yerba   grass

Z

zapato   shoe